O valor de nada

Raj Patel

O valor de nada

Por que tudo custa mais caro do que pensamos

Tradução:
Vania Cury

ZAHAR

Título original:
The Value of Nothing
(How to Reshape Market Society and Redefine Democracy)

Tradução autorizada da primeira edição inglesa,
publicada em 2009 pela Portobello Books Ltd, de Londres, Inglaterra

rua México 31 sobreloja | 20031-144 Rio de Janeiro, RJ
tel (21) 2108-0808 | fax (21) 2108-0800
editora@zahar.com.br | www.zahar.com.br

Grafia atualizada respeitando o novo Acordo Ortográfico da Língua Portuguesa

Preparação: Catharina Epprecht, Leonardo Alves
Revisão: Mônica Reis, Eduardo Farias, Michele Mitie Sudoh
Indexação: Nelly Praça | Capa: Rafael Nobre
Foto da capa: © Mark Wragg/iStockphoto

CIP-Brasil. Catalogação na fonte
Sindicato Nacional dos Editores de Livros, RJ

Patel, Raj
P333v O valor de nada: por que tudo custa mais caro do que pensamos / Raj Patel; tradução Vania Cury. – Rio de Janeiro: Zahar, 2010.

Tradução de: The value of nothing
Incui bibliografia e índice
ISBN 978-85-378-0266-3

1. Livre iniciativa. 2. Democracia. 3. Economia. I. Título. II. Título: Por que tudo custa mais caro do que pensamos.

CDD: 330.122
10-2484 CDU: 330.142.1

Sumário

PARTE I

Hoje em dia, as pessoas sabem o preço de tudo e o valor de nada.

OSCAR WILDE, *O retrato de Dorian Gray*

1. A falha

> Agora que tenho a visão quadruplicada,
> E uma visão quatro vezes maior me foi dada;
> É quadruplicada em meu prazer supremo,
> E triplicada na suave noite de Beulah,
> E duplicada Sempre. Que Deus nos livre
> Da visão Singular, e do sono de Newton!
>
> William Blake, *"Poems from Letters"*

Se a guerra é o meio empregado por Deus para ensinar geografia aos norte-americanos, a recessão é a Sua maneira de ensinar um pouquinho de economia a todo mundo.

A tremenda desordem do setor financeiro mostrou que as mentes matemáticas mais brilhantes do planeta, financiadas por alguns dos bolsos mais cheios, haviam construído não uma elegante engrenagem de prosperidade constante, mas um mecanismo precário de trocas, barganhas e apostas que inevitavelmente ruiu. A recessão não foi decorrente da falta de conhecimentos econômicos, mas, sim, do excesso de um tipo particular de conhecimento, uma exacerbação do espírito do capitalismo. A euforia dos mercados livres nos impediu de enxergar outras formas de ver o mundo. Como Oscar Wilde escreveu há mais de um século: "Hoje em dia, as pessoas sabem o preço de tudo e o valor de nada." Os preços se mostraram parâmetros instáveis: o colapso financeiro de 2008 aconteceu no mesmo ano das crises de alimento e petróleo, e ainda assim continuamos incapazes de avaliar nosso mundo por uma perspectiva diferente do prisma enganoso dos mercados.

Uma coisa é clara: as formas de pensar que nos colocaram nessa confusão dificilmente vão nos tirar dela. Pode servir de ligeiro consolo saber que até mesmo alguns dos estudiosos mais respeitados foram forçados a quebrar a cabeça em relação às suas suposições equivocadas. Provavelmente, um dos mais dolorosos reconhecimentos da própria ignorância foi demonstrado no dia 23 de outubro de 2008, quando, em uma sala lotada, diante do Comitê de Supervisão e Reforma Governamental do Congresso, Alan Greenspan descreveu o fracasso de sua visão de mundo.

Greenspan era um dos mais reconhecidos legisladores da economia mundial durante os dezenove anos em que exerceu o cargo de presidente do Federal Reserve (também conhecido como Fed). Membro de carteirinha da brigada do livre-mercado, ele seguia os passos de Ayn Rand, que, embora pouco conhecida fora dos Estados Unidos, continuou sendo influente muito tempo depois de sua morte, em 1982. O livro que ela escreveu em 1957, *Quem é John Galt?* (*Atlas Shrugged*, no original), no qual magnatas executivos heroicos enfrentam o flagelo do funcionalismo público e do sindicalismo, voltou a figurar na lista dos mais vendidos. Ao encarar o altruísmo como "canibalismo moral", Rand foi a chefe de torcida de uma escola de pensamento radicalmente libertária em relação ao livre-mercado, que ela mesma chamou de "Objetivismo". Atraído para o círculo da escritora por essa inebriante filosofia, Greenspan recebeu o apelido de "Agente Funerário" em função de seu comportamento "divertido" e de seu modo de vestir. Quando Greenspan escolheu fazer carreira no setor público, foi como se um hippie tivesse se alistado nas Forças Armadas, um lapso que seus antigos amigos jamais perdoaram. Apesar disso, Greenspan continuou bastante fiel à filosofia de Rand, acreditando que o egoísmo levaria ao melhor mundo possível, e que qualquer tipo de restrição resultaria em desastre.

No final de 2008, Greenspan foi intimado pelo Congresso dos Estados Unidos a testemunhar sobre a crise financeira. Sua gestão no Fed tinha sido longa e elogiada, e o Congresso desejava saber o que acontecera de errado. Quando começou a ler seu testemunho, Greenspan parecia exausto, a pele do rosto flácida e caída, como se o vigor que antes o mantivera firme tivesse desaparecido por completo. Mas ele se saiu bem. Na primeira parte do depoimento, criticou as informações com as quais trabalhara. Se os dados estivessem certos, os modelos econômicos teriam funcionado e as previsões seriam melhores. Em suas palavras,

> um Prêmio Nobel foi concedido pela descoberta do modelo de preços que sustenta grande parte do avanço dos mercados de derivativos. Esse paradigma moderno de administração de risco se manteve estável durante décadas. No entanto, todo o edifício intelectual entrou em colapso no verão do ano passado, porque, em geral, os dados incluídos nos modelos de administração de risco cobriam apenas as duas últimas décadas, que foram um período de euforia. Caso os modelos tivessem sido elaborados de modo mais apropriado para períodos históricos de crise, as exigências de capital teriam sido muito maiores e o mundo financeiro estaria muito melhor hoje, em minha opinião.[1]

Esse é um argumento do tipo "despir um santo para vestir outro". O modelo funcionava bem; as suposições sobre risco e os dados, baseadas apenas nos bons tempos do passado, é que eram enganosas, e assim, de modo correspondente, o resultado foi equivocado. Henry Waxman, rival de Greenspan no comitê, forçou-o, em um notável diálogo, a uma conclusão mais aprofundada:

> WAXMAN: A questão que lhe coloco é que o senhor tinha uma ideologia, o senhor tinha uma crença a respeito dos mercados livres, competitivos — e isto é uma afirmação sua: "Eu tenho uma ideologia. Minha opinião é que mercados livres, competitivos, são de longe o modo mais incomparável de organizar a economia. Tentamos as regulações, mas nenhuma funcionou adequadamente." Estas foram suas palavras. O senhor tinha autoridade para impedir empréstimos irresponsáveis que levaram à crise das hipotecas *subprime*. Várias pessoas aconselharam o senhor a fazê-lo. E agora toda a nossa economia está pagando o preço. O senhor acredita que a sua ideologia o levou a tomar decisões que gostaria de não ter tomado?
>
> GREENSPAN: Bem, lembre-se porém do que significa uma ideologia. É uma construção conceitual com [*sic*] a forma pela qual as pessoas lidam com a realidade. Todo mundo tem uma. É fundamental. Para existir, é preciso uma ideologia. A questão é se ela é correta ou não. O que estou lhe dizendo é que, sim, encontrei a falha, não sei quão significativa ou permanente ela é, mas fiquei muito angustiado com esse fato.

WAXMAN: O senhor encontrou uma falha?

GREENSPAN: Encontrei uma falha no modelo, que identifiquei como a estrutura funcional crítica que define o funcionamento do mundo, por assim dizer.

WAXMAN: Em outras palavras, o senhor percebeu que a sua visão de mundo, a sua ideologia, não estava certa, não funcionava.

GREENSPAN: Exatamente. Essa foi a razão exata pela qual fiquei chocado, pois convivi quarenta anos ou mais com evidências consideráveis de que ela funcionava excepcionalmente bem.

Na realidade, a falha não era um mero problema de dados pouco confiáveis. Nem era algo tão vasto quanto um Cisne Negro, um problema que escritores tais quais Nassim Taleb descrevem como um acontecimento altamente improvável e imprevisível que, quando ocorre, acarreta consequências catastróficas. A falha de Greenspan era ainda mais fundamental. Ela deformou sua visão acerca da organização do mundo e da sociologia do mercado. E Greenspan não está sozinho. Larry Summers, conselheiro econômico sênior do presidente, também teve de prestar contas de um erro semelhante — sua visão de que o mercado era inerentemente autoestabilizador "recebeu um golpe fatal".[2] Hank Paulson, secretário do Tesouro de Bush, encolheu os ombros com resignação similar. Até mesmo Jim Cramer, do programa *Mad Money* da CNBC, admite a derrota: "O único sujeito que deu a isso o nome certo foi Karl Marx."[3] Um após o outro, todos os sacerdotes do livre-mercado estão, para usar a linguagem do mercado, sofrendo uma correção.

A confissão de Greenspan passou despercebida por quase todos nós. Se você der uma olhada nos editoriais da imprensa financeira, vai encontrar muitas análises compatíveis com o primeiro palpite dele, e gurus apresentando histórias de como o risco foi avaliado de forma incorreta (e foi mesmo), de como a falta de regulação permitiu que o pânico se infiltrasse no sistema financeiro (o que aconteceu de fato), de como as estruturas de incentivo recompensaram os agentes que lançaram o risco financeiro para bastante longe no futuro (foi o que eles fizeram) e de como os ideólogos do livre-mercado eliminaram os tipos de políticas de interrupção de circuitos que, hoje, talvez tivessem ajudado (e eles também fizeram isso). Mas tudo se resume a "poderia ter sido evitado se tivéssemos planejado respostas melhores". Não tenho certeza de que somos capazes de compreender aquilo que a confissão de Greenspan pode realmente significar para nós. Seria um choque extraordinário se os fundamentos da política, tanto no governo quanto na economia, estivessem errados, e se não existisse algo para substituí-los.

É como se um dia você acordasse e descobrisse que foi transformado numa barata.[4] É a premissa da novela *A metamorfose*, de Franz Kafka. Na primeira frase, um jovem caixeiro-viajante chamado Gregor Samsa acorda, após uma noite de pesadelos, e descobre que se transformou num inseto enorme. A reação de Gregor Samsa é reveladora, e nos fala de nós mesmos mais do que gostaríamos de saber. Pois o que ele faz quando percebe que virou um inseto? Não sai do quarto berrando, nem reflete sobre como aquilo aconteceu ou o que representa a sua transformação, e o que ele poderá vir a ser amanhã. Sua resposta é apenas: "Pobre de mim! Como vou manter meu emprego?"

Foi praticamente assim que reagimos diante dessa crise econômica.

Embora ninguém ainda tenha acordado no corpo de um inseto, todos nos encontramos num mundo que virou de cabeça para baixo, no qual tudo que nos disseram ser benéfico demonstrou ser justamente o contrário. A "falha" de Greenspan tem profundas repercussões — para entendê-la de modo integral, seria necessária uma completa reavaliação do modo como conduzimos nossas vidas. Nós precisaríamos não apenas de uma nova maneira de ancorar nossas expectativas sobre a sociedade e a economia, baseada em suposições mais consistentes acerca da natureza humana, mas também de uma ideologia diferente acerca da troca de bens e serviços.

Os preços desempenham um papel ideológico essencial no mundo de Greenspan. Eles oferecem um meio de ver e conhecer os desejos e recursos coletivos de nosso pequeno planeta. Essa é a filosofia econômica de Friedrich Hayek, na qual os preços representam os fios através dos quais desejos e necessidades são comunicados. Os fãs de ficção científica já estão familiarizados com esse panorama. Em *Matrix*, humanos libertos (e os programas que os caçam) podem ver o mundo em sua forma bruta, como uma chuva digital de símbolos e sinais. Essa é a ficção científica que preside o fato econômico. Os mestres do universo das trocas financeiras globais encaram números e dados que escorrem pelos monitores, passando os olhos de tela em tela, tentando ver o mundo e lucrar com isso. Em *Matrix*, os sinais eram uma simulação do mundo real, e escondiam mais do que revelavam. O problema é que esse recurso digital não confiável tornou-se agora o principal acessório cenográfico no drama do comércio moderno.

Consideremos o que aconteceu com a Volkswagen, que, no final de outubro de 2008, conseguiu, por um breve período, tornar-se a corporação mais valiosa do mundo sem precisar vender um único veículo. Com a economia ainda em queda livre, os operadores dos mercados de ações tinham uma visão nebulosa da montadora. Eles olhavam para suas telas e concluíam que, assim como qualquer outra fábrica de automóveis, a Volkswagen se encaminhava para tempos difíceis. Imagine que você é um operador de mercado que acredita piamente que os preços das ações podem apenas cair. A atitude coerente com essa hipótese é vender as ações da Volkswagen hoje e comprá-las de volta quando os preços caírem. Já que você não carrega consigo um estoque de ações da Volkswagen, vai procurar alguém que faça isso, como um investidor institucional. Você adquire o montante que ele tem disponível por um preço e promete devolvê-lo muito em breve. O investidor institucional fica feliz porque ganha dinheiro ao emprestar suas ações, que terá de volta sãs e salvas. Você fica feliz porque pode vender o montante, esperar a baixa do preço e comprá-lo outra vez, utilizando o lucro para pagar o que deve ao investidor institucional e também para quitar a próxima parcela de seu iate em Mônaco. Essa prática é chamada de *shorting*.

O problema foi que a Porsche, rival da Volkswagen, havia começado a comprar, sem alarde, ações da concorrente, na expectativa de adquirir o controle de 75% da empresa. Quando a dimensão da farra de compras da Porsche veio a público, ficou bem nítido que pouco restara da companhia para ser negociado. Como a Porsche absorveu todas as ações da Volkswagen, o preço delas não caiu. Os operadores vendiam os seus estoques emprestados à Porsche e, quando esta anunciou a intenção de conservar as ações em seu poder, eles entraram em pânico. Isso levou a um "aperto brusco", a um turbilhão de investidores tentando cobrir as apostas equivocadas que haviam pagado com ações que não possuíam. Eles confiaram que o preço da Volkswagen despencaria como o de qualquer outra montadora de automóveis durante uma recessão. Quando ficou claro que, mesmo não indo bem no mercado de veículos, as ações da Volkswagen estavam desafiando a gravidade, os especuladores correram para comprar antes que o preço ficasse ainda mais alto.

A combinação de compras levou o preço das ações mais para cima. Ele ficou tão alto que a Volkswagen passou a compor o índice DAX 30 das maiores corporações da bolsa alemã. Isso desencadeou um novo frenesi de compras, conduzido não mais por apostadores do mercado de ações, mas por seus opositores diretos — os investidores institucionais conservadores. Fundos de pensão, por exemplo, investem com olho nos retornos de longo prazo; preferem uma acumulação de riqueza lenta e certa a apostas arriscadas. Uma das formas pelas quais eles mantêm sua carteira de investimentos equilibrada é a compra apenas de *blue chips*, ações de empresas confiáveis e rentáveis, que certamente são menos vulneráveis aos choques que se abatem sobre o mercado acionário; por exemplo, as trinta corporações mais negociadas no mercado aberto. Quando a Volkswagen começou a fazer parte do DAX 30, um grande número de investidores institucionais automaticamente manifestou interesse. Eles então compraram suas ações a qualquer preço que encontrassem. O resultado? O preço de cada ação passou de 200 para 1.000 euros em uma semana — um aumento de 300 bilhões de euros (244 bilhões de libras; 386 bilhões de dólares) no valor da empresa. Por um breve momento, a Volkswagen tornou-se maior que a Exxon-Mobil (que tinha um valor contábil de exatos 343 bilhões de dólares). E, para isso, a empresa não moveu um dedo.

No fim das contas, as regras do DAX foram modificadas, os preços caíram e, em 2009, a Volkswagen comprou a Porsche. É fácil contar essa história como aquela em que investidores institucionais foram pegos de calça curta, em que havia informações imperfeitas sobre o tamanho do mercado, em que as regras dos jogos de longo e curto prazo se confundiram. No entanto, olhe mais de perto. Nas entrelinhas dessa versão da história existe uma estrutura conceitual que subjaz a todos os casos de excesso e colapso. A própria noção de bolha se apoia na premissa de que, quando ela estoura, as coisas voltam aos seus devidos lugares, a uma situação na qual os preços refletem os valores de modo mais acurado. Essa é a história contada ao cabo de todo surto de expansão e crise, desde a Bolha do Mar do Sul, de 1720, até a catástrofe das moradias, de 2008. Há uma opinião amplamente compartilhada de que, em última análise, a normalidade voltará à economia mundial — no entanto, esse é um consenso baseado numa história em que as bolhas são exceções nos procedimentos usuais (e bem-sucedidos) de avaliação do mercado. Se esses mesmos procedimentos são falhos, como sugeriu Greenspan, então nossa fé num retorno suave ao chão é equivocada, porque não existe nem jamais existiu qualquer terreno seguro sob nossos pés.

Há uma discrepância entre o preço e o valor de algo, que os economistas não podem remediar, porque se trata de um problema inerente à própria ideia de preços definidos pelo lucro. Nós temos uma intuição incômoda e desconfortável acerca dessa defasagem. O que torna os anúncios do MasterCard engraçados é a incerteza sobre os preços. Você sabe como é — taxa de uso do campo: 240 dólares; aulas: 50 dólares; taco de golfe: 110 dólares; se divertir: não tem preço. A piada mais completa, porém, é esta aqui: o preço de uma coisa não mede o seu valor de forma alguma. Essa intuição espinhosa virou entretenimento. Um alienígena acharia estranho que um dos programas mais famosos da televisão, em dezenas de países, é aquele que aborda a confusão acerca do valor das coisas: *The Price is Right* [O preço está certo]. No programa, a plateia é apresentada a vários bens de consumo duráveis e tem de adivinhar o preço de varejo de cada um. O crucial é que você não ganha por desvendar corretamente quão útil é alguma coisa ou quanto custou para que ela fosse feita — os preços são guias precários para a utilidade e os verdadeiros custos de produção. Você ganha por desenvolver um senso intuitivo daquilo que as corporações acreditam que você está disposto a pagar.

Num mundo de administração de fundos, a confusão sistemática que envolve o valor das coisas fez com que algumas pessoas se tornassem muito ricas. Os salários dos operadores de mercado estão vinculados às taxas de retorno acima das expectativas atribuídas aos riscos que eles assumem, a chamada cota alfa com que eles contribuem para os ganhos. Pense numa aposta de cara ou coroa, na base de dois por um. Eu aposto 1 dólar na cara, e toda vez que eu ganho recebo 2 dólares. Em longo prazo, eu esperaria que uma aposta de 1 dólar na cara me retornasse 1 dólar, porque acertaria a cara cerca de metade das vezes. No entanto, se recebo 1,5 dólar pela aposta, estou fazendo mágica. Essa mágica se transforma em moedas que passo a reter, por meio de bônus e salários aumentados. O truque é muito difícil de executar porque existem apenas poucos meios de criar valor adicional na administração de fundos — posso escolher ações de baixa cotação que superem as expectativas, posso encorajar inovações que modifiquem as regras do jogo, ou posso criar novos ativos especializados dos quais os investidores institucionais venham a gostar. Assim, seria de se esperar que a cota alfa fosse rara — e ela é —, porém, movidos pelo desejo de aumentar os ganhos, muitos criaram cotas alfa *falsas*, por meio de apostas que pareciam produzir bons retornos de modo consistente, embora contivessem uma pequena dose de perda catastrófica em seu interior. Se o valor esperado dessa perda fosse contabilizado, a cota alfa desapareceria. Os riscos, entretanto, foram ignorados e os bônus fluíram. Os membros da irmandade que administram a economia e lucram com sua regulação precária ganharam bilhões. Eles recebiam hoje pelos resultados que prediziam para o futuro, usando uma prática contábil baseada em suposições que lhes permitia embolsar hoje aquilo que projetavam ganhar amanhã.[5] Tal prática era justificada na base de "o mercado sabe mais".

A ideia de que os mercados devem saber mais é um artigo de fé de certo modo recente, e foi necessária uma grande dose de trabalho ideológico e político para incluí-la na sabedoria convencional dos governos. A noção de que os mercados são inteligentes encontrou sua apoteose na Hipótese dos Mercados Eficientes, formulada por Eugene Fama, estudante de doutorado da Escola de Administração da Universidade de Chicago nos anos 1960. Sua força como fundamento ideológico para os agentes financeiros foi extraordinária — pense no *Quem é John Galt?*, porém com muitas equações.

A hipótese sustenta que o preço de um ativo financeiro reflete tudo aquilo que o mercado sabe sobre suas perspectivas correntes e futuras. Isso não é o mesmo que dizer que o preço, de fato, *reflete* o seu desempenho futuro — em vez disso, o preço exprime o estado presente das crenças acerca das possibilidades de um desempenho bom ou ruim. O preço envolve uma aposta. Como sabemos agora, o olhar do mercado para probabilidades é perigosamente míope, mas a hipótese explica por que os economistas consideram engraçada a seguinte piada:

> P: Quantos economistas da Escola de Chicago são necessários para trocar uma lâmpada?
> R: Nenhum. Se a lâmpada precisasse ser trocada, o mercado já teria feito.

O problema em relação à Hipótese dos Mercados Eficientes é que ela não funciona. Se fosse verdadeira, não haveria incentivos para investir em pesquisa, pois o mercado, com sua mágica, já o teria feito. Os economistas Sanford Grossman e Joseph Stiglitz demonstraram isso nos anos 1980, e centenas de estudos subsequentes observaram quão irrealista é a hipótese, sendo que alguns dos mais influentes foram escritos pelo próprio Eugene Fama.[6] Os mercados podem funcionar de modo irracional — investidores podem se aglomerar atrás de uma ação, fazendo com que seu preço suba sem qualquer relação com o fato de estar sendo negociada.[7]

A ideia da eficiência dos mercados ganhou terreno nos governos, apesar da ampla evidência econômica de que era falsa.[8] Alan Greenspan não foi a única pessoa a considerar a hipótese como uma inverdade conveniente. Ao forçar os membros dos governos a se comportar como se a hipótese fosse verdadeira, os operadores do mercado puderam fazer suas apostas titânicas. Durante algum tempo, o dinheiro jorrou. Em meados da década de 1990, o *Financial Times* decidiu lançar o caderno mensal *Como Gastar*, a fim de ajudar os leitores de maior renda a abrir o bolso. A magia da expansão da última década também envolveu a classe média, tragada para dentro da bolha por meio das moradias, que deixaram de ser espaços de abrigo e se tornaram ativos financeiros, para proveito do setor financista. Todavia, os reles proprietários de residências não tinham a mesma influência dos banqueiros: os governos permitiram a farra das finanças ao garantir que estariam ali para juntar os pedaços, e cumpriram a palavra. Quando as apostas dos financistas quebraram o sistema, os lucros que eles obtiveram com esses palpites ruins ficaram intocados: o lucro foi privatizado, mas o risco foi socializado. Sua riqueza custou caro ao mundo todo, mas, mesmo assim, em 2009, os administradores dos maiores fundos tiveram seu terceiro melhor ano já registrado. George Soros, como ele próprio afirmou, "teve uma crise muito boa", e a equipe do Goldman Sachs esperava receber o maior pagamento de bônus em toda a história de 140 anos do banco.[9]

O que isso sugere é que a retórica dos "mercados livres" camufla atividades que absolutamente não dizem respeito aos mercados. Os empregados do Goldman Sachs estão indo bem porque a empresa usou artimanhas nitidamente não relacionadas ao mercado. O colunista da *Rolling Stone* Matt Taibbi revelou recentemente, com sua verve peculiar, como o banco comprou o governo dos Estados Unidos. Na equipe econômica de Obama, um grande número dos nomeados é diretamente ligado a Wall Street, do secretário do Tesouro, Tim Geithner — que, durante sua gestão à frente do Federal Reserve Bank de Nova York, ofereceu um empréstimo histórico de 29 bilhões de dólares para convencer o JPMorgan Chase a adquirir o Bear Stearns —, até Larry Summers — que durante alguns anos recebeu 5,2 milhões de dólares para trabalhar uma vez por semana num grande grupo de fundos de cobertura de Wall Street. A nova posição desses homens na Casa Branca os transformou nos Tarzãs da selva econômica. Wall Street tem razão de ficar satisfeita. O Goldman investiu pesado na AIG, o gigante de noventa anos do setor de seguros levado à falência por sua própria divisão de produtos financeiros. Com o socorro de 2008 à seguradora, os 13 bilhões de dólares investidos pelo Goldman foram recuperados com seu valor de face integral. Em contraste, os investidores da Chrysler receberam 29 centavos para cada dólar que tinham aplicado.[10]

O fato de que o laço entre Wall Street e o governo seja quase invisível deveria inquietar todas as pessoas preocupadas com a democracia. No mínimo, isso levanta sérios motivos para duvidarmos que as instituições responsáveis pela crise sejam capazes de arrumar a própria bagunça. Nassim Taleb aponta para o absurdo: "Pessoas que batessem ao dirigir um ônibus escolar (com os olhos vendados) jamais deveriam dirigir outra vez."[11] No entanto, como nem a nossa economia nem os nossos políticos, em grande medida, estão submetidos ao controle democrático, os motoristas de ônibus continuarão sendo sempre formados na mesma autoescola.[12]

Apesar do presente domínio do governo por Wall Street, uma palavra que há muito tempo não se ouvia vem sendo proferida pelos políticos: "regulação". É verdade que o Goldman Sachs e outros estão lucrando fabulosamente com o colapso, mas vem crescendo entre os políticos a suposição de que o mercado foi deixado com as rédeas muito soltas. A crítica devastadora de Naomi Klein em *A doutrina do choque* demonstra como os desastres se transformaram em plataformas de lançamento de políticas radicais de livre-mercado e constitui uma análise que explica muito bem a era pós-Segunda Guerra Mundial e a atual pilhagem financeira, da Califórnia a Wall Street e à City de Londres. Há, porém, o reconhecimento entre o público e alguns políticos de que a crise econômica de hoje representa o fracasso do pensamento de livre-mercado, e não a autorização para continuá-lo. Em resposta ao clamor popular, políticos de todo o mundo parecem dispostos a discutir como regular e restringir o mercado. A questão é: será que eles conseguem e, se conseguirem, em nome de que interesses essa regulação deverá funcionar?

Desde os seus primórdios, o livre-mercado vem espalhando descontentamento, mas raros foram os momentos em que esse desagrado uniu toda a sociedade, permitindo que um grande número de pessoas pudesse relacionar sua infelicidade às políticas de livre-mercado e exigisse mudanças. O New Deal nos Estados Unidos e o Estado de Bem-Estar Social na Europa do pós-guerra foram, em parte, produtos de uma conjunção de forças sociais que impuseram novos limites para os mercados e uma renegociação da relação entre indivíduos e sociedade. O que é novo nesta crise é seu caráter vastamente global,[13] e ela veio num momento que pode ser nossa última chance de evitar uma catástrofe climática mundial. A amplitude e a profundidade dessas duas crises expressam quão extensamente a nossa sociedade foi transpassada pela cultura do livre-mercado. Para compreender como isso vai nos afetar no século XXI, precisamos entender como começou e indagar por que os mercados de hoje são exatamente como são.

A história da história das coisas

Nos fins de semana e nas férias, quando eu ajudava minha família em nossa loja de conveniência, o que eu mais gostava era de ser mandado ao estoque para suprir as prateleiras, procurando objetos legais no meio de um labirinto de caixas e estantes, para então usar a pistola de marcar preços. A pistola em si era um artefato mecânico de plástico, quase tão grande quanto este livro, e, quando eu apertava o gatilho, ela estampava e expelia um pequeno adesivo com o número que eu havia registrado. Passei muitas horas felizes apertando aquele gatilho, empunhando-o como uma Glock para capitalistas iniciantes, clicando preços ao acaso e criando problemas ao marcar o preço do chocolate Mars a 999,99 libras. A melhor coisa, no entanto, era assinalar o preço de um centavo e correr atrás de meu irmão para etiquetá-lo.

O que me divertia, aos dez anos, era o mesmo que torna uma frase como a seguinte engraçada: "Joe seria capaz de vender a mãe para ir ao jogo de futebol." Embora Joe pudesse desejar com muito ardor assistir à partida, e talvez não existisse pessoa mais valiosa na vida do que sua mãe, ele não podia *de fato* fazer essa troca. Meu irmão não valia um centavo, e a noção de que ele poderia ser trocado por essa quantia, ou qualquer outra, era o fundamento de minha própria comédia privada. Mas essa mesma ideia de que etiquetas de preço podem ser afixadas em tudo não é apenas uma das mais acalentadas por políticos e elites de negócios, ela pode provocar tragédias públicas.

Em 1920, dois professores alemães, Karl Binding e Alfred Hoche, causaram sensação ao publicar uma obra cujo título se traduziria por *Permissão para a destruição de vida que não vale a vida*. Eles apresentaram uma justificativa para matar "idiotas incuráveis, invólucros humanos vazios, comedores inúteis, meras carcaças", que deveriam ser descartados para que a nação pudesse se elevar ainda mais. E fundamentaram seu argumento com extensos cálculos sobre os custos da assistência, que resumiram como um "gasto exorbitante de capital em alimentos, roupas e aquecimento, que está sendo subtraído do produto nacional para fins completamente improdutivos".[14] Seus cálculos eram impecáveis, mas suas conclusões, repugnantes.

A primeira objeção a isso é que é pavoroso colocar preço na vida humana. Mesmo assim, é exatamente o que governos e corporações fazem de modo rotineiro: o governo britânico, assim como o setor de saúde dos Estados Unidos, calcula quanto custa prover um tratamento em relação aos anos de vida que este preserva porque, com recursos limitados, eles querem ter certeza de que estão salvando o maior número de vidas possível. Joseph Stiglitz e Linda Bilmes estimaram o custo das vidas norte-americanas perdidas na Guerra do Iraque utilizando um número-padrão atuarial e governamental de 7,2 milhões de dólares por vida como parte de seus cálculos do custo total da guerra para os Estados Unidos: acima de 3 trilhões de dólares. Aplicando apenas a avaliação da vida humana ao Iraque, o custo da guerra para os civis iraquianos foi de 8,6 trilhões de dólares. Existe algo de muito execrável a esse respeito, mesmo que ninguém esteja sugerindo a troca de uma vida humana por 7 milhões de dólares.[15] Mas os professores Binding e Hoche foram além. Sugeriram que nem todas as vidas humanas possuem igual valor e que a sociedade como um todo poderia economizar dinheiro matando os doentes mentais. Ao final, propuseram que todo o poderio do governo fosse colocado a serviço de suas recomendações. Tudo isso, é claro, serviu de fundamento intelectual ao nazismo, embora a prática de transformar pessoas em mercadorias cujas vidas podem ser compradas ou extintas de acordo com o lucro não seja exclusiva do nacional-socialismo. A maior parte da Europa e os Estados Unidos lucraram com a escravidão, de uma forma ou de outra.

Entretanto, os tempos mudaram e, embora no século XXI o tráfico humano ainda seja bastante generalizado, com um valor estimado de 42 bilhões de dólares em 2006, há poucos lugares no mundo em que essa noção ainda é encarada de modo favorável. Não existem mais mercados legais de seres humanos, e isso, em geral, é considerado algo bom. Na verdade, hoje, há até proibições quanto ao modo com que *nos* colocamos no mercado. Nós não somos, por exemplo, autorizados a vender nossos órgãos. Doá-los, sim. Vendê-los, não.

A história da escravidão demonstra não apenas que o conjunto de coisas permitidas nos mercados pode mudar, mas também que decretos determinando o que pertence aos mercados podem ser revogados. Antes, a escravidão era aceita. Hoje, não é mais. Em outras palavras, não há nada de *natural* na compra e venda de coisas a fim de lucrar, nem na permissão para que os mercados determinem o seu valor. Antes que as mercadorias possam ser compradas e vendidas, precisam se tornar objetos que as pessoas *achem* que podem ser comprados e vendidos. Muitas coisas que compramos e vendemos nem sempre foram mercadorias da forma que as entendemos hoje — terra, música, trabalho, assistência, pessoas e comida tinham um status muito mais ambíguo. Essas coisas *se tornaram* mercadorias por meio de processos complicados e graduais, a serem trocadas em mercados com atributos muito específicos. Em 1944, um dissidente húngaro instalado na Grã-Bretanha durante a Segunda Guerra Mundial publicou uma das análises mais penetrantes desse desenvolvimento.

O livro de Karl Polanyi intitulado *A grande transformação* é a história da Inglaterra nos séculos XVIII e XIX e apresenta uma longa discussão sobre as leis Speenhamland, que soam um pouco como misticismo setecentista. Tratava-se de "leis dos pobres" inglesas que foram elaboradas para aliviar os piores aspectos da pobreza rural, oferecendo uma espécie de assistência de bem-estar relacionada ao preço do pão. O argumento de Polanyi, porém, vai muito além das redes de proteção pré-vitorianas — ele afirma que os mercados e a sociedade que os rodeia são partes de uma coisa só. Em oposição à filosofia de Greenspan, Polanyi sugere que o capitalismo necessita das instituições sociais de uma forma muito particular. Para que os mercados funcionem, a sociedade precisa permitir que as coisas se transformem em mercadorias que possam ser compradas e vendidas dentro da economia. Daí a escolha feita por Polanyi para o título. A "transformação" descreve como os grupos mais poderosos da sociedade se esforçaram para converter a terra e o trabalho em "mercadorias fictícias", em coisas que, a princípio, eram muito diferentes daqueles bens que antes haviam sido trocados nos mercados.

Pode parecer estranho falar de terra e trabalho como fictícios, uma vez que o próprio coração da vida economicamente ativa de hoje bate no ritmo de contracheques e aluguéis, mas esta é uma medida do quão "grande" foi essa transformação. Ela modificou os arranjos sociais de forma tão radical que é impossível pensar neles de qualquer outro modo. Em outras palavras, essa troca alterou não apenas a sociedade, mas também *nos* transformou, ao mudar nossa maneira de ver o mundo e o nosso lugar dentro dele.

A grande transformação exigiu uma intensa agitação social. Para vender e comprar terras, era preciso remover as pessoas que antes as utilizavam. Isso aconteceu por meio do processo de cercamentos, algumas vezes realizado de modo violento, pelo qual os camponeses eram expulsos das terras comuns e deslocados para as cidades, onde deveriam obter renda vendendo a sua força de trabalho e fornecer demanda tornando-se consumidores. Em outras palavras, a grande transformação impôs que as regras sociais que regulavam a terra e o trabalho fossem totalmente reescritas — e, por intermédio dessa transformação, coisas completamente novas passaram a ser objeto de propriedade e de precificação. O processo ainda não terminou. Os engenheiros de novos produtos financeiros trabalham na vanguarda dessa transformação no século XXI, assim como os gestores das políticas de redução de carbono destinadas a resolver os problemas da mudança climática, nas quais o direito de poluir se transforma numa mercadoria.

O que Polanyi oferece é uma forma de compreender não somente por que a economia e a sociedade são partes de um único conjunto de processos, mas também por que nós, erroneamente, acreditamos que mercado e sociedade são coisas separadas. A cultura dos mercados orientados para o lucro, que Polanyi chama de mito do mercado autorregulado, acaba precisando da sociedade muito mais do que ela afirma precisar — mas o mito de que economia e sociedade são dois reinos distintos necessita ser amplamente divulgado para que o mercado autorregulado possa se expandir mais ainda. De maneira geral, consideraríamos insensatez que uma pessoa realizasse uma cirurgia em seu gêmeo siamês, mas o que o mito do mercado estimula é a crença de que não só os gêmeos são separados, mas que um é o médico e o outro, o paciente.

Em tempos de crise, o mito se torna mais fácil de desvendar. Afinal de contas, a falência dos bancos poderia ter evoluído para uma desgraça econômica total se o setor público não estivesse ali para impedi-la. O capitalismo não é mais capaz de se livrar de enrascadas sozinho, nem de se manter sobre as próprias pernas. O mercado sempre dependeu da sociedade, e é por isso que a expressão "grande demais para fracassar" significa simplesmente "tão grande que pode contar com a sociedade para socorrê-lo quando desabar". A lógica do *laissez-faire* sempre necessita de uma base social, e é por isso que Polanyi não separa a nossa maneira de viver em "governo e livre-mercado" — para ele, trata-se apenas da "sociedade de mercado".

Nesse mesmo sentido, a sociedade de mercado está incrustada no mundo natural, coisa que o mito do mercado autorregulado também procura negar. A civilização humana depende da ecologia da Terra, embora a estejamos explorando até sua morte — segundo algumas estimativas, a atividade humana aumentou a taxa de extinção de outras espécies em cerca de mil vezes.[16] No cercamento implacável do mundo natural, destruímos nosso planeta e, caso os sussurros ouvidos entre cientistas do clima devam ser levados a sério, talvez já seja tarde demais para fazer alguma coisa.[17] A eterna busca por crescimento econômico transformou a humanidade num agente da extinção, por meio da contínua desvalorização dos serviços ecossistêmicos que mantêm nossa Terra viva. Como disse Herman Daly, um dos pioneiros da economia ecológica:[18] "O crescimento econômico atual se desatrelou do mundo e se tornou irrelevante. E, pior ainda, converteu-se num guia cego."[19] Em síntese, a economia pressupõe que muitas coisas são garantidas, gratuitas, e é constitucionalmente incapaz de pagar por isso.

A cegueira de Anton

Olhar o mundo através dos mercados colocou-nos em uma situação complicada. E no entanto a grande transformação foi tão profunda que é difícil imaginar que é possível avaliar e administrar o mundo de qualquer outro modo que não seja precificando-o e deixando que o livre-mercado estabeleça as especificações. Nós nos agarramos ao mito dos mercados autorregulados, apesar de todas as suas imperfeições, porque julgamos que sem eles ficaríamos perdidos. Temos uma única bússola para pensar sobre o valor das coisas e, mesmo que raramente ela aponte para o norte, permite a fantasia de que sabemos para onde estamos indo.

É como se todos sofrêssemos da cegueira de Anton. A doença, batizada em homenagem ao neurologista austríaco Gabriel Anton (1858-1933), é um estado clínico raro que pode ocorrer após derrame ou dano cerebral traumático. Seus portadores ficam cegos, porém dotados de uma crença fervorosa de que podem enxergar. Os médicos que tratam dessa enfermidade, também conhecida como síndrome de Anton-Babinski, se veem diante de pacientes que insistem não haver nada de errado com eles, apesar da vivência de estranhos episódios alucinógenos. Os doentes enxergam fenômenos inexplicáveis — uma paciente relatou ver pela janela uma nova aldeia, de cuja construção não se lembrava, e em outra ocasião mencionou a presença, em sua casa, de uma menina esfomeada.[20] Os portadores da cegueira de Anton explicam seus hematomas e ferimentos como consequências da falta de jeito e da distração, mas não da deficiência visual. Suas confabulações tortuosas, nas quais racionalizam os ferimentos, oferecem as condições para o diagnóstico da doença. A insistência em que o livre-mercado ilumina nosso mundo, e a apresentação de desculpas quando ele falha de modo espetacular, é uma confabulação comparável à de quem finge enxergar quando está cego.

A categoria clínica na qual se inclui a cegueira de Anton é denominada anosognosia — palavra inventada pelo neurologista francês Joseph Babinski (1857-1932) e derivada do grego "ausência de conhecimento sobre a doença". Ela ocorre não apenas com a falsa impressão de visão, mas com outras faculdades também. Três portadores da enfermidade, com paralisia do lado esquerdo, foram colocados diante do espelho e instados a levantar os braços. Os braços permaneceram imóveis, mas os pacientes insistiram que eles estavam se movendo. Um assistente de pesquisa que não estava paralisado foi colocado numa cadeira ao lado dos três. A ele foi solicitado que levantasse e abaixasse a mão, mas ele não atendeu. Dois dos três doentes garantiram tê-lo visto levantar e abaixar a mão.[21] Síndromes como a cegueira de Anton não constituem meras aflições individuais — são também sociais, e transformam não apenas o modo como enxergamos a nós mesmos, mas a própria capacidade de ver os outros como eles são. Olhar o mundo através dos mercados não apenas distorce nossa noção de nós mesmos — chega a projetar nossa incapacidade sobre todos os demais.

Como metáfora, a cegueira de Anton nos ajuda a pensar por que é tão difícil entender a economia atual. Estamos presos a uma cultura e a uma política que insistem no fato de que mercados desregulados constituem a maneira apropriada de avaliar o mundo, que é possível torná-lo mais perfeito por meio do exercício irrestrito de oferta e procura. Isso não é apenas ilusório — também distorce a forma como enxergamos as demais pessoas. Ao olharmos para outros seres humanos como simples companheiros de consumo, ficamos cegos em relação às profundas conexões que existem entre nós e desvirtuamos nossas escolhas políticas. Como consumidor de alimentos, você pode tanto anunciar suas objeções quanto recusar a compra — voz ou saída.[22] Não há espaço para renegociar, de modo que todo mundo possa se alimentar, nem para se tornar um coprodutor — existem somente as possibilidades de suplicar por mudanças ou ir embora. Recentemente, diante da embaixada do Irã em Londres, ouvi uma jovem manifestante usar esse fraco vocabulário político do consumismo. Ela disse que estava fazendo parte daquele protesto, que se seguiu à fraude eleitoral iraniana, para insistir em que o governo "fizesse a coisa certa" — como se o governo estivesse cometendo uma falha no serviço de atendimento ao consumidor, que poderia ser corrigida por meio de uma reclamação adequada a algum supervisor.

Todavia, não estou defendendo um mundo sem mercados. A ideia do mercado como lugar no qual as pessoas com necessidades distintas trocam bens está presente em todas as formas de civilização humana. O que caracteriza o mercado de hoje é que a troca não é realizada em função da necessidade, mas, sim, do lucro.[23] É pura ideologia pensar que a melhor maneira de a sociedade funcionar é deixar que os mercados busquem o lucro, e que a melhor forma de os mercados funcionarem é com o mínimo de interferência. Os termos nos quais os mercados operam são determinados pelos mais poderosos; nossa tragédia foi deixar que isso acontecesse. A cegueira aqui, a anosognosia, é nossa fé numa faculdade que sempre nos trai — a promessa demonstravelmente falsa de que mercados orientados para o lucro podem apontar o real valor.

Isso levanta a questão de como vamos nos curar. A história mostra que a cura não pode vir apenas do governo, e requer mudanças dentro da própria sociedade de mercado. Como Polanyi deixou claro, o nascimento do livre-mercado precisou de uma grande dose de violência, mas ele também observou outra coisa: as pessoas resistiram. As leis Speenhamland foram introduzidas em razão da fúria de uma população rural que sofria com a voracidade dos cercamentos. As leis dos pobres não são exemplos de como mercados autorregulados transformam coisas novas em bens que podem ser comprados e vendidos — elas representam uma resposta às demandas da sociedade na era dos mercados autorregulados. Polanyi mostrou como o povo lutou *contra* a expansão dos mercados. Nessas idas e vindas, as leis Speenhamland forneceram um exemplo daquilo que Polanyi denominou de duplo movimento. De um lado, a transformação da terra e do trabalho em coisas que podiam ser compradas e vendidas acarretou ampla perda de direitos — este foi o primeiro movimento. O segundo foi a resposta da sociedade, que procurou curar as feridas infligidas pelo mercado autorregulado. Ambos os movimentos ocorreram dentro da estrutura da sociedade de mercado.

Embora a força relativa dos movimentos e contramovimentos possa variar, não se trata de um cabo de guerra entre mercados que empurra a sociedade em direção ao futuro e movimentos de retorno que a puxam de volta ao passado. Os contramovimentos são construídos a partir de políticas que as pessoas têm à mão e, com essas políticas e associações, instituições completamente novas são erguidas, tal qual o New Deal, nos Estados Unidos, ou o Estado de Bem-Estar Social, na Europa. Mudanças sociais, de acordo com o modelo de Polanyi, não constituem processos do tipo vaivém, como uma dança coletiva de Charleston na qual, depois de muito deslocamento, você termina onde começou. Parecem mais uma sinfonia infinita, na qual um movimento se constrói a partir do anterior.

Para lutar por um mundo diferente e sustentável, os contramovimentos de hoje vão utilizar Twitter e blogs, isto é, as mais recentes ideias e tecnologias, assim como as antigas formas de ação direta. O futuro será moldado por nossa vontade de imaginar um tipo diferente de sociedade de mercado e por novas maneiras de avaliar o mundo, sem recorrer ao tique do livre-mercado. O traçado de nosso contramovimento no século XXI é o tema da segunda parte deste livro, que procura mostrar como os movimentos e organizações sociais globais estão limitando o poder dos mercados e dos mais poderosos agentes e, ao fazer isso, estão redefinindo como a democracia deveria funcionar. Mas antes de podermos curar nossa cegueira atual, precisamos compreender mais nitidamente de que maneira a cultura do livre-mercado nos afeta, de que modo as coisas se transformam em bens que podem ser comprados e vendidos, e como todos nós nos tornamos os videntes cegos da moderna sociedade de mercado — consumidores.

2. Tornando-se o *Homo economicus*

Eis o tempo da praga, em que os loucos guiam os cegos.

WILLIAM SHAKESPEARE, *Rei Lear*

O monstro de Mill

A sociedade de mercado não transforma simplesmente as coisas em mercadorias — ela cria a própria cultura e as próprias ideias sobre a natureza humana e a ordem social. A corporificação dessa cultura é um homem que ninguém jamais conheceu. Ele foi criado por um dos maiores expoentes da economia política clássica do século XIX, John Stuart Mill, que pretendeu fazer de sua criação um facho de luz sobre a neblina da inconstância humana, a fim de encontrar uma verdade mais profunda de todos nós.

Ao forjar novos modos de pensar sobre o mundo, Mill acreditava que algumas suposições simplificadoras pudessem revelar uma realidade mais profunda acerca da maneira como as pessoas se comportam e interagem. Da mesma forma que a "geometria pressupõe uma definição arbitrária sobre a linha, 'aquela que tem comprimento, mas não tem largura'", Mill pensava que as ciências sociais poderiam utilizar modelos abstratos para fazer proposições sobre as pessoas:

> Da mesma maneira [que a geometria], a economia política pressupõe uma definição arbitrária do homem, como aquele que invariavelmente faz tudo o que pode para obter a maior quantidade de necessidades, conveniências e luxos, com a menor quantidade de trabalho e de abnegação permitidas pelo atual estágio do conhecimento.[1]

A premissa razoável de Mill era de que, em geral, as pessoas não desperdiçam recursos, e os utilizam da melhor forma possível a fim de obter o que desejam, mas a criatura formulada por ele acabou ganhando vida própria. Eis o *Homo economicus*, o Homem Econômico, animado pelo desejo de fazer o melhor com o que possui de modo a conseguir o que quer. Mill reconheceu as deficiências das suposições simplificadoras e advertiu que apenas "em abstrato" os resultados da utilização do método poderiam ser considerados verdadeiros. Porém, mais adiante no ensaio "On the Definition of Political Economy" [Da definição de economia política], ele parece contradizer-se ao sugerir que seu método era "o *único* método pelo qual a verdade poderia ser alcançada em qualquer departamento da ciência social".[2] Tal certeza foi levada muito a sério por um dos gigantes do pensamento econômico do século XX, Gary Becker.

Apadrinhado por Milton Friedman e instalado por muito tempo no departamento de economia da Universidade de Chicago, Becker, em sua obra de 1976 intitulada *The Economic Approach to Human Behavior* [A abordagem econômica ao comportamento humano], defendia que "a abordagem econômica oferece um sistema útil para a compreensão de *todo* comportamento humano".[3] Por meio de uma gama variada de assuntos, de economia convencional a imigração, prisões, discriminação racial, beisebol, família, tempo e democracia, Becker aplicou as ferramentas do pensamento econômico ao mundo inteiro. Pense nele como o criador da *Freakonomics* [Economia Excêntrica]. Por sua contribuição para a economia, Becker ganhou o Prêmio Nobel em 1992, recebendo ainda, de George W. Bush, em 2007, a Presidential Medal of Freedom, maior honraria dada a civis nos Estados Unidos. Becker conta que, quando era estudante de graduação na Universidade de Princeton, se cansava de economia porque "ela não parecia lidar com problemas sociais importantes. Cheguei a pensar em me transferir para sociologia, mas considerei a matéria muito difícil".[4] Hoje, não há qualquer campo das ciências sociais que não tenha sido tocado pela reflexão de Becker; e, no começo dos anos 1980, ele foi nomeado tanto para o departamento de economia quanto para o de sociologia da Universidade de Chicago.

O método econômico de Becker engloba três ideias: a primeira é que tudo e todos são animais maximizadores. Pessoas, governos e corporações podem ser pensados como *Homo economicus* tentando obter, da melhor forma possível e com os recursos de que dispõem, o máximo que puderem de algo. A segunda é que o comportamento do *Homo economicus* se dá em algum tipo de mercado. A terceira é que o método de Becker pressupõe que as preferências do *Homo economicus* são sempre as mesmas em todas as sociedades e circunstâncias.[5] Uma de suas primeiras aplicações desse conceito foi ao funcionamento da democracia. Numa democracia perfeita, "os indivíduos se esforçam para obter cargos políticos por meio de uma competição perfeitamente livre pelos votos de uma grande massa de eleitores".[6] Em outras palavras, uma democracia perfeita deve funcionar como um mercado perfeito, com eleitores no lugar dos consumidores, armados de votos em vez de dólares. O problema em relação a isso, como veremos mais detalhadamente na parte dois, é que a questão da cidadania se transforma numa escolha forçada — a democracia se torna um exercício de seleção, como uma decisão entre dois tipos de refrigerantes, sem que se investigue um pouco mais profundamente por que as coisas são como são.

A análise conservadora de Becker se torna ainda mais controversa quando ele dirige suas ferramentas econômicas para a família. Como os casamentos são voluntários, pode-se presumir que as pessoas estão maximizando sua utilidade acima do nível que desfrutariam se estivessem solteiras; uma vez que muitas pessoas estão se casando, pode-se supor que existe um mercado de matrimônios. Becker ainda sugere que há razões para o casamento que transcendem qualquer cultura humana particular — não importa onde vivam, "as pessoas que se amam podem reduzir o custo de contatos frequentes e de transferência de recursos entre si ao dividirem o mesmo lar".[7] Becker se lança ao trabalho com os três pressupostos de seu método econômico habilmente combinados. Deixando de lado a riqueza dos companheiros almejados, ele demonstra de que maneira coisas como beleza, inteligência e educação podem gerar utilidade, o que explicaria, "por exemplo, porque pessoas menos atraentes ou menos inteligentes têm menos possibilidades de se casar do que pessoas mais atraentes ou mais inteligentes".[8] Em nota de rodapé, observa que a afirmação sobre atratividade não se baseou em qualquer evidência estatística, mas sente-se à vontade para perguntar, numa publicação posterior: "Será que nossa análise comprova a crença popular de que mulheres mais bonitas, charmosas e talentosas tendem a se casar com homens mais ricos e bem-sucedidos?... Comprova."[9]

A poligamia também recebe tratamento analítico. Ao compará-la à monogamia, Becker demonstra, num diagrama de oferta e procura, que as mulheres se saem melhor numa sociedade em que os maridos podem ter várias esposas: aquelas que não têm a sorte de se tornar as primeiras esposas de alguém num sistema monogâmico podem conseguir alguma coisa para si mesmas como segunda ou terceira cônjuge.[10] A explicação mais generosa para a conclusão é o orgulho de Becker das explanações oriundas de princípios muito simples. Como observou a economista Barbara Bergmann, ele passa batido por questões de poder, tradição e identidade, ignorando por que as mulheres têm mais dificuldades nas relações poligâmicas do que nas monogâmicas. Ele termina soando como um "leal nativo de Chicago [que demonstra] mais uma vez que as restrições governamentais às trocas (neste caso, as leis contra a bigamia) reduzem o bem-estar da sociedade".[11]

As restrições governamentais às trocas estiveram na mira de Becker mais recentemente, quando ele defendeu os mercados de órgãos — o bem-estar público aumentaria se os ricos pudessem pagar aos pobres pelos seus rins — e de imigração, em que os direitos de entrar na Europa e na América do Norte seriam mais bem-distribuídos por meio de leilões, encorajando o tipo certo de imigrante e, ao mesmo tempo, enchendo os cofres públicos.

As conclusões de Becker são muito perturbadoras, é claro, mas todas fluem limpidamente de sua pequena coleção de premissas. De acordo com suas medidas, ao deixar o *Homo economicus* livre para agir, fazendo com que o mercado reine no estilo libertário de Ayn Rand, o bem-estar será aumentado. Todavia, há um grande número de problemas. Por enquanto, vamos deixar de lado as questões de justiça e política concernentes a essa abordagem, porque o projeto de Becker por si só já é questionável. Como gostam de observar alegremente os economistas comportamentais, a base dos argumentos de Becker acerca do comportamento maximizador do *Homo economicus* é frágil, pelo menos quando aplicada às pessoas. Dan Ariely, por exemplo, em seu livro *Previsivelmente irracional*, contabiliza diversas maneiras nas quais as pessoas não são, de jeito nenhum, como o *Homo economicus* do mundo de Becker.

Para além da irracionalidade humana sistemática, a suposição de Becker de que as preferências são sempre as mesmas em todas as sociedades simplesmente não se sustenta. Em muitas culturas indígenas norte-americanas, a generosidade é um comportamento central dentro de um amplo sistema econômico e social. Um registro anedótico relata o que aconteceu quando garotos de uma comunidade branca e da etnia lakota receberam, cada qual, um par de pirulitos. Ambos os grupos de crianças colocaram o primeiro pirulito direto na boca. Os garotos brancos puseram o segundo pirulito dentro do bolso, enquanto os meninos nativos ofereceram os seus aos garotos mais próximos que não haviam ganhado o doce.[12] Não surpreende perceber que a cultura é capaz de modelar a forma pela qual os recursos são acumulados e distribuídos e ditar as prioridades sociais em relação a guardar ou compartilhar, mas o experimento ainda nos faz recordar que o oposto de consumo não é poupança — é generosidade.

Outros experimentos investigaram um pouco mais as atitudes sociais dos norte-americanos brancos em relação à generosidade, por intermédio do Jogo dos Bens Públicos. A brincadeira consiste no seguinte: eu dou a você (e a várias outras pessoas) um punhado de fichas e digo que você deve escolher entre duas maneiras de investi-las. Você pode aplicar algumas (ou todas) em meu banco, recebendo então uma taxa garantida de 1 centavo por ficha. Ou pode depositar algumas (ou todas) num banco comunitário. O banco comunitário paga a todo mundo, quer tenham investido nele ou não, e quanto mais é colocado lá, maior é o pagamento para todo mundo. Não são necessárias muitas fichas para que o pagamento a todas as pessoas seja maior do que 1 centavo por ficha.

O resultado coletivamente racional é que todos ponham 100% no baú, mas para o indivíduo a decisão racional seria esperar que todos os outros colocassem 100%, enquanto ele colocaria 0% — o que significa que ele receberia o pagamento coletivo *e* o rendimento das fichas que investiu na conta bancária individual. Quando os estudantes do ensino médio em Wisconsin praticaram esse jogo, não se comportaram como o *Homo economicus* e colocaram 0% — em vez disso, depositaram 42%. Os participantes dos experimentos variavam tudo, desde o agendamento dos pagamentos até o número de pessoas no grupo, sendo que o montante colocado pelas pessoas continuava aproximadamente o mesmo. O teste foi aplicado num grupo generalizado de estudantes universitários, e os resultados foram similares. Com todas as permutas possíveis de se considerar, uma única vez a taxa de cooperação ficou abaixo de 20% — e foi quando o jogo foi disputado por calouros do curso de economia.[13]

A economia comportamental tem uma variação dessa brincadeira denominada Jogo do Ultimato. Você recebe 100 dólares e os divide em duas pilhas. A você será oferecida a pilha A e a mim será oferecida a pilha B. Depois que você dividir as pilhas, eu posso aceitar as notas colocadas na pilha B, e nesse caso você fica com a pilha A, ou posso rejeitar a pilha B, e nesse caso ambos ficamos sem nada. Agora, muito embora este não seja um jogo em que doces memórias infantis serão desfiadas, ele nos fala um pouco sobre o caráter de nossa sociedade. Qual é a divisão correta do dinheiro? Racionalmente, você ficaria com o máximo e me daria o mínimo possível — 1 dólar, 1 centavo, qualquer que fosse a menor parte — porque, ainda racionalmente, 1 centavo é melhor para mim do que zero centavo, e eu me sairia melhor com alguma coisa do que sem nada.

A maioria das pessoas que participa do jogo, entretanto, não se comporta desse jeito. Elas dividem pela metade, ou ficam com 60% e entregam 40%. Em algumas culturas, porém, a troca funciona de acordo com lógicas completamente diferentes. Caçadores de baleia residentes em Lamalera, uma ilha no leste da Indonésia, fizeram a brincadeira com cigarros em vez de dinheiro, para evitar semelhanças com jogos de azar, e, na média, as pessoas que distribuíam os cigarros ficavam com 43% e entregavam 57%.

Os pesquisadores sugeriram que isso aconteceu porque o experimento refletia padrões de partilha e equidade característicos da sociedade lamalera, na qual a caça às baleias é um empreendimento cooperativo no âmbito da aldeia.[14] Quando uma baleia é morta, os rituais de divisão equitativa da caça são sempre seguidos de forma escrupulosa.

Em nenhuma das culturas em que esses jogos foram realizados as pessoas se comportaram de maneira 100% egoísta, embora o grau de cooperação tenha variado bastante. Quando a brincadeira foi levada para as florestas no sudeste do Peru, onde os machiguenga praticam uma horticultura seminômade, a cooperação foi bem menor, com a maioria das pessoas dando apenas 25% ou 15% do total e ficando com o resto. Mais uma vez, esse comportamento foi atribuído a uma estrutura social que oferecia uma pequena recompensa para a cooperação.[15]

Em geral, os diferentes resultados desses jogos estão vinculados à maneira pela qual as sociedades premiam a colaboração, e um de seus mais fortes prognósticos era a participação das pessoas em transações de mercado, ou seja, se elas vendiam e compravam coisas de gente além de suas famílias e aldeias. Em outras palavras, um bom indicativo de colaboração efetiva nesse tipo de jogo é o envolvimento com trocas e dinheiro em outros contextos. Isso é uma pista importante. O intercâmbio em si pode não ser a fonte do problema para explicar nossa atual crise econômica — o problema está no sistema que cerca o ato de trocar.

Há ainda outra razão para que os humanos não se saiam bem como *Homo economicus* — a evolução. Experimentos recentes em neurociência e primatologia indicam que não somos programados para ser inteiramente egoístas o tempo inteiro, e que os humanos desenvolveram comportamentos complexos que incluem desejos inerentes tanto de altruísmo e equidade quanto de egoísmo e avareza. Uma forma de ver isso é por meio de exames cerebrais — como tomografias ou eletroencefalogramas — que, apesar de determinadas controvérsias, apresentam algumas descobertas preliminares sugestivas[16] durante um experimento em que as pessoas foram colocadas diante de uma série de escolhas sobre se deviam aceitar dinheiro para si ou sofrer alguma perda dando-o para a caridade. Aqueles que decidiram ficar com o dinheiro ativaram a parte do cérebro ligada a comida e sexo, e os outros que o doaram ativaram uma parte completamente diferente de seu cérebro — aquela ligada a conexão e vínculo.[17]

Isso desfaz a noção de que o altruísmo é apenas uma forma de egoísmo disfarçado. Uma vez que envolvem partes diferentes do cérebro, o processo é, no mínimo, fisiologicamente distinto. A evolução sugere que o altruísmo e uma variedade de outros comportamentos não egoístas têm certa utilidade independente, que relações sociais de mútuo altruísmo nos ajudam a sobreviver. Pesquisas com coiotes, por exemplo, mostram que membros da alcateia que se recusam a fazer parte do grupo social têm mais propensão a abandoná-lo e enfrentam uma taxa de mortalidade de 55%, ao passo que os que ficam encaram uma taxa de mortalidade de 20%.[18] Provas adicionais de que não somos egocêntricos programados foram dadas por nossos primos mais próximos na cadeia evolutiva — os primatas. Frans de Waal, um dos pioneiros dessa área de estudo, observou as interações de chimpanzés, fazendo intercâmbio com várias "moedas" e trocando perfumarias por alimentos e outros favores. Os chimpanzés se mostraram capazes de guardar quem havia feito o que para quem, dando e recebendo de modo equitativo. Citando Waal: "Nos humanos, esse mecanismo psicológico é conhecido como 'gratidão', e não há motivo para não chamá-lo pelo mesmo nome entre os chimpanzés."[19] A gratidão não é uma característica do *Homo economicus*.

A gratidão não é o único traço que os primatas compartilham conosco. Eles também possuem um senso inato de equidade. Testes com macacos capuchinhos e com chimpanzés envolveram a entrega de fichas para dois macacos. Um deles troca a ficha por uma recompensa altamente valorizada — uma uva —, enquanto o outro, que é o objeto do experimento, observa. Logo em seguida, entrega-se ao observador uma recompensa menos valiosa por sua ficha — um pepino. Se recebessem a mesma coisa que seus companheiros, os macacos capuchinhos e os chimpanzés se comportariam como agentes de maximização de utilidades, trocando suas fichas. Porém, quando eram tratados sem equidade, muitas vezes recusavam a transação, ainda que fossem eles os beneficiados.

Além disso, quando um dos macacos recebia coisas "grátis", sem nenhuma troca, o capuchinho (curiosamente diferente dos chimpanzés) ficava mais inclinado a sair do acordo. Então, o que isso significa? Que os macacos capuchinhos gostam de cooperar, mas o que parece incomodá-los é a iniquidade — tanto nas recompensas (a diferença entre uvas e pepinos) quanto no comportamento (nenhum esforço *versus* a troca de uma ficha). Em testes com chimpanzés que tinham vivido juntos por muito tempo, eles se comportavam de modo ainda mais comunitário. Quanto mais lentos e talvez mais deliberativos eram os chimpanzés, mais reagiam à desigualdade.[20] Em outras palavras, compartilhamos as reclamações mais ouvidas nos playgrounds infantis de que "Isso não é justo!" com nossos parentes mais próximos do mundo animal. Essa "aversão à iniquidade", como é chamada pelos pesquisadores, também pode ser observada em cachorros.[21]

Os chimpanzés também castigam uns aos outros pela quebra de confiança. Um chimpanzé que trai o outro deve esperar algum tipo de retaliação, que pode ir desde a negação de comida até uma enérgica bofetada na cara. O emprego de punições para condenar atitudes não cooperativas é um pilar fundamental da equidade e uma forma dos chimpanzés de regular a sociedade.

Os humanos possuem uma vantagem em relação aos chimpanzés porque têm não apenas a possibilidade de punir, mas também a capacidade de se compadecer. Um conjunto particularmente admirável de experimentos evidencia isso ao pedir a você que coloque uma quantia de dinheiro em minha conta. A soma cresce, e você então pode escolher quanto devo lhe devolver, ameaçando-me com uma multa caso eu não queira cooperar. Quando você não me intimida com a punição, tendo a dar mais dinheiro do que se houvesse a possibilidade de uma multa.[22] Assim, a decisão de não punir, tendo a chance de fazê-lo, aumenta a cooperação e a confiança.

O que esses experimentos demonstram é que, embora nossos genes possam ser egoístas, nossa evolução nos levou a transmiti-los de modos que nos fazem cooperar, socializar, construir e manter comunidades, amar e compartilhar. Diferentemente do Homem Econômico, as pessoas, para seu próprio bem, valorizam compaixão, equidade, confiança, altruísmo e reciprocidade. Enquanto o *Homo economicus* tem apenas um interesse instrumental nessas virtudes, estudos recentes começam a mostrar que nossa capacidade de apreciar os valores intrínsecos de generosidade, compartilhamento e abnegação é fundamental para maximizar nosso bem-estar.

Deixando o *Homo economicus* feliz

Quando essa teoria é aplicada às pessoas, Becker argumenta que nos transformamos no *Homo economicus* de uma forma muito específica: todo mundo é produtor da própria felicidade. Para usar sua linguagem, obtemos nossa utilidade "por meio da atividade produtiva de combinar bens e serviços de mercado com a disponibilidade da própria família".[23] Em outras palavras, a felicidade é o que acontece quando pegamos coisas e lhe adicionamos o tempo em que as utilizamos. Todavia, se todos estamos em busca da felicidade, e a economia é baseada na suposição de que somos gananciosos nessa procura, os mercados podem trazer felicidade?[24]

É praticamente um clichê o fato de que a maior parte dos ganhadores de loteria relata ser menos feliz depois de ganhar o prêmio milionário do que era antes, mas também sabemos que não ter dinheiro é algo que nos deixa infelizes. De acordo com o programa de rádio *This American Life* (um dos melhores dos Estados Unidos e do mundo), os dentistas observaram um significativo crescimento de dentes quebrados como consequência da recessão — as pessoas estão rangendo seus dentes durante a noite, preocupadas com o pagamento das contas —, mas essa evidência é, de fato, uma piada. Recentemente, houve uma enxurrada de pesquisas sobre a felicidade, muitas delas oriundas dos departamentos de economia, que investigaram exatamente como adquirir aquele cálido brilho interior que o dinheiro, em geral, não é capaz de dar.

A soturna ciência está tomando antidepressivos e descobrindo a verdade a respeito de um axioma cultural praticamente universal — a *busca* da riqueza não traz felicidade. Embora a trilha que a sociedade de consumo oferece para a felicidade conduza à posse individual de uma casa e de um carro novo, cada vez mais pesquisas apontam para os danos psicológicos associados à cupidez. Um psiquiatra da área da baía de São Francisco observa que seus pacientes "compraram um BMW e possuem uma casa de 3 milhões de dólares em Mill Valley. Mas ainda acordam pela manhã e dizem: 'Não me sinto bem comigo mesmo.'"[25] Não é apenas a burguesia de Marin County* que está aflita. Num estudo longitudinal, 12 mil calouros de 21 universidades seletas dos Estados Unidos participaram de uma pesquisa, em 1976, que incluía questões sobre objetivos financeiros e qualidade de vida em diversas áreas. Em 1995, eles foram interrogados novamente. Aqueles que atribuíram maior importância ao dinheiro em 1976 estavam menos satisfeitos em 1995.[26] Outro levantamento realizado com 266 estudantes de administração chegou ao mesmo resultado: quanto maior a importância atribuída ao dinheiro por alguém, menor era o seu nível declarado de bem-estar.[27] Os impactos mais negativos se encontravam nos participantes cuja motivação para ganhar dinheiro era aliviar o sentimento de dúvida sobre si mesmo.

No nível internacional, uma das investigações mais importantes sobre dinheiro e felicidade é chamada de paradoxo de Easterlin, em homenagem ao economista Richard Easterlin. Num artigo de 1974, ele afirmou que pessoas com renda acima da média se diziam mais felizes que seus semelhantes mais pobres. Não há surpresas nisso, mas ele também concluiu que, em países que haviam elevado seu nível de renda a ponto de satisfazer as necessidades básicas de moradia, alimentação, água e energia, a média de felicidade não aumentou. Em outras palavras, o paradoxo consiste em que, depois de determinado ponto, mais dinheiro não nos torna mais felizes. Ao contrário, nos coloca numa rotina hedonista em que a felicidade passa a ser a equiparação de nossos níveis de consumo aos de nossos companheiros; e quando eles progridem e não conseguimos alcançá-los, mesmo que estejamos melhores em termos absolutos, ficamos menos felizes.

---

* Marin County é um distrito de São Francisco famoso por sua beleza natural e por constituir a quinta maior renda *per capita* dos Estados Unidos. (N.T.)

Dados mais atuais sugerem que, embora seja possível para uma nação elevar sua média de felicidade, os custos de fazê-lo são muito altos. Depois de atingir o nível de renda suficiente para as necessidades elementares, a felicidade passa a ser geometricamente relacionada à renda. Assim, para ir da unidade um para a unidade dois de felicidade, digamos que são necessários 10 dólares, porém, depois de alcançar aquele ponto em que nossas necessidades básicas estão supridas, passar da unidade dois para a três requereria 100 dólares, da três para a quatro exigiria 1.000 dólares, e assim por diante.[28]

Ao mesmo tempo, é claro, a felicidade *dentro* da economia é ditada pela diferença entre a expectativa das pessoas quanto à renda relativa e a sua real capacidade de atingi-la. Muitas pessoas que possuem um BMW e uma casa de 3 milhões de dólares relatam que se sentem de fato felizes, o que faz com que os infelizes sejam levados a pensar que são disfuncionais e que devem fazer terapia. Como observa Robert Frank, economista da Cornell, a felicidade obtida por meio da aquisição de iates e relógios Rolex tem profundas consequências sociais, particularmente diante do crescimento da desigualdade. A distância entre os mais ricos e os mais pobres nos Estados Unidos tem crescido de modo constante — entre 1979 e 2005, a renda do 1% mais rico, descontados todos os impostos, aumentou cerca de 200%, enquanto para os 20% da população formados pelos mais pobres o acréscimo foi de apenas 6%.[29] A riqueza é cada vez mais concentrada nas mãos de poucos, cujo estilo de vida é glorificado pela mídia, o que aumenta continuamente o abismo entre as expectativas da maioria e seus recursos para consegui-las.[30] Nós ficamos menos felizes com bens que normalmente nos teriam deixado exultantes. Pense em sua televisão — a probabilidade é que há cinco anos você seria mais do que feliz com ela, mas hoje, nem tanto. Nada mudou a respeito do aparelho de TV, porém, ao nos vermos diante de horas de anúncios ostensivos e propagandas subliminares de aparelhos mais finos, maiores e brilhantes, de repente ele começa a parecer sem graça.

A inflação daquilo que se convencionou chamar de "bens de posição" — os tipos de bens que refletem o seu status social, tanto para você quanto para a sociedade — é a razão pela qual a crescente desigualdade torna a maioria das pessoas menos feliz. O pior é que essa disparidade está aumentando em todo o mundo,[31] o que pode explicar o recente crescimento da criminalidade no Butão — antes, a nação mais feliz do mundo. A queda vertiginosa da taxa nacional de felicidade do país, um índice de como a população se sente, independentemente da renda, coincidiu com a importação da televisão via satélite feita pelo novo rei do Butão, educado em Oxford. As imagens — veiculadas pela televisão — de estilos de vida, corpos modelados, roupas e acessórios impossíveis para o país resultaram não apenas num profundo ressentimento, mas numa onda de crimes em que os jovens roubam para adquirir as bijuterias vendidas pelos canais de Rupert Murdoch.[32] A televisão apresenta um mundo que é inatingível para a maioria das pessoas, tanto nos Estados Unidos quanto no Butão; tentando recuperar sua felicidade, os jovens começaram a roubar lojas.

No plano nacional, parece que o dinheiro e o seu irmão mais velho, o Produto Interno Bruto (PIB), são medidores insuficientes de bem-estar e felicidade.[33] Outros indicadores de saúde social e felicidade são bem mais reveladores. O Índice de Desenvolvimento Humano (IDH), publicado pelo Programa de Desenvolvimento das Nações Unidas (PNUD), abrange dados sobre saúde e educação na renda nacional. O Índice de Empoderamento de Gênero (IEG), também das Nações Unidas, mostra como são respeitados os direitos das mulheres em diferentes países e qual a extensão de sua participação na vida política, social e econômica. A New Economics Foundation, do Reino Unido, tem publicado um rico conjunto de dados sob a rubrica de "bem-estar nacional" que avalia tudo, desde sentimentos pessoais de felicidade e vitalidade até relações sociais solidárias. Na classificação europeia, a Dinamarca aparece no topo quase todas as vezes. A Grã-Bretanha fica em 13º lugar, num total de 22, logo acima da França.[34]

Esses índices são tentativas de registrar a noção ilusória de uma boa vida, aquilo que os gregos antigos chamavam de *eudaimonia*, na qual a felicidade está vinculada ao florescimento humano, mais do que ao dinheiro. Há um ramo da psicologia que nos incentiva a pensar na felicidade como subproduto de algo mais profundo — o bem-estar psicológico. Quanto maior for o nosso bem-estar psicológico, maior será nossa felicidade. Generosidade e altruísmo são modos de construir esse repositório de bem-estar e trazem ainda o benefício de gerar felicidade em curto prazo. Essa hipótese nos ajuda a explicar um problema atual do campo dos estudos sobre a felicidade — o que ocorre quando ela não é alcançada quando se ganha dinheiro, mas quando se dá.[35] Um experimento realizado com todos os tipos de controle mostrou que

1. a generosidade não leva diretamente à felicidade, e
2. a felicidade não engendra a generosidade;
3. ser rico não acarreta generosidade ou felicidade, mas
4. o bem-estar psicológico é fonte tanto de generosidade quanto de felicidade.

Há um paradoxo aqui, muito bem compreendido por John Stuart Mill. Para ser feliz, é necessário esquecer-se de tentar ser feliz:

> Somente são felizes (eu achava) aqueles que têm a mente voltada para algum objetivo que não seja a própria felicidade, a felicidade dos outros, o progresso da humanidade, ou mesmo alguma arte ou ocupação, desempenhada não como meio, mas como um fim ideal em si mesmo. Ao se voltarem para qualquer outra coisa, encontram felicidade em seu caminho.[36]

O que Mill compreendeu, mas Becker aparentemente não, é a rica experiência humana que é destruída quando tentamos viver como o *Homo economicus*, os vínculos que dependem de que *não* sejam tratados como úteis apenas para mercados e maximização. A análise e a política de Becker são vetores para a cegueira de Anton — e, no entanto, são difundidas por razões que estão além de sua harmonia analítica. As aplicações desse método não são inocentes — sua parcimônia é política. Invariavelmente, ela dá suporte a políticas que favorecem os mais poderosos, racionalizando tanto a continuação do monopólio econômico quanto do patriarcado ou do comércio de órgãos humanos. Caso Becker fosse apenas o defensor entusiasmado de um tipo especial de análise, seria possível rir das palhaçadas do acadêmico com seu martelo econômico, para quem o mundo inteiro é um prego. No entanto, pelo grau de influência de seus métodos sobre as ciências sociais, em especial aquelas que são populares nos Estados Unidos, não se pode subestimá-lo. O filósofo francês Michel Foucault, em suas aulas no Collège de France ao longo de 1978 e 1979, levou Becker muito a sério, argumentando que ele corporificava as tendências perniciosas e disseminadas da moderna sociedade de mercado.[37]

Longe de ser radicalista, Becker é sintoma e causa da nova ordem da sociedade de mercado. Ele é o arauto de uma cultura inteiramente neoliberal, na qual internalizamos as virtudes do mercado e nos comportamos como empreendedores individuais de nossa própria felicidade, movendo recursos nos mercados e somando seu tempo de modo a criar utilidade, em busca da felicidade pela rota do consumo. O absurdo das conclusões de Becker sobre família, imigração e medicina é um sinal de que a atual sociedade de mercado ainda não se adaptou à sua teoria. Mas dê-lhe um tempo. Já vimos que o consentimento das sociedades sobre o lugar dos mercados pode mudar. A indústria global de seguros de vida, hoje, está avaliada em 2 trilhões de dólares,[38] mas já foi uma prática banida na Europa, e só superou seu estigma moral de "dinheiro da morte" nos Estados Unidos após a década de 1840.[39]

Ao defender a generalização de um mundo de mercados e o *Homo economicus*, Becker contribui para a cultura da sociedade de mercado de uma forma que serve aos interesses materiais de grupos particulares. A cultura não paira no ar simplesmente, mas se fixa no chão, num mundo de gente de carne e osso. As visões de Becker propagam os interesses de criaturas muito mais semelhantes ao *Homo economicus* e muito mais adaptadas à sociedade de mercado do que nós: as corporações.

3. A corporação

> Aquele que luta contra monstros deve tomar cuidado para, desse modo, não se tornar um monstro. E se você olhar fixo por longo tempo para dentro do abismo, o abismo também olhará fixo para dentro de você.
>
> FRIEDRICH NIETZSCHE, *Além do bem e do mal*

EMBORA TODAS AS CIVILIZAÇÕES tenham tido mercadores e mercados, a sociedade de mercado moderna originou a corporação, uma novidade humana movida pela busca do lucro que, em sua curta história, conseguiu dominar nosso planeta. Na maioria dos países, as corporações são definidas como "pessoas jurídicas" — possuem os mesmos tipos de direitos e obrigações dos seres humanos normais, mesmo que não sejam feitas de carne e osso. Em seu excelente documentário *A corporação*, Mark Achbar, Jennifer Abbot e Joel Bakan levam a legislação moderna ao pé da letra e perguntam: "Se a corporação fosse uma pessoa, que tipo de pessoa seria?" Utilizando o Manual de Diagnóstico e Estatística de Doenças Mentais, da Associação Americana de Psiquiatria (DSM-IV), a fim de cotejar comportamentos com uma lista de sintomas, eles concluíram que as corporações exibem várias características que definem os psicopatas.[1] A Associação Americana de Psiquiatria classifica psicopatas e sociopatas dentro do diagnóstico genérico de "transtorno de personalidade antissocial", e, para ser diagnosticado com a doença, o paciente precisa preencher três destas sete condições:

1. Incapacidade de se conformar às normas sociais em relação a comportamentos legais, como pode ser indicado pela repetição frequente de atos que conduzem à prisão.

2. Desonestidade, como pode ser observado nas mentiras contumazes, no uso de codinomes, ou no logro a outras pessoas para obter lucro pessoal ou prazer.
3. Impulsividade ou incapacidade de planejar com antecedência.
4. Irritabilidade ou agressividade, observadas nas constantes brigas ou agressões físicas.
5. Indiferença despreocupada em relação à segurança própria ou de terceiros.
6. Irresponsabilidade constante, que pode ser atestada pela incapacidade permanente de manter comportamento profissional coerente ou de honrar obrigações financeiras.
7. Ausência de remorso, sugerida pela indiferença ou pela racionalização quando machuca, maltrata ou rouba outra pessoa.

Os cineastas perceberam que as corporações, de fato, se comportam dessas maneiras — infringindo as leis quando podem, dissimulando e escondendo seu procedimento, sacrificando o bem-estar de longo prazo em nome do lucro de curto prazo, sendo agressivamente litigiosas, violando códigos de saúde e segurança, descumprindo pagamentos a fornecedores e empregados — sem jamais sentir um pingo sequer de remorso. Em um dos casos, para citar um criminoso em série, a Monsanto envenenou uma cidade inteira do Alabama e sonegou a informação de que estava fazendo aquilo apenas porque não queria, de acordo com um memorando confidencial, "perder um único dólar no negócio". Os detalhes publicados em matéria do *Washington Post* de 2002 são assombrosos. Durante décadas, funcionários da Monsanto ocultaram informação sobre o que acontecia quando despejavam resíduos tóxicos de sua fábrica em Anniston, no Alabama, nos riachos locais — os peixes morriam em até dez segundos, cuspindo sangue e soltando a pele. Um representante da Solutia, subsidiária da Monsanto, disse que era injusto julgar o desempenho ambiental da empresa nos anos 1970 de acordo com os padrões atuais e afirmou: "Fizemos coisas que não faríamos hoje? Certamente. Mas esta é apenas uma pequena parte da história. Se pusermos tudo isso dentro do contexto, creio que não teremos nada do que nos envergonhar."[2] Embora isso force um pouco a credulidade, é perfeitamente crível que se trata de um comportamento racional, senão psicótico, para ser adotado por uma empresa.

No entanto, as corporações não precisam infringir as leis para causar danos. O funcionamento normal de uma sociedade de mercado significa que existem formas cotidianas de "nada do que nos envergonhar", e elas resultam do modo pelo qual os mercados orientados para o lucro avaliam o mundo. Quando as empresas tomam decisões sobre o que podem produzir e a que preço, fazem exatamente o que deve fazer o *Homo economicus*: agem como criaturas friamente racionais, motivadas exclusivamente pelo lucro, num mundo em que os fatores de produção podem ser comprados e vendidos nos mercados.

Para que os lucros sejam altos, as corporações organizam trabalhadores, matérias-primas, equipamentos de capital e aluguéis de modo a tornar seus custos os mais baixos possíveis. Tomemos o exemplo hipotético da McDonald's e sigamos a rota que a empresa utiliza para calcular seus custos. Como instituição cuja missão é o retorno de lucros, ela está atenta a reduzir o que paga pelas coisas necessárias para fazer hambúrgueres, desde carne até trabalho, aluguel e testes de segurança. Quanto mais baixar os custos em relação a seus concorrentes, mais dinheiro vai ganhar. Se a McDonald's emitir poluentes como CO_2 sem precisar pagar por isso, então os custos da firma não são iguais aos custos sociais mais amplos. Na moderna economia, o termo empregado para esses custos sociais é "externalidades". Esses custos, de alguma forma, escorregam para dentro da rede de preços. Foi o economista Arthur Pigou, no começo do século XX, que cunhou a ideia de que os mercados frequentemente deixam de perceber as implicações mais amplas de seu comportamento em virtude de uma falha em sua própria estrutura — uma lacuna que afeta aquilo que é interno e aquilo que é externo aos preços.

A fim de ver as externalidades em ação, vamos voltar ao rastro de carbono do Big Mac — para levar em conta apenas um dentre muitos impactos ambientais. De acordo com uma estimativa, o custo de energia dos 550 milhões de Big Macs vendidos por ano nos Estados Unidos é de 297 milhões de dólares, produzindo um rastro de efeito estufa da ordem de 1,21 bilhão de toneladas equivalentes de CO_2.[3] Além do carbono, devemos acrescentar o impacto ambiental mais amplo em termos de utilização de água e degradação do solo, junto com os custos ocultos de saúde para tratamento das doenças relacionadas à alimentação, tais como diabetes e enfermidades cardíacas.

Embora esses custos não se reflitam nos preços do Big Mac nas lanchonetes, eles têm que ser pagos por alguém. Acontece que eles não são pagos pela McDonald's Corporation, mas por toda a sociedade, na forma de desastres ambientais, migrações causadas por mudanças climáticas e gastos cada vez maiores com saúde. De acordo com um relatório do Centro de Ciência e Meio Ambiente da Índia, um hambúrguer fabricado com carne de rebanho criado em florestas desmatadas deveria, de fato, custar cerca de 200 dólares.[4]

Esse número em particular pode parecer exorbitante, porém, quando examinado em escala, os custos integrais de um Big Mac de 4 dólares podem chegar a níveis ainda mais altos porque, além de não pagar suas despesas de externalidade, as corporações também recebem uma variedade de subsídios. Os consumidores dos Estados Unidos pagam por hambúrgueres mais baratos por meio de seus dólares de impostos. A carne dos hambúrgueres da McDonald's é engordada com milho, o grão mais subsidiado no país. Um relatório da Universidade Tufts afirma que a indústria de carnes norte-americana economiza cerca de 562 milhões de dólares por ano, em média, ao engordar o seu gado com milho subsidiado.[5] O total de subsídios dados ao grão em 2006 alcançou a cifra de 4,6 bilhões de dólares.[6]

Quando se trata de baixos salários, os contribuintes também patrocinam a fabricante de fast-food favorita dos Estados Unidos por intermédio de um "subsídio social". O trabalhador comum de tempo integral nas empresas de fast-food ganha apenas uns 15 mil dólares por ano.[7] Esses salários situados na linha da pobreza são suplementados por planos de saúde, auxílio alimentação, merenda escolar, pagamentos governamentais diretos e outros serviços públicos. A estimativa para o custo total dos estipêndios estatais e federais somente para os funcionários da Burger

King chega a 273 milhões de dólares anuais.[8] Multiplique esse montante pelas grandes redes de fast-food e o governo estará esbanjando mais de um bilhão de dólares por ano para subsidiar os salários de fome desse setor. Segundo Phil Mattera, da organização Good Jobs First (Bons Empregos Primeiro), em Washington, D.C.:

> Alguns dos maiores varejistas e empresas de fast-food simplesmente não oferecem serviços de saúde adequados a seus funcionários. Eles precisam recorrer a outros meios e, quando possível, buscam os programas financiados pelo governo. Estamos vendo grandes empresas que podem pagar buscando esses programas … Firmas como Wal-Mart são conhecidas por estimular seus funcionários a se credenciar a programas financiados pelos contribuintes.[9]

Nem todos os custos sociais da comida barata são subsídios. Em 1995, um estudo sobre os dispêndios da saúde pública nos Estados Unidos com o tratamento de doenças relacionadas à alimentação causadas pelo consumo excessivo de carne estimou o gasto total em 30 a 60 bilhões de dólares anuais.[10] Também esse é um problema global. Na China, os custos da obesidade e das doenças relacionadas à alimentação para a saúde pública excederam em muito os gastos com enfermidades resultantes da desnutrição.[11]

Esses custos sociais diretos e indiretos representam apenas uma fração da soma de dólares abatida do preço da comida. Antibióticos estão se tornando menos eficazes em razão do seu uso profilático generalizado na pecuária. Contaminação por pesticidas, perda de nutrientes e emissão de gases de efeito estufa fazem parte da dívida ambiental da agricultura industrializada. A compensação voluntária do 1,21 bilhão de toneladas de dióxido de carbono emitidas com a produção anual de Big Macs custaria algo entre 7,3 e 35,6 milhões de dólares.[12] Pesquisadores chineses concluíram que para cada dólar privado gasto com pesticidas, o público terá de despender 80 centavos para limpá-los.[13] Outro exemplo do custo ambiental é a "zona morta" no Golfo do México, em grande parte resultante do escoamento de nutrientes agrícolas (na forma de nitrogênio, fertilizantes à base de fósforo e dejetos animais). O excesso de nutrientes (denominado eutrofização) faz com que as plantas cresçam de modo exagerado e entope as vias navegáveis com algas. Quando essas plantas morrem, apodrecem e sugam o oxigênio da água, matando os peixes. Foi estimado num estudo que o custo de eutrofização no Reino Unido varia de 105 a 160 milhões de dólares anuais, sendo que os gastos governamentais com programas de limpeza do escoamento de nutrientes passam de 77 milhões de dólares.[14]

O hambúrguer de 200 dólares é, inevitavelmente, uma aproximação. É complicado contabilizar os verdadeiros custos ambientais porque não conhecemos as consequências de longo prazo sobre o meio ambiente, nem o custo que será acarretado para as futuras gerações limparem a bagunça de hoje.[15] Um estudo da Universidade de Iowa conferiu vários trabalhos de avaliação do custo real da agricultura dos Estados Unidos. Somando os custos indiretos sobre os recursos naturais, a vida selvagem, a biodiversidade do ecossistema e a saúde humana, estimou-se que o preço oculto da agricultura dos Estados Unidos chega a algo entre 5,7 e 16,9 bilhões de dólares por ano. Os impactos causados pela produção agrícola são calculados entre 4,9 e 16,1 bilhões de dólares anuais, e e os oriundos da produção pecuária variam de 714 a 739 milhões de dólares acima do preço que os consumidores pagam no caixa.[16] Outro estudo aquilatou os custos externos da agricultura do Reino Unido em 3,7 bilhões de libras por ano.[17] Embora esses trabalhos deem muita margem a interpretações, o que já está bastante claro é que os mercados não consideram todos os custos reais nos preços que pagamos no caixa.

A dívida ecológica não é apenas um exercício teórico. O Banco Mundial calcula que os custos ambientais da China chegam a 8% de seu PIB.[18] Mais uma vez, a agricultura oferece exemplos impressionantes desses custos. Fazendeiros do norte da China, onde são plantados 95% do trigo do país, desviaram cursos d'água de forma que suas tecnologias agrícolas sedentas e quimicamente intensivas pudessem funcionar. O uso exagerado de água e a consequente redução dos leitos dos mananciais (combinados com desflorestamentos, mudanças climáticas e uso desregrado de campos para pastagens) estão fazendo com que a China se transforme num deserto. Cerca de 18,1% das terras antes produtivas do país agora são desertos e dunas.[19] Tempestades de poeira descem regularmente do norte, varrendo zonas industriais, colhendo poluentes e formando um miasma que circunda cidades desde a China até o Japão. Em 2001, parte de uma dessas tempestades foi soprada para os Estados Unidos, densa o bastante a ponto de pairar sobre Denver e bloquear a visão das Rochosas. O Departamento de Pesquisa em Indústria, Transporte e Comércio da China calculou que a desertificação causa perdas anuais de 54 bilhões de iuanes (7,89 bilhões de dólares), por causa dos efeitos da escassez de água e das tempestades de areia sobre a saúde, a economia e o meio ambiente.[20] O Banco Mundial estima que os custos da desertificação sejam ainda mais altos — cerca de 31 bilhões de dólares por ano.[21]

O inverno de 2008 foi particularmente difícil para a região árida do norte da China, com o risco de perda de 43% da colheita de trigo.[22] Embora isso não fosse decorrência apenas do uso insustentável da água na agricultura, como observou Li Guangyong, especialista em conservação da água da Universidade Agrícola da China, em Pequim: "Simplesmente não há o bastante. Os reservatórios estão esvaziando e os poços estão secando por causa do desperdício de água dos fazendeiros chineses."[23] O baixo custo do trigo, tanto na China quanto no resto do mundo, nas últimas décadas de produção agrícola intensificada significa de fato que estamos colocando na conta das colheitas futuras. O mesmo vale para uma grande quantidade de outras mercadorias cuja superprodução se fundamenta numa base de recursos declinante. Na realidade, a escassez de água é uma das principais razões pelas quais a China e outros países estão envolvidos na aquisição de terras em países em desenvolvimento, ricos em chuvas e em mananciais de água — em especial na América Latina e na África.

A incapacidade da China de valorizar a água é um exemplo do fracasso de quase todos os outros países em estabelecer o valor do mundo natural na produção de bens para o mercado. Os serviços do ecossistema, tais como polinização, filtração de água, controle de erosão, fertilidade do solo e regulação da água e dos sistemas climáticos são valiosos, contudo, e é possível arriscar um preço em relação ao seu alto valor.[24] De volta à comida, um estudo da Nova Zelândia calculou que para cada ano o valor econômico total dos serviços do ecossistema na agricultura orgânica do país varia de 1.610 a 19.420 dólares por hectare, comparado aos custos anuais da agricultura convencional, que oscilam de 1.270 a 14.570 dólares por hectare. O valor dos serviços do ecossistema nas plantações orgânicas variou de 460 a 5.240 dólares por hectare ao ano, contra 50 a 1.240 dólares nas plantações convencionais.[25] Em outras palavras, sistemas agrícolas que prestam atenção à sustentabilidade restituem mais à terra do que sistemas que utilizam técnicas industriais convencionais — mas não são recompensados por isso. Dessa forma, alimentos produzidos por meio da agricultura industrializada, que não pagam o preço integral de seu mau comportamento ecológico, oferecem menores preços nos supermercados.[26] O que os custos ocultos demonstram é que não se trata de comida barata: e, sim, de comida *desonesta*. O que vale para a comida não vale menos para outros itens de consumo. Bens e serviços produzidos de forma sustentável parecem custar mais porque seus equivalentes mais baratos estão cortando caminho, no curto prazo, mas gerando custos de longo prazo que todos nós teremos de bancar.

Essa distorção sistemática da atribuição de valor é consequência direta dos mercados orientados para o lucro. Como estão em busca da redução de custos, as corporações tentam evitar, de todas as maneiras e sempre que podem, o pagamento pelos gastos sociais e ambientais que acarretam. Isso não quer dizer que as pessoas que trabalham nessas organizações são malvadas, cruéis ou calculistas. Recentemente, debati com o diretor da Unilever para agricultura sustentável, Jan Kees Vis, sob todos os aspectos um homem decente, comprometido, atencioso e amável, que tenta fazer o melhor pelo planeta. Ele supervisiona inúmeras iniciativas que beneficiam tanto o planeta quanto sua empresa — preservação da água, redução do uso de combustíveis fósseis e assim por diante. No entanto, como ele mesmo admitiu, no momento em que adotar uma política que beneficia o meio ambiente, mas prejudica a empresa, perderá o emprego.

As corporações são *Homo economicus*. Com muita racionalidade e sem malícia, tentam aumentar seus lucros por todos os meios, de forma legal e ocasionalmente ilegal. As corporações que não seguirem essa lei fundamental da selva serão excluídas do negócio, o que significa dizer, seja lá qual for a sua atividade, que a corporação invariavelmente produzirá externalidades.[27]

Todo mundo concorda que, se fazemos bagunça, devemos arrumá-la. Se os preços realmente refletissem os custos ambientais e sociais, então *seriam capazes* de expressar a relativa abundância ou escassez das coisas. E, se alguns bens produzem *benefícios* sociais e ambientais positivos — como as plantações agroecológicas — e os refletem nos preços, o mercado pode usar os preços de modo bem-sucedido para alocar recursos em seus usos mais eficientes. Essa não deveria ser uma opção de "consumo ético" para aqueles que preferem comprar produtos que não poluem o planeta. Se os bens geram custos e benefícios, estes devem se refletir nos preços, de modo que a lógica econômica dos mercados funcione adequadamente. De outra maneira, trata-se de subsídio corporativo em grande escala, e não há nada que os defensores do livre-mercado digam apreciar menos do que isso. Qualquer um seria perdoado por pensar que essa transferência de recursos que está em andamento da natureza e da sociedade para os empreendimentos privados é o que põe a palavra "livre" na expressão livre-mercado — por mais que o negue, o capitalismo corporativo ainda precisa provar que pode operar sem esses tipos de subsídio.

Quando as externalidades negativas não são compensadas, os beneficiários estão de fato engajados no roubo daqueles que bancam os custos de seu comportamento. A linguagem do roubo implica uma vítima e, de modo mais amplo, todos sofrem com essas externalidades. Ao somarmos os problemas de saúde causados pela perda da camada de ozônio, a ruína dos estoques de peixes e dos serviços de ecossistema fornecidos pelas árvores, a contaminação da água pela agricultura industrial e os ajustes a um mundo com mais enchentes e secas causadas pelas mudanças climáticas, teremos uma bela conta. De acordo com estudo recente, se a humanidade tivesse de pagar pelas consequências de um ecossistema degradado, a fatura ficaria em torno de uns 47 trilhões de dólares. A conta, porém, não está sendo dividida de forma equilibrada. Em outro estudo recente, foi calculada a pegada ambiental — custos ocultos gerados pelas escolhas de produção e consumo — dos países ricos nos países pobres. Foram incluídas apenas seis áreas: diminuição da camada de ozônio, pesca predatória, desmatamento, mudança climática, destruição de mangues e agricultura intensiva. Não será surpresa saber que países de renda alta e média poluem a si mesmos, mas também terceirizam sua poluição, custando aos países pobres mais de 5 trilhões de dólares em danos ecológicos. Em contraste, a pegada dos países pobres nos ricos é de 0,68 trilhão de dólares. A dívida ecológica dos países ricos com os países pobres torna pequeno o montante devido pelos países pobres do Terceiro Mundo aos países ricos, que é de apenas 1,8 trilhão de dólares.[28]

Essa desigualdade, a sistemática transferência de custos dos ricos para os pobres, dos poderosos para os desfavorecidos, ajuda a explicar por que essas externalidades são autorizadas a continuar — pois os consumidores mais abastados compartilham os despojos do roubo. Se eu compro um hambúrguer que deveria custar cinquenta vezes mais do que custa, vejo uma vantagem, pelo menos no curto prazo. Preços artificialmente baixos representam os dividendos dos consumidores nesse sistema de apropriação de lucro, que nos tem dado roupas mais baratas de comprar do que de lavar e telefones mais baratos de substituir do que de consertar. É por meio dessas "pechinchas" que somos recrutados para o moderno capitalismo de consumo. Certamente, as circunstâncias nas quais eu compro o hambúrguer, ou qualquer outra coisa, têm grande importância. Os consumidores poderiam querer comprar alimentos melhores, mais saudáveis e mais saborosos, cujos preços refletissem de fato seus custos totais, porém, com tantos lares sendo mantidos com salários de fome, a caça às barganhas se tornou uma forma de política social.[29]

Assim, é importante não colocar a culpa apenas nos consumidores e sim considerar o modo pelo qual viemos a nos tornar compradores. Podemos ter sido seduzidos pela enxurrada de produtos baratos cujos custos reais são protelados ou pagos por outros, embora isso não explique a razão pela qual desejamos esses mesmos bens. Aqui, existe um processo sutil em andamento, uma construção social em que aprendemos como consumir e como valorizar o nosso tempo, a nossa felicidade e outras pessoas. As corporações podem ser criaturas da moderna sociedade de mercado, porém, para que os lucros possam fluir, precisam alistar consumidores. Os preços constituem parte do material de recrutamento. Para enxergar com mais clareza a fronteira de poder entre consumidor e produtor, na qual a oferta encontra a demanda, é útil explorar o caso limite — examinar o que acontece quando não há etiqueta à vista porque o preço é zero.

Nos bastidores de um almoço grátis

Afinal, quem não gosta de coisas gratuitas? Amostras grátis, jogos grátis, almoços grátis, telefones grátis, televisão grátis — são coisas das quais todos nós extraímos pelo menos alguma satisfação. Onde poderia residir o dano? Para usar dois dos clichês mais insossos da linguagem contemporânea, por que não existe almoço grátis e por que a cavalo dado não se olham os dentes? Há uma resposta sistêmica; isto é, uma consequência consistente para quando corporações friamente racionais encontram seres humanos irracionais, cuja irracionalidade se torna ainda mais pronunciada diante de coisas oferecidas gratuitamente nos supermercados e shoppings, na televisão e pela internet. A tática é sempre a mesma. A empresa tem um modelo de negócio que envolve a realização de uma aposta. Ela arrisca que, oferecendo algo gratuito ao consumidor, ele se sentirá inclinado a voltar à loja no futuro, e, enquanto estiver apanhando seu brinde, vai abrir o bolso para gastar com alguma coisa um pouco mais cara, consumir um pouco mais do que o normal e nutrir sentimentos positivos quanto à ideia de que a marca lhe pagou algo.

Não há nada de errado com isso. O consumidor ganha porque recebeu mais coisas, e a empresa ganha porque recebeu mais dinheiro. Olhando atentamente, contudo, essa troca gratuita é uma forma de tentar modificar suas decisões de compra e suas preferências. A economia ignora de modo deliberado o porquê de as pessoas gostarem do que gostam. Na verdade, uma frase empregada comumente no ramo é *De gustibus non est disputandum* —

gosto não se discute —, embora as corporações estejam o tempo todo tentando adaptar esses gostos, e nós o ignoramos por nossa conta e risco. Se alguém tentasse ajustar suas preferências por heroína oferecendo-lhe amostras grátis, você provavelmente as recusaria porque tem clara noção do quanto o vício em drogas mudaria suas predileções, e sabe que não as quer orientadas nesse sentido. É claro que a analogia não é perfeita — a troca de coisas gratuitas pode não ser intensamente viciante —, mas sugere que nossas opções são muito menos resultados de contemplação racional e muito mais sujeitas à manipulação do que gostaríamos de acreditar.

No dia 3 de fevereiro de 2009, a cadeia de restaurantes Denny's, nos Estados Unidos, decidiu oferecer gratuitamente um café da manhã com duas panquecas, dois ovos, duas salsichas e dois pedaços de bacon — que normalmente custava 6 dólares (tudo bem, 5,99 dólares).[30] A empresa apostou que, oferecendo comida gratuita por um dia, teria cobertura em todos os grandes jornais e desenvolveria uma base de clientes muito mais ampla. E assim fez. Apareceram 2 milhões de pessoas — algumas esperaram por mais de uma hora. O custo total para a Denny's — incluindo o anúncio no Super Bowl, a final do campeonato nacional de futebol americano, os ingredientes para preparar o café da manhã e o trabalho de cozinhá-los — chegou a 5 milhões de dólares.[31] Quando lhe perguntaram se tinha valido a pena, o diretor-executivo da Denny's fez uma pausa e, depois de calcular as vendas de produtos com alta margem, como refrigerantes, afirmou: "Ficamos acima do *break even*."[32]

No fim das contas, não existe café da manhã nem almoço grátis. Eis a descrição do almoço gratuito em São Francisco, no século XIX, na versão feita por Rudyard Kipling em seu texto *American Notes*:

> Eu estava absolutamente sozinho nessa grande cidade de gente branca. Num impulso, procurei algum refresco e entrei num bar cheio de imagens toscas de *saloon*, nas quais homens com chapéus atrás da cabeça devoravam sua comida no balcão. Era a instituição do "almoço grátis" com a qual me deparava. Você pagava por um drinque e comia o máximo que conseguisse. Por menos de uma rúpia ao dia, um homem podia se alimentar de modo

suntuoso em São Francisco, mesmo que estivesse falido. Lembre-se disso, caso algum dia fique encalhado naquelas bandas.[33]

Isso não é terrivelmente diferente do café da manhã da Denny's, e a estratégia de seduzir as pessoas com comida, vendendo-lhes ao mesmo tempo bebidas imensamente lucrativas, pouco se modificou. Mais uma vez, o "grátis" acaba se tornando uma aposta na qual nosso apetite por alguma coisa é, do nada, transformado em lucro para a corporação.

Como seria se comportar racionalmente na troca por coisas gratuitas? Em seu livro *Why Popcorn Costs So Much at the Movies*, o economista Richard McKenzie descreve como comprou um novo computador. O fabricante ofereceu-lhe a opção de ganhar uma impressora, e ele aceitou. Ele sabia que o fabricante pegaria seu dinheiro de volta com os cartuchos caros e, assim que a tinta da impressora acabou, fez a coisa racional — jogou-a fora.[34] Horrorizado? Se você considera desperdício jogar fora uma impressora grátis, mesmo que seja a coisa racional a fazer, este é um sentimento que devemos conservar. McKenzie está se comportando como *Homo economicus* e, portanto, vencendo o fabricante de computadores em seu próprio jogo, mas a razão pela qual quase todos nós somos suscetíveis a essas falácias é que sentimos que há algo de errado em jogar coisas gratuitas fora, no mínimo porque o bem gratuito custou *alguma coisa* e *alguém* pagou por ele.

Consideremos este exemplo: minha empresa de telefone celular me dá um novo aparelho, cheio de recursos, e eu escolho entre modalidades pré e pós-pagas. Fico satisfeito, pelo menos porque posso andar pela cidade sem precisar me lembrar de onde estou, e tenho o prazer de carregar nas mãos a mais nova pequena engenhoca. Para que esses recursos funcionem, terei de pagar um pouquinho mais e comprar aplicativos e conexões. Certamente, muitas pessoas acham que vale a pena. De fato, existe uma corrida "armamentista" de celulares, na qual telefones cada vez mais requintados se tornam socialmente necessários. Esses aparelhos modernos vêm com novos usos e aplicações que, mais uma vez, se tornam socialmente indispensáveis para os usuários e se convertem em fontes de lucro permanentes para os fornecedores. Em 2007, nos Estados Unidos, o gasto com telefone celular por consumidor chegou a 600 dólares por ano (superando o das linhas fixas pela primeira vez). Isso é muito dinheiro, e ele é dividido com imensa desigualdade.

Em 2009, a empresa de celulares Nokia anunciou lucro de 490 milhões de euros, em vendas de 12,7 bilhões de euros, com dividendos 20% superiores aos do ano anterior. Para fazer seus telefones, como todos os demais fabricantes de equipamentos eletrônicos no mundo inteiro, ela emprega minerais extraídos de conflitos sangrentos no Congo, onde se encontram 70% das reservas mundiais de columbita-tantalita. Esse minério é fonte de nióbio e tântalo, utilizados para fabricar capacitores colocados no coração das engenhocas eletrônicas portáteis. Para patrulhar os acessos a esses recursos, unidades militares do Congo violentaram, torturaram, escravizaram e mataram. Mulheres que lutam para criar os seus filhos no Congo têm uma expectativa de vida de 47 anos, continuam a sofrer em meio à maior epidemia de estupros do mundo e ganham apenas metade do que recebem os homens — 191 dólares por ano.[35] Isso acontece quer os preços de columbita-tantalita estejam altos ou baixos, embora neste momento, com a queda de preços do mineral, os trabalhadores das minas precisem trabalhar ainda mais para receber a mesma quantia de dinheiro que recebiam nos anos de alta. Em geral, essas são as externalidades sangrentas dos eletrônicos, ainda que pareçam mais sombrias quando somos levados a acreditar que ganhamos gratuitamente algo como um celular.

Novos tipos de gratuidade

Os tipos de externalidades associadas aos bens gratuitos nem sempre são tão viscerais. A tecnologia modificou a escala das trocas gratuitas e também gerou novas variedades de bens e serviços que não exigem pagamento, cada qual com seus próprios custos sutis e ocultos. A página do *New York Times* na internet oferece, de graça, a oportunidade de leitura das notícias e atrai milhões de leitores além daqueles que de fato pagam

2 dólares pela cópia impressa. Como resultado, o *Times* está perdendo dinheiro. A história é ainda mais calamitosa para os pequenos jornais. A fonte de recursos oriunda dos anúncios classificados foi capturada por serviços como a Craigslist, dizimando o mercado da imprensa local. Isso, por sua vez, tem custos.

Com a queda das receitas, os editores estão interpretando os sinais econômicos, redimensionando a cobertura de seu noticiário e demitindo jornalistas. É sempre mais barato reciclar comunicados à imprensa e opiniões do que pagar pelo jornalismo investigativo e pela responsabilidade pública. Nesse caso, a maior perda é o declínio do engajamento civil local que o jornal propicia — uma comunidade sem a vigilância de uma imprensa livre é uma comunidade sem povo.

Este é o admirável mundo novo dos bens gratuitos, que oferece a promessa de riquezas futuras e a certeza de sacrifícios presentes. Kevin Kelly, cofundador da revista *Wired*, num influente ensaio disponível gratuitamente on-line, argumenta que, embora a internet seja uma grande máquina copiadora, é possível, ainda assim, ganhar dinheiro por meio de versões personalizadas (canção grátis, insira o nome de seu filho por 40 dólares), instantâneas (pegue na biblioteca na semana que vem de graça, ou agora mesmo on-line por uma taxa), genuínas (baixe a canção de graça, mas o CD autografado vai custar 50 dólares) e ao vivo (leia a página da web de graça, mas contrate o blogueiro para falar pessoalmente) de algo que não pode ser copiado.

Essas são as táticas do futuro dos brindes digitais gratuitos e, se o futuro é mesmo, como dizem os profetas, coalhado de coisas gratuitas, o passado nos prepara para o que devemos esperar. No fim das contas, bens dados de graça não são uma novidade. Consideremos a atividade que toma mais tempo do dia, depois de trabalhar e dormir: assistir à televisão. No Reino Unido, as pessoas assistem em média mais de duas horas por dia. Nos Estados Unidos, o número se aproxima de quatro horas. Em alguns países, o proprietário do aparelho de TV tem de pagar pela rede nacional ou pelos canais por assinatura, sendo que alguns fornecedores de serviços podem cobrar para disponibilizar uma programação especial. Em geral, porém, sentar-se diante da pequena tela parece-nos uma atividade gratuita que não implica custo algum.

Numa inspeção mais detalhada, o preço e os custos da programação podem estar completamente deslocados. Consideremos o maior evento televisivo do mundo: a Copa do Mundo de futebol. A final de 2010 será assistida por 1,5 bilhão de pessoas. O governo da África do Sul já gastou 2 bilhões de dólares para sediar a Copa do Mundo. A fim de embelezar as cidades para os milhares de fãs que irão assistir aos jogos, o governo tem se envolvido atualmente na "eliminação das favelas", por meio da qual os pobres são chutados para fora das cidades, em cenas impressionantemente evocativas da era do *apartheid*. Moradores dos barracos estão sendo removidos para "acomodações alternativas" em áreas onde não existem empregos, escolas ou hospitais, e são abandonados à própria sorte. Esses custos sociais, é claro, não serão imputados aos espectadores da final da Copa do Mundo em todo o planeta. O único preço que terão de pagar é o sofrimento experimentado durante o intervalo, entre anúncios da MasterCard e da Coca-Cola.

Todo comercial tem também o seu custo. Quando se trata da Copa do Mundo, os anúncios nas telas são de produtos que externalizam os custos de produção sociais e ambientais (o lixo tecnológico da Sony, as fábricas escravizantes da Adidas), que encorajam o endividamento (Visa), que dependem dos combustíveis fósseis que estão destruindo o planeta (Emirates, Kia) ou que são um mero coquetel de produtos químicos (Coca-Cola). O último exemplo é especialmente revelador. Anne Becker observou as consequências pavorosas de se mostrar imagens da televisão norte-americana a adolescentes de Fiji, onde se registrou o aumento das taxas de distúrbios alimentares de 0% para 12% em apenas três anos.[36] Garotas das ilhas vizinhas falam do relativo poder de atração de um corpo moldado por Coca-Cola em relação a outro modelado por Fanta. Esta é a versão acelerada de um problema global, em que a rápida introdução da moderna cultura de consumo tem produzido efeitos devastadores, tanto em garotos quanto em garotas. Nos Estados Unidos, uma pesquisa recente descobriu que, por meio da proibição de anúncios de junk foods, o número de crianças com sobrepeso em idade entre três e onze anos poderia ser cortado pela metade, e o de adolescentes obesos reduzido em 14%.[37]

Externalidades são, em parte, derivadas do tamanho das corporações. Embora sejam ensinados como exceções entre as classes econômicas, monopólios e oligopólios como Google, Apple, Coca-Cola e Wal-Mart são a regra no mundo dos produtos de consumo. Uma das coisas que distingue um monopólio de um pequeno negócio num mercado competitivo é que, enquanto uma atividade competitiva tem de vender ao preço ditado pelo mercado, os monopólios são tão poderosos que têm uma escolha. Tanto podem fixar o preço pelo qual desejam vender como a quantidade que pretendem negociar. Todavia, a longo prazo, eles conseguem influenciar o montante que querem vender *e* o preço que você está preparado para pagar.

Na África do Sul, uma versão gratuita do sistema operacional de computadores Linux foi distribuída por organizações não governamentais (ONGs) para uma população que detinha um dos mais baixos índices de computadores por pessoas da Terra. Vendo isso como ameaça à posição do Windows como plataforma dominante de computação na África subsaariana, a Microsoft "vendeu" milhares de cópias do Windows em muitos países pobres pelo valor simbólico de 3 dólares. Na Namíbia, a empresa foi ainda mais longe e tentou solapar uma ONG que fornecia cópias gratuitas de Linux, oferecendo gratuitamente cópias do Windows *e* computadores de graça.[38] Embora muitos diretores de escola e professores da Namíbia desconfiem que o plano de longo prazo da Microsoft seja cobrar preços monopolistas depois que as alternativas Linux tenham sido retiradas do negócio, seus orçamentos limitados indicam que não poderão resistir a essas barganhas de curto prazo. A ironia, aqui, é claro, é que o software livre, gratuito, está sendo aniquilado pelo software "liberado", "grátis", mas, assim que o Windows eliminar a competição do mercado e introduzir sua visão de quem deve escrever, compreender e modificar os códigos, o preço vai subir e as pessoas serão menos livres para escolher.

Isso pode não soar alarmante, porém, há razões para preocupação quando esse tipo de tática é empregado em todos os lugares no Sul Global, com um produto muito diferente. Não há nada mais gratuito que o leite materno, mas, apesar do imenso volume de pesquisas que demonstram a superioridade indiscutível do aleitamento materno frente a outras formas de nutrição infantil, as empresas de alimentos para bebês estão engajadas numa campanha de desinformação sistemática e contínua destinada a convencer as mães a trocar o leite do peito por um substituto em pó. Uma das maneiras de desencorajar o aleitamento materno foi a distribuição gratuita, pelos fabricantes de alimentos para bebês, desse leite em pó substituto. Para as lactantes, alimentar os bebês com o leite em pó gratuito significa interromper a amamentação, o que levará ao fim da sua lactação e as tornará dependentes do substituto inferior. Por meio desse tipo de marketing, as empresas de alimentos infantis distribuíram amostras grátis que resultaram na morte de 1,3 milhões de bebês e em milhões de dólares de lucro por ano.[39]

Mais uma vez, a história segue um padrão. As mães, em especial as de baixa renda, sentem-se atraídas não apenas pelos benefícios pecuniários de curto prazo das coisas "gratuitas" como também pelos argumentos enganosos dos fabricantes de leite em pó, cuja motivação primordial é o lucro e não a saúde pública. A gratuidade é uma forma de produzir consumidores. No caso do leite em pó para bebês, é um meio que os fabricantes utilizam para criar um mercado para seu produto, e para incentivar a lealdade dos clientes. Os produtores do substituto alimentício estão se comportando de modo inteiramente racional e parecem poderosos o bastante para alcançar seu objetivo sem sofrer consequências negativas. Como resultado do clamor popular na Europa e na América do Norte, na década de 1980, a Organização Mundial de Saúde elaborou o Código Internacional de Marketing dos Substitutos do Leite Materno, mas isso não resolveu o problema. Em artigo recente, Annelies Allain e Yeong Joo Kean denunciaram o número gigantesco de violações desse código de conduta, assim como os desrespeitos legais diretos na venda de produto contaminado, com incidentes envolvendo quase todas as grandes produtoras mundiais de leite em pó para bebês.[40]

Esse caso é a versão extrema de um fenômeno mais amplo — de que o "grátis" pode ser uma forma de nos recrutar para um tipo de comportamento que não teríamos, caso fôssemos confrontados com os custos integrais antes de decidir não pagar nada. A gratuidade é ainda mais sedutora quando nossos orçamentos são apertados, e é por isso que o "gratuito" também acaba com a fantasia de que somos agentes econômicos racionais e nos convoca para o papel de consumidores. Pode ser que acabemos pegando alguma coisa que apreciamos, ou mesmo desejamos — estou escrevendo este livro com um software livre (e vamos discutir por que isso é diferente, num dos próximos capítulos). O "grátis" pode ainda abrir novas possibilidades, porém, quando isso acontece na interseção entre pessoas irracionais e corporações em busca de lucro, em especial aquelas com poder de mercado, existe, invariavelmente, um custo oculto. O paradoxo das ofertas "gratuitas" das corporações é o tamanho de sua capacidade de nos subjugar.

Sem dúvida, as estratégias promocionais das corporações não são a única forma de realizar trocas gratuitas. O sociólogo francês Marcel Mauss escreveu *Ensaio sobre a dádiva* para explorar as complexas relações sociais que envolvem os atos de dar e receber. E concluiu que, tanto na sociologia quanto na economia, praticamente não existe nada que seja isento de expectativas de reciprocidade e respeito. Na sociedade de mercado, os vínculos sociais de troca sucumbem ao signo do lucro. Quando se trata de leite em pó gratuito para bebês, as regras e a cultura da troca são definidas pelas corporações, aquelas "pessoas jurídicas" fictícias que buscam o lucro em todos os lugares. Para essas entidades, a "gratuidade" é uma aposta, com disputas e certa imprevisibilidade, mas com uma coisa certa. Quer um bem seja gratuito, quer custe 100 milhões de dólares, vai compartilhar as mesmas características oriundas dos mercados orientados para o lucro, que são o que faz com que os bens existam. O sangue em nossos celulares sugere que existem externalidades mais amplas nas contendas diárias do moderno capitalismo de consumo, e esses custos são gerados na operação cotidiana com a qual a sociedade de mercado avalia o mundo.

Pode parecer que a solução desse derramamento de sangue seja uma ética melhor. Hoje, há uma intensificação da conversa sobre moralidade nos mercados — do acadêmico Michael Sandel, com suas Reith Lectures em Harvard,[41] até a bem menos convincente proposta de Lecce, "Princípios e padrões comuns para a propriedade, a integridade e a transparência", endossada pelo G8 em julho de 2009. Nas discussões oficiais, antiético normalmente quer dizer algo do que se envergonhar, mas não necessariamente ilegal. Os apelos para que o capitalismo modere seu comportamento antiético parecem os chamamentos para a responsabilidade social das empresas na década de 1990, quando os dirigentes de muitas grandes companhias prometeram não destruir o meio ambiente ou, caso tivessem de fazê-lo, causar o menor dano possível.

Para uma melhor compreensão da ética da avaliação, vale a pena revisitar os primeiros pensadores que deram fundamento ao livre-mercado, pois eles tinham um robusto senso de como os preços, o valor e a economia real funcionavam. Antes da existência dos economistas, os estudiosos da sociedade de mercado eram chamados de "filósofos morais" e, quando ponderavam sobre o mercado, estavam menos preocupados com a integridade comportamental da alta finança ou com a interação entre produtor e consumidor, e mais interessados em saber como o valor está vinculado a indeléveis desigualdades de poder. A economia moderna sofre de amnésia quando se trata do que disseram esses filósofos sobre o valor. O espírito do capitalismo é invejoso e, para que ele possa crescer, diferentes modos de pensar e avaliar o mundo precisam ser asfixiados. No entanto, se o contramovimento que se opõe ao pensamento orientado para o lucro pretende ser mais do que superficial, será necessário começarmos a nos lembrar dessa filosofia moral original.

4. Sobre diamantes e água

> O capitalismo é a crença espantosa de que o mais perverso dos homens fará a coisa mais terrível pelo bem maior de todos.
>
> JOHN MAYNARD KEYNES[1]

CERCA DE 1,4 MILHÃO DE LIVROS DE AYN RAND foram doados às escolas secundárias dos Estados Unidos pelo instituto que leva seu nome — os livros são gratuitos para qualquer professor que esteja preparado para fazer seus alunos sofrerem com eles. O trabalho dela é ensinado como uma espécie de Adam Smith simplificado, um texto introdutório em defesa do livre-mercado que obtém suas formulações mais articuladas e sutis nas obras do grande filósofo escocês. Isso é injusto com Smith.

Enquanto Rand perambula por racionalizações tediosas sobre o comportamento egoísta, Smith está muito longe de ser um mero defensor dos mercados desregulados. O termo ao qual o nome dele é muito curiosamente associado, "a mão invisível", aparece uma única vez em *A riqueza das nações*, e não é empregado de modo algum para descrever os efeitos benéficos dos livres-mercados. A mão invisível é a força que orienta os investidores escoceses para que se comportem de modo paroquial, preferindo colocar seu dinheiro na economia escocesa a investi-lo no estrangeiro. Ao aplicar em sua economia local, os investidores ganham retorno, é claro, mas a sociedade na qual eles investem também ganha, e, como vivem ali, esses investidores se beneficiam ainda do estímulo econômico. Esta é a consequência benéfica, embora não intencional, da motivação egoísta do investidor, e ela só se torna efetiva por conta da sua preferência pelo investimento doméstico diante do internacional. Essa não é exatamente a política que aqueles que citam Smith costumam defender quando falam sobre a mão invisível.[2]

Smith era um pensador muito mais sutil e complexo que sua caricatura de defensor do livre-mercado e possuía visões sofisticadas sobre inúmeras questões que afetam a economia moderna. Sua opinião acerca da capacidade de o dinheiro trazer felicidade, por exemplo, era de que não trazia: "Para alívio do corpo e da paz de espírito, todos os diferentes tipos de vida estão praticamente no mesmo nível."[3] Ele também pensava que um princípio básico estimulante por trás da atividade econômica era a vaidade. As pessoas trabalham para pagar pelas coisas que conquistam a estima dos outros. Essa necessidade de se equiparar aos vizinhos, que faz todos trabalharem ainda mais arduamente para se manter bem aos olhos da sociedade, é a "rotina hedonista" da atualidade. Todavia, é em sua compreensão do valor que Smith e seus descendentes têm mais a nos ensinar.

Na economia moderna, os alunos são introduzidos ao mecanismo do valor por meio de comparações clássicas: por que os diamantes custam tão caro, se são tão desnecessários, enquanto algo tão vital quanto a água custa tão barato? Eis o que Smith tinha a dizer sobre diamantes e água em *A riqueza das nações*:

> A palavra valor … tem dois significados diferentes. Algumas vezes expressa a utilidade de algum objeto em particular e outras o poder de comprar outros bens que a posse daquele objeto traz consigo. Um pode ser chamado de "valor de uso"; o outro, de "valor de troca". As coisas que possuem o maior valor de uso, com frequência, têm pouco ou nenhum valor de troca; e, ao contrário, aquelas que possuem o maior valor de troca têm, com frequência, pouco ou nenhum valor de uso. Nada é mais útil que a água; no entanto, ela raramente vai adquirir alguma coisa; praticamente nada pode ser trocado por ela. Um diamante, por outro lado, é desprovido de qualquer valor de uso; todavia, uma imensa quantidade de outros produtos pode ser adquirida em troca dele.[4]

Na sala de aula de economia, os universitários de hoje aprendem que a distinção de Smith entre "valor de uso" e "valor de troca" resultou em um mar de problemas para o pensador. A posse de duas categorias de valor, uma para uso e outra para troca, não torna ninguém mais capaz de atribuir valor a alguma coisa — ninguém diz que algo tem alto valor de uso, mas baixo valor de troca.

Os universitários, então, aprendem que estão a salvo da confusão e do enigma graças a um novo grupo de pensadores: os economistas neoclássicos do século XIX — o britânico William Stanley Jevons, o austríaco Carl Menger e o suíço Léon Walras — que, providos das recentes descobertas de física e matemática, resolveram o problema do valor ao entendê-lo como uma questão de preços. Fizeram isso ao olhar para a margem, para o que acontece quando se acrescenta uma unidade extra de alguma coisa ao mercado. E demonstraram como e por que os preços são como são: porque a água é relativamente abundante e os diamantes são escassos.

Na economia neoclássica, o valor dos diamantes ou de qualquer outra coisa é uma medida do que seria dado para obtê-los. Como o valor dos bens é mensurado por meio da troca, não é possível atribuir valor a algo apenas olhando-o, ou sabendo quanto custou para fazê-lo, ou o bem que fará a alguém. De acordo com os neoclássicos, para encontrar o valor de alguma coisa, é preciso trocá-la — essa é a única forma de nossas preferências individuais entrarem na linguagem pública do comércio.

É assim que se explica o paradoxo de que algo vital seja barato enquanto algo desnecessário é caro. O que foi omitido nessa versão, contudo, é que ninguém acreditou seriamente que *havia* um paradoxo até o final do século XIX. A charada do diamante e da água foi popularizada num manual escrito depois da Segunda Guerra Mundial pelo economista Paul Samuelson. A cultura dos mercados livres precisava de uma bíblia, e a obra de Samuelson intitulada *Economia*, publicada em 1948, forneceu o tipo exato de revisionismo histórico.[5] E ignorou o fato de que Adam Smith compreendeu muito bem por que diamantes eram mais caros que água. Em 1762, no texto *Lectures on Jurisprudence* [Lições sobre jurisprudência], ele disse isso claramente:

Os termos abundância e barateza são, de certo modo, sinônimos, na medida em que a barateza é uma consequência necessária da abundância. Assim, a água, que é completamente necessária para a sobrevivência da humanidade, por causa de sua abundância não custa nada a não ser o recolhimento, enquanto diamantes e outras joias, cuja serventia mal pode ser definida, têm um preço imenso.[6]

Ao explicar o preço, Smith apontou para a relativa escassez, tal qual os economistas neoclássicos. A diferença não reside em suas explicações do preço, mas em suas concepções de utilidade — Jevons e os economistas neoclássicos estavam imbuídos de uma utilidade abstrata e quantitativa, ao passo que Smith tinha uma ideia qualitativa do valor de uso. Parafraseando Oscar Wilde, as pessoas hoje sabem o valor de troca de tudo e o valor de uso de nada. A noção de valor de uso de Smith deve ser compreendida não como uma tentativa malsucedida de desenvolver uma teoria da utilidade marginal, mas como uma técnica que permite olhar nos bastidores e explicar num plano mais fundamental por que a atividade econômica parece ser aquilo que é. A fim de separar o mundo superficial dessa realidade mais profunda, Smith introduziu uma distinção entre aquilo que pagamos e o "preço real" de algo. Para ele, passar do preço de mercado para o preço real exigia tempo e esforço:

O preço real de cada coisa, aquilo que cada coisa realmente custa para o homem que deseja adquiri-la, é a labuta e a dificuldade de obtê-la. O que cada coisa vale realmente para o homem que a adquiriu e que deseja dispor dela ou trocá-la por outra é a labuta e a dificuldade que ela evita para ele, e que podem ser impostas sobre outras pessoas.[7]

Smith pelejou com as relações entre valor, trabalho e salários. Em sua opinião, o parâmetro do real valor de tudo era a dificuldade que havia em produzi-lo:

Somente o trabalho, portanto, cujo valor jamais varia, é o único padrão definitivo e real pelo qual o valor de todas as mercadorias pode, em qualquer

> época ou lugar, ser estimado e comparado. Eis o seu preço real; o dinheiro é apenas o seu preço nominal.[8]

Ele acreditava que a razão pela qual certas profissões recebiam remunerações mais altas era o simples fato de algumas pessoas estarem mais dispostas a sofrer a perda de bens não monetários. O motivo pelo qual um guarda de parque ganha menos que um corretor de valores é que o corretor não passa os dias andando pela mata. Smith pensou que, a longo prazo, os salários tenderiam à igualdade, com menores discrepâncias relacionadas à quantidade de tempo que as pessoas podiam tirar de férias e compensações pelos aborrecimentos causados pelo trabalho. Por esse cálculo, pessoas que trabalham nos encanamentos de esgoto durante a noite deveriam ser bilionárias. Para Smith, o fato de que o mundo não funcionava exatamente dessa maneira significava que algo estava errado com a economia, algo sistêmico, que havia distorcido aquilo que grupos diferentes de pessoas recebiam pelo seu trabalho.

Não são essas as visões tipicamente relacionadas a Smith, pelo menos na forma leiga de se pensar sobre ele atualmente. A sina de Smith foi terminar como crista dos engravatados da era Reagan, figura de proa legitimadora de um experimento não testado no capitalismo neoliberal, mas, em comparação com Karl Marx, ele sofreu relativamente pouco. Marx foi muito mais duramente atingido, expurgado do cânone dos economistas como insulto à pureza do pensamento neoclássico. Pode-se pensar que os economistas marxistas não conseguiriam encontrar um lugar para si na academia, mas eles existem e — de acordo com evidências anedóticas — muitos deles parecem ter encontrado refúgio não nos corredores asfixiantes dos departamentos de economia, mas nas escolas de administração. Com boas razões. Embora a teoria econômica contemporânea tenha pouco espaço para sua reflexão, Marx tem muito a dizer sobre a prática econômica atual.

Karl Marx concordava com Smith que tempo e esforço são centrais para a produção de bens, mas foi mais longe ao desvendar como esse tempo e esse esforço tinham importância para "a teoria do valor-trabalho". Imaginemos que você é um excelente cozinheiro e consegue preparar duzentos hambúrgueres por hora. Eu, um hindu não familiarizado com a preparação de carnes, talvez seja capaz de aprontar uns vinte por hora. Isso quer dizer que os meus são dez vezes mais valiosos que os seus? Uma versão simplificada da teoria do valor trabalho diria que sim, mas Marx observou a razão pela qual a resposta correta é não. De modo simples, a sua taxa de produtividade é a normal do setor, e eu sou uma lesma. Marx fala disso por meio da noção de tempo de trabalho "socialmente necessário" — isto é, minha preparação de hambúrgueres leva muito mais tempo que o socialmente necessário, o tempo que é normal em determinado setor. A palavra "social" aqui implica que esse tempo jamais é "natural", mas resulta de grande quantidade de invenção humana, poder e política.[9]

A ideia do tempo de trabalho socialmente necessário abre as portas para uma diferença essencial entre as visões de Smith e Marx sobre os salários. Smith pensava que, deixando as distorções de lado, os salários fossem uma recompensa pela quantidade de trabalho que alguém realizou. Para Marx, os salários são o dinheiro recebido por quem torna sua capacidade de trabalho disponível para que os capitalistas a utilizem. Durante uma parte do dia, o trabalhador trabalha para ganhar o dinheiro que vai trocar por alimento, moradia e vestimenta para a sua família. Todavia, esse trabalhador vai operar o dia inteiro, pois seu patrão pagou por isso. Eis o cerne de sua teoria do valor, pois a capacidade de trabalho é um ingrediente mágico, algo que acrescenta mais valor às matérias-primas do que qualquer outro elemento que o capitalista possa comprar. Qualquer valor além daquele que é destinado a recompor a capacidade de trabalho do trabalhador é apropriado por aquele que o contratou. Marx chama isso de "mais-valia", que é a fonte definitiva do lucro.[10]

Dessa pequena dança — da troca de trabalho por dinheiro, e de dinheiro por mercadorias — Marx extraiu uma descrição do capitalismo. O capital não é apenas dinheiro — um maço de notas não é capital. Ele é o *processo* de transformação do dinheiro em mercadorias que podem ser vendidas por mais do que os salários pagos aos trabalhadores e os custos de máquinas e materiais, para obter um lucro.[11] O capital gerado nesse processo ganhou vida própria, como capital financeiro.[12]

Como definição, não é ruim. Torna visível o constante processo de crescimento e expansão que o capitalismo necessita para se manter. E sugere a razão pela qual o *Homo economicus* é a criatura perpetuamente insaciável dessa economia. Da mesma forma, indica a desigualdade essencial de poder entre aqueles que controlam o capital e aqueles que nada têm para vender além de seu trabalho. Em outras palavras, a definição vincula as ideias de poder, propriedade, trabalho e — fundamentalmente — lucro. Essas ideias demonstraram sua utilidade para a compreensão não apenas do enigma do valor, mas também de como podemos começar a romper nossos limites refreando os mercados orientados para o lucro.

O valor não é criado unicamente pelo trabalho. Outra rota pela qual os lucros podem se expandir é o pagamento de baixos salários aos trabalhadores. Quanto mais baratas forem a sobrevivência e a reprodução dos trabalhadores, melhor para os lucros. Embora não seja possível para um único capitalista baixar o preço da força de trabalho, eles podem lutar por isso em conjunto, como veremos. A reprodução dos trabalhadores exige mais do que a produção de bebês: trata-se de um longo processo de criação dos filhos, alimentação, vestimenta, moradia, educação, socialização e disciplina, sendo que esses custos representam, talvez, a fonte da mais fundamental desvalorização no mundo todo — o tratamento dado pelo mercado ao trabalho que as mulheres fazem dentro de casa. A labuta diária de criar os filhos, manter o lar e se engajar em trabalhos comunitários — as parcelas de trabalho não pago que as feministas denominaram "tripla jornada" — permanece sem preço em todo o mundo. Caso todos os trabalhos não pagos tivessem de ser remunerados, estimou-se em 1995 que a cifra seria de 16 trilhões de dólares. Para ser mais claro, 16.000.000.000.000 dólares. Desse montante, 11 trilhões de dólares constituíam o referente ao trabalho não pago das mulheres.[13] Em 2007, isso equivaleria a 15 trilhões de dólares. Lá em 1995, era mais do que a metade da produção mundial total. E o pior é que esse erro de cálculo não é inocente. É justamente *porque* esse trabalho reprodutivo tem sido naturalizado como trabalho feminino, e porque o trabalho feminino não é pago, que pode existir tamanha economia remunerada.[14] Na medida em que seu trabalho não é levado em conta, as mulheres aparentam dispor de tempo "livre", que é usado pelas agências de desenvolvimento para explicar a razão pela qual elas podem suportar o fardo da partilha, realizando atividades que os serviços públicos deixam de cumprir. Esse tipo de sexismo também está espalhado na economia salarial — de acordo com a Organização Internacional do Trabalho, na maioria dos países, as mulheres recebem entre 70% e 90% do que ganham os homens pelo mesmo trabalho, embora em alguns lugares, particularmente na Ásia, esse número seja ainda mais baixo.[15]

Há ainda uma última rota pela qual o lucro pode ser criado, que não envolve trabalho: o cercamento. As observações de Polanyi sobre a criação da sociedade de mercado não representam meras curiosidades históricas. O geógrafo David Harvey escreveu que a busca capitalista por novos recursos para privatizar gera seus próprios mapas de crise. Quando uma floresta nacional é vendida para a retirada de madeira, a biodiversidade é patenteada ou os direitos minerais são leiloados, ocorre o cercamento, a privatização daqueles recursos que permite a alguém lucrar à custa do público.

A discussão de Marx sobre a economia começa perguntando de onde vem o valor. Ele traça o percurso de volta ao trabalho e, em seguida, explora a dinâmica da busca de lucro na sociedade de mercado. É uma forma de pensar essa sociedade com grande potencial explicativo, mostrando a origem das externalidades no advento do capitalismo e nas forças sociais que coexistem na sociedade de mercado atual. Ela explica por que o comportamento das corporações margeia as fronteiras da ética e da legalidade — a necessidade de lucro das grandes empresas conduz à voracidade e ao desprezo pela ética —, ainda que, afinal, como Marx pensou, a exigência constante de lucro acabasse levando ao fim do próprio capitalismo.

Embora a crise econômica de hoje pareça calamitosa, as previsões de Marx ainda não se tornaram completamente verdadeiras.[16] A atual turbulência econômica é resultado da forma pela qual o capital é investido, e da trajetória que o dinheiro toma quando não é capital industrial, mas, sim, capital financeiro.[17] Embora Marx tenha entendido a importância das finanças melhor que os economistas clássicos e neoclássicos, suas análises trazem uma política totalmente incompatível com a ideologia da atual sociedade de mercado — é muito mais fácil pensar na crise como decorrente da ausência de regulação ou da presença de maçãs podres em Wall Street do que vê-la emergindo de um sistema social dentro do qual fomos moldados. Talvez seja por isso que, para se explicar a recessão atual, as teorias de um economista mais recente tenham ocupado a primeira cena. Formado em meio à maquinaria financeira, seu pensamento apresenta apenas um desafio moderado às ideias predominantes sobre a sociedade de mercado: trata-se do economista britânico do século XX John Maynard Keynes.

A vida secreta do capital financeiro

Keynes começou sua carreira econômica como discípulo ardoroso da erudição neoclássica e passou a maior parte dos anos 1920 exaltando seus méritos. A Grande Depressão engendrou sua transformação em um dos mais inspirados críticos ao pensamento neoclássico. Foi para si mesmo, tanto quanto para seus colegas, que ele dirigiu uma das partes mais frequentemente citadas de sua *Teoria geral*:

> Homens práticos, que acreditam estar isentos de qualquer influência intelectual, normalmente são escravos de algum economista morto. Loucos de verdade, que ouvem vozes no ar, estão extraindo seu desvario de algum escrevinhador acadêmico de anos atrás.[18]

Keynes se perguntou por que razão existem anos em que as coisas vão tão mal, como 2008 e 1929. Ele mesmo observou que o desemprego que se seguiu à Grande Depressão não podia ser explicado pela recusa obstinada dos trabalhadores a ganhar salários baixos, conforme sugeriam as teorias neoclássicas.[19] Não se tratava em absoluto de algo que pudesse ser entendido nos termos neoclássicos de oferta e demanda. Para responder à questão, Keynes virou a economia convencional de cabeça para baixo e olhou não para o comportamento individual das firmas, mas para a sensibilidade dos empresários em relação ao risco e à incerteza, e para a forma como eles conduziriam os fluxos de capital.

Até sua intervenção, a corrente econômica principal se preocupava em compreender o comportamento das empresas e em determinar onde e como preços, lucros e salários eram gerados, utilizando as ferramentas de análise da utilidade marginal. Essas ferramentas, que pareciam explicar por que oferta e demanda eram como eram em relação a bens individuais e setores, começaram a se esfacelar diante das grandes tendências da economia. Keynes sugeria que, para entender as coisas, era preciso pensar em níveis diferentes de análise. Ele rompeu com o pensamento neoclássico ao observar que aquilo que podia ser racional para determinado indivíduo que agia de forma isolada talvez fosse nocivo para as pessoas como um todo. Um exemplo disso é "o paradoxo da poupança": numa recessão, é razoável que eu comece a poupar um pouco mais do que fazia antes, mas, se todos agirem da mesma maneira, cai o nível agregado de demanda da economia, pois ninguém está comprando nada, o que agrava a recessão e faz com que poupemos cada vez mais, e assim por diante.

Keynes observou que a crença num mundo previsível e no risco racional é insustentável, e vimos isso exaustivamente na discussão do *Homo economicus*. As pessoas não são racionais, e o futuro é nebuloso. Se soubéssemos com certeza o que esperar do futuro, nossas irracionalidades poderiam ser refreadas de maneira mais circunspecta. Se fôssemos perfeitamente racionais, talvez pudéssemos planejar uma economia plenamente ciente de todos os prováveis acontecimentos desse futuro. Como não somos nem clarividentes nem perfeitamente racionais, nos lançamos ao futuro de modo um pouco mais cego e impulsivo. Para Keynes, isso não é ruim. Ele tece elogios quando discute o "espírito animal" que estimula os empresários a tomar decisões, pois, em suas palavras,

> uma grande proporção de nossas atividades positivas depende mais do otimismo espontâneo do que da expectativa matemática. ... É provável que

> muitas das nossas decisões de fazer coisas positivas, cujas consequências vão se prolongar pelos vários dias que estão por vir, só ocorrem como resultado desse espírito animal.[20]

Para Keynes, esse espírito é o demônio da inovação, e quando ele está otimista em relação ao futuro não há limites para suas conquistas. O espírito animal otimista é a pedra filosofal do empreendimento, que transforma chumbo em ouro.

Mesmo assim, exatamente porque a estimativa sobre o futuro é uma resposta visceral, o financiamento do futuro também oscila de acordo com esse espírito animal. É por isso, por exemplo, que Keynes argumenta que "a taxa de juros é um fenômeno altamente psicológico",[21] pois se a taxa de juros é o preço do dinheiro, sua demanda é condicionada à psicologia individual dos empresários. Quando eles decidem como investir, precisam avaliar não apenas sua própria opinião acerca do melhor retorno, mas também a opinião de todas as outras pessoas. Keynes descreve assim o processo:

> O investimento profissional pode ser comparado àqueles concursos de jornal, nos quais os competidores têm de escolher os seis rostos mais bonitos em meio a cem fotografias, sendo que o prêmio é dado ao concorrente cuja escolha mais se aproximou da preferência média dos competidores como um todo; assim, cada um tem de escolher não os rostos que ele próprio considera os mais belos, mas aqueles que ele pensa que serão escolhidos pelos adversários, que estão todos olhando para o problema do mesmo ponto de vista. Não se trata de selecionar aqueles que, pelo seu juízo, são os mais belos, nem mesmo aqueles cuja opinião média julga sinceramente como os mais bonitos de todos.[22]

Keynes encontrou uma nação que merecia ser especialmente mencionada nessa busca:

> Mesmo fora do campo das finanças, os norte-americanos são propensos a se interessar desnecessariamente em descobrir o que a opinião média pensa

> sobre si mesma; e essa fraqueza nacional encontra sua nêmese no mercado de ações.[23]

Entre outras coisas, Keynes era sociólogo do mercado, e sua compreensão da psicologia coletiva o levou ao próximo vislumbre — em tempos de depressão, a virtude pessoal de poupar poderia se transformar no vício público da deflação. Como solução, ele sugeriu que o governo substituísse a empresa privada até que esta se recuperasse, estimulando a demanda *como um todo.*

A parte mais complicada de entender nesse ponto é que, não importa o que o governo faça: desde que gaste, a economia vai se restabelecer. De modo retórico, Keynes afirmou que, se faltasse imaginação para conceber algo mais criativo, os governos poderiam simplesmente enterrar garrafas de dinheiro sob toneladas de lixo porque isso ajudaria a manter a economia funcionando. Pode parecer bizarro, mas certamente valeria a pena para quem cavasse dinheiro gratuito. A procura por essas notas bancárias demandaria trabalhadores. Eles teriam de gastar com alimentos e abrigo, e tudo o mais necessário à sua sobrevivência durante as escavações. Os donos das mercearias que os alimentassem e os senhorios que lhes alugassem imóveis teriam dinheiro para gastar, que eles usariam para adquirir outros bens, e assim por diante. Isso se chama "efeito multiplicador" e representa o retorno ampliado que o governo recebe por gastar seu dinheiro na economia. Os efeitos benéficos são ainda maiores nas comunidades de baixa renda, porque dar dinheiro para pessoas que já têm bastante não vai fazê-las gastar mais, ao passo que dar dinheiro para indivíduos que não têm nada significa que eles irão gastá-lo imediatamente. É por isso que a redução de impostos para os mais ricos é uma ideia absurda (de acordo com um economista, se tornado permanente, o corte de impostos de Bush representará um efeito multiplicador de 0,23), enquanto um dos meios mais efetivos de o governo dos Estados Unidos estimular a economia é o dos subsídios para alimentação (com efeito multiplicador de 1,73).[24]

Foram suas análises do espírito animal e das possibilidades do investimento público que tornaram Keynes o economista do momento. Ele mostrou por que o livre-mercado necessita que o governo impulsione a atividade econômica, pois falta algo na economia que o dinheiro não pode comprar, mas o governo pode oferecer — confiança. E também trouxe à tona um fator que os primeiros economistas políticos ignoraram — as pessoas não apenas se motivam pela razão do lucro, como também se tornam irracionais ao fazê-lo, sendo que essa irracionalidade pode ser ainda aumentada pelo capital financeiro.

A fim de remediar a situação, Keynes viu um papel especial para o governo na administração da economia, consertando os erros coletivos que nenhum indivíduo teria capacidade de enfrentar sozinho. Foi sob essa bandeira que governos do mundo inteiro disponibilizaram trilhões de dólares para o sistema bancário, prometendo, ao mesmo tempo, "estímulos" à economia, de modo que o dinheiro voltasse a fluir e o emprego tornasse a crescer.

Até agora, o governo vem espreitando nos bastidores. Os principais personagens que encontramos na tentativa de compreender a sociedade de mercado foram os consumidores e as corporações. Estas são poderosas — elas constituem dois terços das 150 maiores entidades econômicas do mundo —, mas são os governos que moldam o terreno no qual elas operam. Está na hora de ver como eles se encaixam na sociedade de mercado.

5. O homem antieconômico

> Decidimos aqui solenemente que esses mortos não terão morrido em vão — que esta nação, com Deus, dará novo nascimento à liberdade — e que o governo do povo, pelo povo e para o povo não desaparecerá desta terra.
>
> ABRAHAM LINCOLN, *Discurso de Gettysburg*

OS MAIS RECENTES PRESIDENTES DOS ESTADOS UNIDOS, embora tenham comandado um país fundado por alternativas revolucionárias de governo, parecem ter empreendido um grande esforço para escarnecer seu trabalho. Ronald Reagan achava que as nove palavras mais terríveis eram: "Eu sou do governo e estou aqui para ajudar". Bill Clinton, em seu discurso sobre o Estado da União em 1996, anunciou que "a era dos governos fortes acabou". Alan Greenspan, é claro, tinha objeções ideológicas ao Estado, e os republicanos recentemente deram nova forma às suas repulsas ao governo forte — agora que já não são a maioria dentro dele — entoando cânticos de "Socialismo!" diante do empréstimo aos bancos, ou de "Nazismo!" quando a discussão se voltava para o sistema de saúde.

Na cultura popular dos Estados Unidos, há um vínculo entre governo forte e restrições ao livre-comércio e totalitarismo, mas apenas os libertários mais fanáticos defendem que não deve existir qualquer forma de atuação do governo. Durante a crise financeira, até mesmo Greenspan reconheceu a necessidade de *alguma* função para o governo, concordando, finalmente, com o resto do mundo: em inúmeras pesquisas, cidadãos manifestaram o desejo de que seus governos não apenas consertem a economia, mas também sejam ativos em quase todos os domínios.

Num levantamento realizado em 2008, cobrindo 60% do mundo e envolvendo 50 mil pessoas, 81% dos entrevistados achavam que os governos deveriam atuar no sentido de impedir a discriminação contra as mulheres, 87% consideravam que os governos deveriam garantir alimentos para os famintos (os dois países com menores percentuais foram a Índia, com 70%, e os Estados Unidos, com 74%), 92% desejavam que os governos oferecessem serviços de saúde (novamente aparecendo Índia e Estados Unidos como os menos entusiasmados) e 91% almejavam educação pública (com 64% na Índia, 77% no Egito e 83% nos Estados Unidos).[1]

Não é surpreendente que as pessoas julguem ser de responsabilidade dos governos prover serviços de saúde e educação. Pelo menos em tese, entregue aos seus próprios mecanismos, o livre-mercado estabeleceria preços altos que muitas pessoas não poderiam pagar, e quase todas as culturas consideram de mau gosto a noção de que a pobreza deva excluir alguém dos serviços de saúde e educação. A tarefa de corrigir as distorções na distribuição desses benefícios compete aos governos, que controlam essa troca na base de uma relação entre cidadãos e Estado, e não entre consumidores e produtores. A diferença é importante porque esperamos que os governos sejam "anticorporações", dirigidos por motivações muito distintas daquelas do *Homo economicus*, utilizando meios não mercadológicos para corrigir as falhas dos mercados, reconhecendo valor onde o setor privado não enxerga nenhum. Nossas expectativas estão sendo atendidas?

Vamos começar com uma história do sistema de saúde. Só na África, a malária mata mais de um milhão de pessoas por ano, de acordo com a Organização Mundial de Saúde, e é responsável por 25% das mortes de todos os jovens adultos no continente. A enfermidade é transmitida por um parasita que passa dos humanos para os mosquitos e de novo para os humanos; e como a maioria das pessoas acometidas pela doença é pobre, a malária tem recebido do livre-mercado poucos recursos para pesquisa.

Os tratamentos são bastante rudimentares e, na ausência de cura efetiva, uma forma de prevenção é evitar as picadas de mosquito. A maneira barata de se conseguir isso é utilizando mosquiteiros para camas tratados com um inseticida que dura de três a sete anos, e custa entre 3 e 6 dólares. Eles são 70% eficazes na prevenção das picadas de mosquito. A Organização Mundial de Saúde recomenda que eles sejam doados para mães e crianças.

Por quê? Porque se trata de uma das maneiras mais baratas de salvar vidas em algumas das áreas mais pobres do mundo, onde os serviços de saúde são muito carentes de recursos, e porque traz consigo uma externalidade positiva. Nós nos deparamos com as externalidades negativas observando as pegadas humanas e ecológicas de praticamente qualquer atividade econômica. Da mesma forma que os mercados são falhos para avaliar danos sociais, também o são para avaliar benefícios sociais, "externalidades positivas". O valor desses mosquiteiros é muito maior que o seu preço e, se for deixado por conta do mercado, um número menor de vidas será salvo. A fim de garantir que todos recebam um mosquiteiro, os governos os oferecem gratuitamente. Como vimos nas estratégias de produtos grátis lucrativos, isso encoraja muito mais pessoas a usar o mosquiteiro do que seria possível se fosse cobrada uma taxa, ainda que esta fosse simbólica.

É fácil elaborar argumentos para outros tipos de intervenção, em especial quando existem benefícios sociais muito maiores que os individuais. Uma das razões pelas quais a vacinação infantil é difundida em todos os países que podem custear um programa desse quilate é que os benefícios de se ter uma população livre da, digamos, pólio, de longe supera os custos sociais de se deixar a doença se espalhar sem controle ou de tornar a vacina opcional, ou disponível apenas para quem deseja pagar por ela.

Um exemplo similar pode ser dado na educação — os benefícios públicos de uma população instruída são muito maiores que os custos individuais de se educar as crianças. É possível demonstrar que a oferta de educação gratuita é um modo de assegurar que cada criança receberá instrução. É também o caminho para a redução dos índices de criminalidade, a elevação da produtividade e a criação de cidadãos mais saudáveis e engajados. O Departamento Britânico de Desenvolvimento Internacional relata que os esforços do governo de Ruanda para garantir educação primária a 100% das crianças do país no período que se seguiu à violência que deixou 1,2 milhão de órfãos resultaram nas mais altas taxas de matrículas de meninos e meninas na África Oriental. O percentual de crianças matriculadas subiu de 73,3% para 94%, significando um acréscimo de 500 mil novos alunos.[2]

Algumas vezes, nem o gratuito é o bastante — alguns dos mais bem-sucedidos programas de alfabetização são aqueles que pagam às famílias que mandam seus filhos à escola. Programas de subsídios no Brasil e em Bangladesh oferecem incentivos (de dinheiro a alimentação) às famílias para manter suas crianças na escola. Os efeitos positivos incluem o aumento da renda familiar e da ingestão de calorias entre os mais pobres, o crescimento do número de matrículas e o declínio significativo das taxas de evasão escolar.[3] Em muitos países, o gratuito não é sequer uma opção: a educação primária é considerada tão valiosa, para a sociedade e para o benefício futuro das crianças envolvidas, que é obrigatória.

Bens públicos azedam

Assim, parece que os governos e suas instituições podem, de fato, corrigir as falhas do mercado ao se comportar de modo a maximizar não o lucro, mas o bem-estar de seus cidadãos, e ao desmercantilizar as coisas que a sociedade considera valiosas. Os governos são capazes de moldar as regras do jogo econômico e de mobilizar orçamentos gigantescos para suprir as necessidades de seus cidadãos.

No entanto, os governos não existem numa esfera separada do capitalismo moderno. A ideia de que as corporações agem como *Homo economicus* e os governos como anti-*Homo economicus*, feito matéria e antimatéria, constitui metáfora pobre. Quando corporações e governos colidem, não ocorre explosão de energia; em vez disso, eles se moldam uns aos outros.

Como vimos, educação e saúde são bens cujos benefícios sociais são maiores que os individuais. Na literatura econômica, existe uma categoria de bens que possui benefícios mais elevados no plano social do que no individual e que, pela própria natureza, é oferecida por meios não mercadológicos; são os chamados "bens públicos". A defesa nacional é o bem público quintessencial: se você paga pela defesa nacional e eu não, você não pode evitar que eu usufrua dessa mesma defesa. Acima disso, sua sensação de segurança não impede que eu também me sinta seguro.[4]

A defesa é um dos poucos espaços em que os adeptos do livre-mercado reconhecem alguma função para o governo, mas os gastos militares são a imagem perfeita do tipo de corrupção resultante do conflito entre setores público e privado. O presidente dos Estados Unidos e ex-general Dwight D. Eisenhower, em sua última fala no cargo, advertiu para a necessidade de constante vigilância em relação ao "complexo industrial-militar". E acrescentou: "O potencial para o surgimento desastroso de um poder inapropriado existe e vai persistir. Não devemos jamais deixar que o peso dessa combinação coloque em risco nossas liberdades ou nossos processos democráticos."

Eisenhower tinha razão de ficar preocupado. Ele entendia como o espírito do capitalismo pode tomar o governo como refém, utilizando o dinheiro público para forrar bolsos privados e lançando mão das instituições democráticas para camuflar o crime. As guerras impopulares no Iraque e no Afeganistão, ao lado de dezenas de ações contra insurgências em andamento e centenas de operações de "treinamento", demonstram que o complexo industrial-militar não está sujeito ao controle público. Somente agora está sendo trazido ao debate que empreiteiros militares privados devem ser responsabilizados por suas ações no Iraque, e parece pouco provável que os arquitetos e os beneficiários dessa guerra venham a ser, algum dia, responsabilizados por suas ações, apesar de terem sido parte integrante de uma iniciativa governamental e, portanto, teoriamente democrática. Firmas como Xe, cuja pronúncia é "Zi", embora na realidade seja "Blackwater" — a infame empresa de segurança rebatizou o nome em fevereiro de 2009 — não somente se insinuaram dentro do Iraque e do Afeganistão,[5] como foram contratadas para patrulhar as ruas de New Orleans após o furacão Katrina.[6]

A lógica implacável da segurança privatizada consome tanto o Norte Global quanto o Sul Global. Em meio aos cortes provocados pela recessão, a defesa foi um dos itens do gasto governamental que continuou a se expandir. Em 2008, quase 1,5 trilhão de dólares foi gasto com defesa no mundo todo.[7] Tomando emprestada uma piada do brilhante ensaísta John Lanchester, se você contar um dólar por segundo, seriam necessários 12 dias para chegar a 1 milhão, 31 anos para alcançar 1 bilhão e, para atingir 1 trilhão, isto é, mil vezes mais, seria necessário multiplicar toda a duração da história escrita da humanidade por seis. Nick Turse observa que os números declarados por ministros ou departamentos de Defesa tendem a ser menores que os imensos valores totais que perpassam todas as agências governamentais. Reunindo todos os gastos de defesa do setor público, o governo dos Estados Unidos sozinho investe mais de 1 trilhão de dólares em suas forças armadas.[8] Os gastos com defesa estão aumentando em diversos tipos de governos eleitos mais ou menos democraticamente em todo o mundo (embora nenhum atinja a escala dos Estados Unidos, cujas despesas representam quase a metade dos gastos de todo o planeta). Na França, a compra de armamentos estava programada para dobrar em 2009, enquanto o orçamento militar da China, no mesmo ano, aumentou em 15%, e o da Índia, em 34%.[9] No momento em que a maior crise enfrentada pelo planeta requer educação, treinamento, serviços de saúde e investimentos em agricultura e energia sustentáveis, os governos desembolsam somas recordes em armamentos, e não em manteiga.

Será a fusão de interesses privados e governamentais para prover a defesa o sintoma de um fenômeno mais difundido? Se for, então torna-se mais difícil imaginar que os governos irão de fato controlar os mercados orientados para o lucro e regular as forças que tentam transformar o mundo num teatro de operações para os lucros. Keynes via o governo como ferramenta que, ao ser manejada com inteligência, podia ajudar o mercado a manter-se de pé — é por isso que suas ideias são um adendo, e não uma forma reescrita, das regras da sociedade de mercado. Todavia, e se essa ferramenta estiver comprometida? Os primeiros economistas políticos se preocuparam bastante com essa grande questão. Mais uma vez, precisamos fazer uma incursão ao passado em busca de ajuda para entender nosso apuro atual.

Poder econômico e governo

A teoria econômica clássica sugere que o mais grave sintoma do poder corporativo é o monopólio — controle integral do mercado por uma firma, que tem o poder de determinar os preços. Mas, e se houver alguma coisa errada com a própria corporação? Adam Smith percebeu um problema estrutural inerente a certos tipos de empresas:

> No entanto, como os diretores dessas empresas [de capital aberto] são administradores do dinheiro dos outros, mais do que do próprio, não se deve esperar que eles cuidem desse dinheiro com a mesma vigilância ansiosa com que os sócios de uma empresa de capital fechado cuidam dos próprios recursos. ... Negligência e prodigalidade, portanto, devem sempre prevalecer, mais ou menos, na administração dos negócios de uma empresa desse tipo.[10]

Embora as empresas de capital aberto do tempo de Smith fossem monopólios mercantis estabelecidos por alvarás régios, muito diferentes das corporações de hoje, sua crítica ainda pode ser útil. Investidores podem se inclinar à especulação (Smith fez severa condenação da Bolha do Mar do Sul), e sua inclinação às apostas irracionais se torna ainda maior quando jogam com dinheiro que não é deles. Os economistas entendem isso como um problema de "agência", que ocorre quando as pessoas cujo dinheiro está sendo administrado e as pessoas que o administram deparam com incentivos diferentes.

Porém, a questão do poder das corporações é muito mais profunda que os interesses divergentes de acionistas e diretores-executivos. Em *A riqueza das nações*, Smith afirma que o mundo econômico está dividido entre trabalhadores, proprietários de terras e mercadores. Os trabalhadores ganham dinheiro com o suor de seus rostos, os proprietários de terras, com os aluguéis, e os mercadores, com os lucros. De certo modo, os interesses dos primeiros dois grupos estão alinhados com o bem comum — quando a economia vai bem, aluguéis e salários estão altos, e os dois grupos ficam felizes. Isso posto, Smith argumenta que os proprietários estão também um pouco desconectados do mundo real e não conseguem entender como ambos os interesses se alinham, enquanto os trabalhadores labutam tão arduamente que não têm tempo nem educação para compreender que os seus interesses são os mesmos da sociedade. No entanto, eis o que ele tem a dizer sobre os mercadores:

> Entretanto, o interesse [daqueles que vivem do lucro] … é sempre, em alguns aspectos, diferente ou mesmo contrário ao do público. O interesse dos negociantes sempre é o de ampliar o mercado e restringir a concorrência. A ampliação do mercado pode, com frequência, ser bastante agradável ao interesse do público; mas a restrição da concorrência será sempre contra ele, e serve apenas para favorecer aos negociantes por meio da elevação anormal de seus lucros, impondo para seu benefício um tributo absurdo ao restante dos cidadãos. A proposição de qualquer nova lei ou regulação do comércio dessa ordem deve ser sempre ouvida com grande precaução, e jamais deve ser adotada sem ter sido longa e cuidadosamente examinada, não apenas com muito escrúpulo, mas com a máxima atenção desconfiada. Essa proposição parte de um tipo de homem cujos interesses jamais são exatamente os mesmos do público, e que normalmente se dispõe a enganá-lo e até mesmo a oprimi-lo, como já fez tantas vezes.[11]

Smith está se referindo a uma razão estrutural pela qual o funcionamento normal da economia pode vir a criar um grupo de pessoas capazes de assumir o controle sobre ela. Não se deve confiar nesses "negociantes" quando eles botam as mãos nos comandos da economia. Por isso mesmo, Smith enxergou um papel bastante vigoroso a ser desempenhado pelo governo, indo desde a punição à desonestidade até a regulação das finanças, o provimento da educação e a garantia da ordem pública.

Todavia, há razões para supor que as corporações contaminaram o governo. Karl Marx e Friedrich Engels achavam que o governo havia sido capturado de tal modo pela classe mercantil que o seu Executivo constituía um mero "comitê para administração dos negócios comuns de toda a burguesia".[12] Essa afirmação é, talvez, algo que se espere do *Manifesto comunista*, mas Marx e Engels não estavam sozinhos em sua visão. Frantz Fanon, filósofo e psiquiatra argelino do século XX, também considerou que era destino dos governos dos países recém-independentes sucumbir à "burguesia nacional", que chegou ao poder com a promessa de um desenvolvimento nacional democrático e terminou repetindo, com algumas variações, as políticas dos antigos colonizadores.

Não é mero acaso que os interesses dos mais ricos dominem os governos do mundo inteiro — de fato, os governos sob os quais vivemos foram expressamente designados a partir dessa ideia. Alexander Hamilton, primeiro secretário do Tesouro dos Estados Unidos, escreveu no nº 35 do periódico *Federalist* que

> mecânicos e manufatureiros serão sempre inclinados, com raras exceções, a dar o seu voto aos mercadores, em vez de às suas próprias profissões ou atividades. ... Eles sabem que o mercador é o seu patrão natural e amigo; e estão atentos ao fato de que, por maior que seja a confiança que têm no próprio bom senso, seus interesses podem ser mais bem promovidos pelos comerciantes do que por eles mesmos. ... Devemos, portanto, considerar os mercadores como os representantes naturais de todas essas classes da comunidade.[13]

Hamilton não estava sozinho ao pensar que o governo ficaria melhor nas mãos de qualificados homens de negócios. A ideia de que os membros de uma determinada classe podem representar os interesses da sociedade como um todo se tornou bastante difundida. Na França, o filósofo do século XIX Auguste Comte tinha preferência pelos banqueiros como condutores da sociedade. Uma rápida olhada nas instâncias superiores das casas legislativas mundo afora indica onde reside o equilíbrio de poder — é muito raro ver um membro da classe trabalhadora no Senado ou na Câmara dos Lordes. Instituições desse nível são sempre justificadas como um meio para que cabeças mais calmas e sábias prevaleçam nas tomadas de decisão dos governos, mas qual é a qualificação que confere sabedoria? Parece ser esta: possuir muitas propriedades.

Por acaso, isso explica por que as instâncias legislativas superiores costumam ser chamadas de "clubes de milionários". Elas são espaços em que os ricaços podem supervisionar e vetar as demandas dos que estão abaixo na escala social. É preciso dizer que a escala não desce com tanta profundidade — embora nos Estados Unidos a distância entre os dois venha se estreitando. Cerca da metade dos senadores norte-americanos é milionária, comparada a apenas um quarto dos membros da Câmara dos Lordes. As consequências disso para a elaboração de políticas são bastante fáceis de ver.

Imaginemos, apenas por um momento, que o governo tenha sido tomado, em seus ramos mais importantes, pela indústria e pelas finanças. Nesse caso hipotético, nós esperaríamos ver o reflexo disso na estrutura tributária, com os pobres pagando taxas marginais mais altas do que os ricos e as corporações escapando de impostos de modo mais eficaz do que o povo. Nos Estados Unidos, isso vem acontecendo, com certeza: as corporações pagaram menos de um quarto de toda a receita federal de impostos (sendo que as pessoas de carne e osso pagaram os remanescentes 76%) e a Receita Federal norte-americana agora está investigando bem menos milionários do que fez em 2007.[14] Após conduzir sua própria auditoria interna, Warren Buffet descobriu que paga um percentual muito menor de sua renda em impostos que as secretárias e os funcionários de seu escritório. "É verdade, existe luta de classes", disse Buffet, "mas é a minha classe, a classe rica, que está fazendo a guerra e vencendo."[15] Privilégios similares para os ricos podem ser vistos em todos os lugares, de regulação trabalhista antitrabalhadores a sistemas de comércio de créditos de carbono, de leis ambientais que põem os recursos públicos em mãos privadas a dinheiro emprestado aos bancos.[16]

O grande historiador francês Fernand Braudel explicou esse processo de captura do governo pelas corporações e pelos ricos utilizando um bolo de três camadas, para mostrar de que modo economia e governo realmente funcionam juntos. Na parte de baixo, fica o eterno trabalho de sobrevivência, que todos são obrigados a fazer todos os dias. Acima dele,

> vem o privilegiado terreno da economia de mercado, com suas várias comunicações horizontais entre os diferentes mercados: aqui, certo grau de coordenação automática costuma vincular oferta, demanda e preços. Em seguida, ou acima dessa camada, vem a zona do antimercado, onde perambulam os grandes predadores e onde impera a lei da selva. Esse — tanto hoje quanto no passado, antes e depois da Revolução Industrial — é o verdadeiro lar do capitalismo.[17]

Em outras palavras, o capitalismo de corporações é o anátema do verdadeiro comércio livre. Se você gosta de mercados descentralizados e das trocas baseadas em necessidades, então o capitalismo contemporâneo não é para você. Assim sendo, onde se deve procurar a mudança?

De onde vem o contramovimento?

Governos não flutuam acima da sociedade de mercado — estão imersos nela, e isso foi amplamente demonstrado pela crise econômica atual. Numa enquete internacional, 63% das pessoas consideravam que seus governos estavam a serviço de "grandes interesses", enquanto 30% pensavam que eles serviam à vontade do povo. Em quase todos os países,[18] os entrevistados desejavam que seus governos se comportassem de modo mais responsável com a população. Uma pesquisa internacional realizada pela BBC com 29 mil pessoas revelou que dois de cada três pesquisados disseram que havia a necessidade de transformar os sistemas econômicos doméstico e mundial.[19] O mundo está preparado para a mudança.

Contudo, aqui está a parte mais sombria da história. As pessoas que vivem sob o domínio daqueles governos, você e eu, *também* fazem parte da sociedade de mercado. Não há situação em que alguma verdade perpétua, intocada pelo mundo à sua volta, possa nos guiar em direção a um futuro brilhante. O segundo movimento de Polanyi jamais reverte a expansão do mercado — as leis Speenhamland não representaram uma demanda pelo retorno ao feudalismo. O segundo movimento foi realizado com recursos políticos que as pessoas tinham em mãos — por isso a ideia de contramovimento. Polanyi escreveu seu livro no meio da luta contra o fascismo e o colapso econômico que o havia precedido. Ele não acalentou qualquer ilusão quanto à reação das sociedades ao colapso econômico: houve exclusão e chauvinismo nacional. E ainda existe o perigo de que o desejo irracional por mudança acabe nos levando a isso de novo.

Pode haver "falha na comunidade", assim como existe falha no mercado, na qual minorias correm o risco de sofrer perseguição ou coisa pior. O recente surgimento de partidos de extrema-direita em todo o mundo — da Índia à Europa e aos Estados Unidos — também pode ser compreendido como a segunda parte de um duplo movimento. Louis R. Andrews, diretor do Instituto de Política Nacional dos Estados Unidos — grupo que defende os direitos dos brancos — desejava ver "o Partido Republicano destruído, para que pudesse renascer como partido representante dos interesses dos brancos, e não das elites corporativistas entrincheiradas".[20] E, como ele disse, foi por essa razão que votou em Obama.

Se você está preocupado com uma mudança social que não seja uma volta às políticas de exclusão, mas deseja enfrentar a questão de como nosso governo supostamente democrático foi capturado pelos interesses corporativos, existe muita reflexão a fazer. Assim como não há um ponto arquimediano onde os preços reflitam apropriadamente o mundo à nossa volta, não existe uma posição natural pré-social onde possamos fazer a política acontecer. Uma ideia recente e cada vez mais popular é que devemos parar de pensar em nós mesmos como consumidores e decidir nos tornar cidadãos. É um apelo louvável, porém, quando esquadrinhada a ideia de "cidadão", ela se torna tão abrangente e insípida quanto "mudança" ou "esperança". Alguns dos regimes mais repressivos da história se apoiaram em ideias particulares do que fazer com a cidadania. É claro que ela não é condenável apenas porque ditadores se esconderam atrás dela, mas se você ouvi-la como um apelo à ação, deve perguntar primeiro: "Que tipo de cidadão?"

Alguns sugeriram que o fundamento de uma política progressista pode ser encontrado numa coisa que nos une enquanto espécie — nossa humanidade. Apesar de haver nela um importante espírito igualitário, essa inspiração propriamente dita não gera princípios políticos ambíguos. A observação de que somos todos humanos não é em si um fato político — é apenas biológico. É necessário especificar o que isso significa para extrair uma política de nossa humanidade comum. Mais uma vez, esse é um terreno bem explorado por dois pensadores fundamentais da cultura política ocidental: Thomas Hobbes e Jean-Jacques Rousseau.

O problema das pessoas artificiais

O *Leviatã* de Hobbes traz em seus primeiros capítulos uma longa e detalhada lista de atributos da natureza humana. Entre os traços mais importantes estão a competitividade, o orgulho e o desejo de glória. Ele parte dessas suposições, como um professor de geometria, para construir seu modelo de povo e sociedade. O resultado não é belo. Uma de suas preocupações foi o conflito em torno dos recursos: "Se dois homens quaisquer desejam a mesma coisa, e não é possível que ambos a usufruam, eles se tornam inimigos." Todavia, o desejo e a inimizade que ele provoca podem ser suplantados pela existência de um "poder capaz de manter todos em atitude reverente", de alguma autoridade maior e mais capaz que as inclinações naturais de qualquer indivíduo. Sem esse poder,

> não há lugar para a Indústria, porque seus frutos são incertos: e, em consequência, nenhuma Cultura da Terra; nenhuma Navegação, nem o uso das mercadorias que podem ser importadas pelo Mar; nenhum cômodo Edifício; nem Instrumentos de transporte, capazes de conduzir coisas que exigem muita força; nenhum Conhecimento da face da Terra; nenhuma contagem de Tempo; nenhuma Arte; nem Letras; nem Sociedade; e, o que é pior, medo contínuo e perigo de morte violenta; E a vida do homem, solitária, pobre, repugnante, brutal e curta.[21]

Por isso mesmo, para Hobbes, o estado de natureza era um estado de guerra. A guerra, no entanto, podia ser evitada pelo Leviatã, o governo que manteria sob controle o comportamento antissocial da população. Hobbes acreditava que, por meio da união de esforços e da utilização da razão para criar uma pessoa artificial, o governo, a humanidade conseguiria impor sobre si mesma as virtudes da contenção e da cooperação, que faltariam às pessoas num estado de natureza.

Jean-Jacques Rousseau mudou essa concepção. Embora compartilhasse com Hobbes a visão de que as pessoas eram, em geral, insociáveis, não concordava com que os humanos se constituíssem, de modo inerente, em máquinas de infinito desejo. Como ele mesmo argumentou, era possível que as pessoas sentissem que tinham alcançado o "bastante". Sentir-se saciado é habilidade que se pode adquirir — é depois de aprender a controlar seus instintos e impulsos, no melhor interesse de si mesmos e da sociedade, que os homens se tornam verdadeiramente livres. Para Rousseau, esse processo era a fonte da liberdade — precisamente o oposto da visão de Greenspan. Rousseau ainda afirmou que "as pessoas artificiais" eram, de fato, possuidoras justamente das características que Hobbes tinha visto no estado de natureza. Entidades como corporações e governos eram brutais e repugnantes. Para piorar, como não precisam comer ou dormir e nunca morrem, pessoas artificiais são mais preocupantes porque jamais adquirem o bastante.

Rousseau não foi o primeiro a se inquietar com as insaciáveis criaturas não humanas que vivem entre nós. Quase todas as tradições culturais possuem fábulas de seres semelhantes com apetites vorazes. Na parte ocidental do Canadá e nos Estados Unidos, culturas nativas falavam de Weendigos.[22] Espírito gigantesco e faminto, o Weendigo tinha lábios sangrentos por causa de seu constante ranger das mandíbulas, e sua fome se tornava ainda maior a cada gota de sangue humano que bebia. Os Weendigos eram canibais, criaturas cujos desejos se haviam tornado parte tão central de seu ser que elas eram capazes de comer outras pessoas para sobreviver. A fábula do Weendigo era contada para lembrar que o consumo irrefreado nos meses da colheita significava menos comida para todo mundo nas estações menos fartas, e que comer mais do que a cota necessária de hoje era uma espécie de canibalismo infligido futuramente ao resto da tribo. Basil Johnston, acadêmico de Ojibwe, afirma que os Weendigos estão vivos e passam bem. Poucas pessoas na América do Norte teriam visto espíritos gigantescos, mas muitas criaturas têm enxergado suas encarnações modernas, seres descomunais com poucos interesses além da satisfação de seus apetites imediatos, mesmo que isso represente a chegada da fome no futuro. Como Johnston sugere, o Weendigo moderno é a corporação multinacional.

Outras culturas também possuem ícones de bestas insaciáveis e constantemente atormentadas. Budistas tailandeses e japoneses falam de espíritos famintos que foram pessoas vorazes que, depois de morrerem, se transformaram em fantasmas com bocas tão pequenas quanto o buraco de uma agulha e foram amaldiçoados com a fome eterna. Essas criaturas míticas não eram cegas em relação ao mundo — elas apenas o viam sob a ótica dos próprios desejos, os quais suplantaram qualquer cuidado que pudessem ter tido com o estrago que causavam. Assim como na Ásia e nas Américas, a Europa também possui um exemplo desse tipo de criatura, e, quando Marx escreveu sobre a prole do capitalismo, extraiu diretamente daí o exemplo. Para ele, o capitalismo gerava vampiros.

Rousseau ajuda a compreender esses seres artificiais insaciáveis — *Homo economicus*, corporações e governos. Ele via os seres artificiais que ensejamos na sociedade de mercado como um problema potencial, mas não se limitou a reivindicar a abolição do governo ou das organizações econômicas. Instituições, organizações e governos estarão sempre conosco, e são vitais porque ajudam a nos socializar na compreensão de que alcançamos mais coletivamente do que como indivíduos solitários. Esses seres artificiais podem se tornar perigosos quando seus apetites ficam irrefreados, e, se eles tiverem sido capturados, a parte de nós que depende deles para obter uma visão mais ampla do mundo também terá sido capturada. O tipo de cidadãos que somos deriva das instituições que estão à nossa volta, e vice-versa. Criaturas artificiais jamais são neutras.

Isso nos deixa desnorteados. Não há política perene que possamos evocar da natureza humana para criar um contramovimento em relação ao mercado autorregulado, nenhum lugar sagrado de onde possamos projetar uma resposta política. Em vez disso, precisamos começar de onde estamos com as políticas que temos à mão. T.S. Elliot disse-o bem: "O sucesso é relativo: é aquilo que conseguimos fazer com a bagunça que fizemos das coisas."[23] Para entender a confusão, precisamos pensar sobre onde os mercados devem ou não devem existir, e voltar, mais uma vez, para a criação da moderna sociedade de mercado. Mercados nasceram gêmeos, unidos às suas próprias formas de governo, mas, para que a moderna sociedade de mercado tivesse êxito nos quinhentos anos que se seguiram ao seu nascimento, outras formas de economia e de governo foram reprimidas. Tem havido uma batalha muito longa pelo controle e pela valoração de todos os recursos materiais básicos para sustentar a vida e garantir a prosperidade.

Houve organizações anteriores àquilo que hoje chamamos de Estado moderno, e haverá organizações posteriores a ele. Algumas foram e serão mais democráticas que estas que temos agora. Aqueles que progredirem terão aprendido como fazer os governos administrarem bens "gratuitos" de modo sustentável e equânime. Onde quer que cheguem os governos do futuro, serão tributários das políticas de ontem destinadas ao domínio público, das velhas maneiras de valorizar e compartilhar o mundo, modelos que foram um dia apropriadamente denominados "comunitários".

Aos poucos, o sentido de comunidade está começando a ser mais amplamente lembrado como um procedimento para governar nosso mundo. O Prêmio Sveriges Riksbank de Ciência Econômica em Memória de Alfred Nobel de 2009 foi conferido, em parte, à economista Elinor Ostrom pelo seu empenho ao estudar as comunidades.[24] A melhor maneira de entender o que está em jogo no trabalho dela é olhar para as políticas urgentes de valor que atendem as comunidades de hoje.[25] Ao fazer isso, veremos que uma democracia com menos almoços gratuitos pode ter, de forma paradoxal, uma liberdade muito mais genuína.

6. Todos nós temos direitos comuns

> É mais razoável pensar que as coisas são inventadas por quem as julga útil do que por alguém que pudesse ser prejudicado por elas.
>
> Jean-Jacques Rousseau, *Discurso sobre a origem da desigualdade*

Nas primeiras três vezes em que ouvi a palavra "comuns", eu não tinha a menor ideia do significado. Ao escutar a expressão "Câmara dos Comuns" numa reportagem sobre o Parlamento Britânico, pensei que para fazer parte dos "Comuns" era necessário ser rico, branco e violentamente bêbado. Na vez seguinte, o termo apareceu no contexto de uma série britânica de televisão dos anos 1970 para crianças — *The Wombles*, um grupo de criaturas peludas que praticava a arte da reciclagem em Wimbledon Common. Eu imaginei que se tratasse de um jardim público atulhado de coisas empolgantes, que seriam removidas pelos Wombles para serem reutilizadas em seu esconderijo. Na terceira vez, eu estava de férias em Nova York, onde minha família foi avisada de que se quisesse ter uma experiência genuinamente americana deveria visitar Woodbury Common, um dos maiores complexos de compras dos arredores da cidade, para que pudéssemos comprar como verdadeiros norte-americanos. (Comprei um suéter estampado com a bandeira dos Estados Unidos.) Comum, pensei então, era como os norte-americanos chamavam um shopping center. O que eu não conseguia entender é que "comuns" podia significar não apenas um local, mas também uma palavra que descreve como avaliamos e compartilhamos o mundo à nossa volta.

Embora sejam estruturas características de uso da terra tanto na Grã-Bretanha e suas colônias quanto em sociedades da América Central e do sul da Ásia, os espaços comuns, como lugar e processo, podem ser encontrados inclusive no ciberespaço. As áreas comuns são um recurso, na maior parte das vezes em forma de terra, e se referem tanto ao território quanto à maneira com que as pessoas distribuem os bens extraídos daquela terra. Esses espaços forneciam comida, combustível, água e plantas medicinais para quem os utilizava — eram o sistema de sobrevivência das pessoas mais pobres. Foi por isso que, na Inglaterra, eles se constituíram no marco zero da grande transformação. Atribuir valor a alguma coisa significa tanto identificá-la quanto estabelecer regras por meio das quais ela poderá ser utilizada pela sociedade, e as regras do uso comum, de modo fundamental, eram incompatíveis com o capitalismo. Com a transformação das terras públicas em propriedade privada, a terra não apenas se tornou mercadoria como também os pobres do campo foram afastados de seu único meio de sobrevivência, sendo obrigados a vender a última coisa que lhes restara — sua força de trabalho. Com o cercamento dos espaços comuns nasceram dois tipos novos de pagamento — aluguéis e salários.

Essa história, porém, está muito distante do que se entende por "comum" hoje em dia. Tomemos o *Oxford English Dictionary* como exemplo e leremos que *common* [terra comum] é "a terra indivisível que pertence aos membros de uma comunidade local como um todo. Portanto, com frequência, um resquício de terra não cercado ou não usado que a representa."[1] Os lexicógrafos enfiaram a história completa dos cercamentos e da expropriação rural na palavra "portanto". O dicionário, contudo, apenas reflete o pensamento contemporâneo, dando lugar a interpretações mais modernas da forma pela qual os espaços comuns se tornaram não utilizados; hoje, a ideia de um espaço comum é mais habitualmente associada ao abandono, a sua "tragédia".

A expressão "tragédia dos espaços comuns" foi cunhada pelo microbiologista Garrett Hardin num artigo de 1968 na revista *Science*, no qual ele pergunta o que acontece quando indivíduos competem por recursos escassos.[2] O protagonista, de fato o único personagem na tragédia de Hardin, é alguém que já vimos antes — o do *Homo economicus*. Hardin afirmou que, diante de recursos compartilhados, as pessoas são sobrepujadas pelos próprios desejos egoístas de consumi-los, mesmo sabendo que podem destruí-los no processo. Assim, impelidas por motivações animais de autossatisfação, num mundo de escassez, as pessoas acabarão destruindo as coisas de que dependem para sobreviver. Hobbes não teria feito descrição melhor. As visões de Hardin, porém, não se basearam em evidências experimentais ou observações, e ignoraram a história do cercamento das terras comuns. Apesar da desconexão em relação ao passado, seu ensaio se tornou um dos textos de reflexão mais amplamente citados no século XX.

Sob diversos aspectos, o mundo de Hardin se parece um bocado com o nosso, porque o destruímos numa velocidade que a recessão tornou ainda mais frenética. Se estiver procurando uma tragédia, você pode encontrá-la em toda parte, da peleja das comunidades congolesas de exploração de columbita-tantalita ao desespero crescente dos fazendeiros que aplicam fertilizantes químicos no solo, tentando recuperar a fertilidade que sua monocultura destruiu. A perspectiva de Hardin também ecoa em certo ramo de ambientalistas. Os Amigos da Terra viram suas preocupações refletidas no trabalho dele — em 1972, introduziram-no em sua Galeria da Fama.[3]

Raspe a superfície, contudo, e os argumentos de Hardin culpam a vítima. A questão não é se estamos em apuros ambientais calamitosos — é evidente que vivemos um problema. Todos os indicadores da Avaliação dos Ecossistemas do Milênio, exercício que envolveu 1.360 cientistas por mais de cinco anos num esforço internacional de mensuração do impacto humano sobre o mundo natural, mostram que estamos destruindo o planeta. A questão aqui é a motivação. A estrutura lógica da tragédia dos espaços comuns reside no modelo que fundamenta o mundo, no qual as pessoas estão preparadas, seja por que razão for, para passar por cima do próprio bom-senso a serviço de suas naturezas egoístas. É um mundo que se parece com aquele pintado por Thomas Malthus, o primeiro economista profissional, em seu *Ensaio sobre o princípio da população.* Malthus argumentou que qualquer população poderia, tragicamente, suplantar a base de recursos disponíveis para alimentá-la. Não é difícil de entender como a tragédia dos espaços comuns poderia ser aplicada aqui — pessoas pobres movidas pelo ímpeto de procriar (mesmo sabendo as consequências) fazem mais bebês do que são capazes de alimentar, e isso, de acordo com a teoria, explica por que existe fome no mundo.

Não surpreende que Hardin fosse um defensor determinado do controle populacional. Ele não está sozinho ao pensar que a maneira de solucionar a degradação ambiental, a fome e a mudança climática é impedir a procriação dos pobres, mas esta é uma visão que distorce o problema. A razão pela qual as pessoas passam fome hoje *não tem nada a ver* com a defasagem entre o montante de comida disponível no mundo e o número de pessoas que têm fome. Atualmente, há alimentos em quantidade suficiente na Terra para suprir o mundo uma vez e meia. A razão pela qual as pessoas passam fome é o modo como se distribui a comida, como propriedade privada, pelo mercado; e os indivíduos famintos são tão pobres que não podem pagar por ela. Se houvesse menos gente no mundo, e nós continuássemos distribuindo comida da mesma forma, os pobres *ainda* continuariam com fome. Isso não quer dizer que as mulheres não deveriam ser responsáveis pela própria fertilidade — ao contrário, o melhor caminho para reduzir as taxas de fecundidade nos países em desenvolvimento, sem exceção, é a educação das meninas, e uma das piores consequências do sistema de cobrança pelo serviço de educação é que elas ficam fora da escola.[4]

Isso tem íntima relação com o fato de a tragédia de Hardin ser enganosa. Para os malthusianos, clássicos e modernos, a razão pela qual estamos a caminho do inferno é que as pessoas são vorazes e irrefreáveis, criaturas de paixões e impulsos. Esses ímpetos nos levarão inexoravelmente a consumir sem cessar; embora tenhamos visto que as pessoas não são sempre assim, as corporações *são* sempre assim — a motivação do lucro as faz desse jeito —, e isso nos ajuda a entender a tragédia mais profunda dos espaços comuns.

A indústria da pesca é, talvez, o exemplo mais citado da tragédia da esfera comum.[5] O argumento é que cada pequeno pescador é motivado a pegar o máximo que puder, sabidamente levando sua pesca e sua sobrevivência ao colapso. Muitas das áreas pesqueiras em todo o mundo estão em sensível declínio — um artigo da *Science* previu para até 2048 o fim das pescas oceânicas globais[6] —, mas deixar de considerar a ruína das pescarias como a tragédia da terra comum é enganador. Pescadores existem há milênios, e o crescimento modesto das comunidades pesqueiras não pode explicar a destruição dos oceanos. Em muitas instâncias, os espaços comuns não estão sendo dominados, mas usurpados. Um relatório da ONG ActionAid, voltada para o desenvolvimento internacional, oferece um exemplo impressionante.

A costa paquistanesa, de cerca de mil quilômetros, é abençoada com riquezas marinhas — lula, cavala, camarão, atum e inúmeros outros peixes sustentaram mais de 180 mil pequenos pescadores, como Abdul Majid Motani, durante séculos. Motani pesca com uma equipe de dez outros aldeões em seu pequeno barco de madeira. Ele e seus companheiros viram a atividade encolher dramaticamente na última década. O Fórum Paquistanês de Pequenos Pescadores, formado por um grupo de pescadores artesanais, relata uma queda de 70% a 80% na pescaria local e, com ela, o crescimento da fome, do endividamento e da pobreza nos vilarejos que ficam à margem da costa árabe.[7] Então, por que os mares se esvaziaram, depois de séculos de uso sustentável pela atividade pesqueira local?

Os nativos informam que o declínio começou quando o governo militar do Paquistão, desejoso de aumentar os rendimentos de exportação do país, relaxou a restrição às traineiras estrangeiras de pesca industrial. A primeira vez que o Paquistão abriu suas águas para barcos de fora foi em 1982, mas, em 2001, reformulou uma regra que mantinha barcos de outros países a pelo menos 55 quilômetros da costa. Agora, somente os maiores navios pesqueiros não paquistaneses devem permanecer a 55 quilômetros de distância, enquanto os de pequeno porte são autorizados a ficar a vinte quilômetros da costa. Os dezenove quilômetros mais próximos da terra são, em princípio, reservados aos pescadores locais. Oficialmente, em 2007, o governo licenciou 21 empresas transnacionais de pesca e outras 23 de porte médio,[8] embora os pescadores nativos tenham identificado mais de cem embarcações estrangeiras atuando na costa do Paquistão todo ano. Muitas delas são de propriedade conjunta e recebem bandeiras de barcos locais, que têm prioridade na zona dos dezenove quilômetros próximos da costa. Os pequenos pescadores nativos reclamam que o governo desconsidera as regras, fingindo não ver os abusos de modo a manter em funcionamento a economia do suborno.

Ao contrário dos nativos, traineiras industriais podem vasculhar os mares dia e noite, com redes que avançam três quilômetros mar adentro, dragando tudo que passa pelo caminho. De acordo com o Fórum Paquistanês de Pequenos Pescadores, apenas 10% de tudo que esses barcos apanham tem algum valor no mercado internacional; os outros 90% são jogados fora. Parece um montante elevado, mas internacionalmente os despejos da pesca somam cerca de 40% de tudo que é coletado no mar, mesmo levando em conta algumas das mais bem reguladas atividades pesqueiras globais.[9]

Mais uma vez, as mulheres carregam o fardo da redução das áreas pesqueiras de modo desproporcional. A produção de redes e cestas, assim como a secagem e a venda do pescado, atividades tradicionalmente femininas, não têm mais tanta demanda. De acordo com o relatório da ActionAid, as mulheres estão sendo levadas a trabalhar nas fábricas de tecidos ou nas usinas de processamento de camarão, nas quais reclamam das péssimas condições de trabalho.

O provérbio paquistanês "quando tudo falhar, o mar há de prover" permanece verdadeiro, em parte. Mesmo que a atividade pesqueira esteja em franco declínio, ainda continua a suprir — embora os seus beneficiários estejam mudando.[10] Os espaços comuns da vida marinha paquistanesa não estão sendo suplantados pelos pescadores nativos vorazes. Eles foram cercados pelos interesses das empresas transnacionais, facilitados pelo governo. Esses empreendimentos não estão em risco de destruir seus próprios meios de sobrevivência. Mercados internacionais livres significam que, quando as atividades pesqueiras do Paquistão estiverem arruinadas, as empresas de pesca industrial simplesmente vão mudar para águas mais lucrativas e prósperas. As famílias de pequenos pescadores do país, todavia, não são tão livres. Não há águas mais ricas esperando por elas.

A história do Paquistão tem amplas consequências e uma longa trajetória. Olhando para os grandes desastres ambientais do século XX, não se veem pessoas agindo de forma descontrolada. As tragédias do meio ambiente, desde o Dust Bowl* até a extinção maciça de florestas tropicais e oceanos, são decorrentes do comportamento das corporações, da agricultura, do desmatamento e da pescaria capitalistas. O Dust Bowl aconteceu porque, embora os indivíduos conhecessem bem o valor da superfície do solo, seu ingresso na agricultura capitalista tornou-os exploradores da própria terra da qual dependia sua sobrevivência, transformando sua ligação com o mundo à volta em mero lucro de curto prazo.

A experiência da comunidade envolve uma rede de relações sociais destinada a manter nossos impulsos básicos sob controle, estimulando maneiras diferentes de valorizar o mundo e se relacionar com os outros. Os efeitos destrutivos dos cercamentos podem ser vistos não apenas nas cicatrizes deixadas no ambiente natural, mas também dentro das mais íntimas relações sociais de gênero. Quando a forma de valorizar o trabalho foi modificada pela sociedade, os papéis socialmente aceitáveis para homens e mulheres também foram mudados. Aqueles que não aceitaram a nova ordem foram alvejados, e em certas partes do mundo a perseguição continua até hoje. O termo para isso não se modificou, todavia — isso ainda se chama "caça às bruxas".

Rechaçando os comuns

Em 2009, em visita à África, o Papa gerou controvérsia ao anunciar que as camisinhas agravavam o problema do HIV/Aids e ao observar que os africanos estavam "vivendo com medo de espíritos possuidores de poderes malignos e ameaçadores. Desnorteados, eles acabam acusando crianças de rua e anciãos de praticarem feitiçaria".[11] Isso é uma espécie de caricatura da África como lugar selvagem e supersticioso, à espera de que a palavra de Cristo ou a livre iniciativa — de acordo com onde reside a sua fé — sejam mais amplamente

* Dust Bowl é o nome dado a um fenômeno climático causador de severas tempestades de areia que sacudiram os Estados Unidos e o Canadá nos anos 1930. (N.T.)

difundidas para que o continente se desenvolva completamente. Existe, é claro, um vínculo entre essas duas coisas — a difusão da cristandade na África, como nas Américas e, em menor escala, na Ásia, foi acompanhada da chegada das forças armadas coloniais em busca de riquezas.

Numa série recente de artigos meticulosos e provocativos, a historiadora e cientista social Silvia Federici sugeriu que a ressurgência da feitiçaria na África, numa época de apropriação e privatização de terras, não é acidental.[12] A mesma coincidência pode ser observada nas grandes caças às bruxas que varreram a Europa, do século XV ao XVII. O número de europeus que foram mortos em consequência das acusações de feitiçaria é impossível de determinar. Na Savoia, celeiro de caça às bruxas, os documentos do julgamento eram pendurados no pescoço das mulheres condenadas e queimados com elas. Estimativas conservadoras estabelecem o número de mortos, em toda a Europa, entre 40 e 60 mil.[13] A maioria desses mortos era de mulheres. Federici alega que a perseguição a elas coincidiu com a mudança drástica de seu lugar na sociedade.

Ela mostra de que modo a política que estava por trás da caça às bruxas se ligava a uma nova visão de mundo, na qual as mulheres que insistissem em seu direito de estabelecer o valor sobre a terra e em sua liberdade para compartilhar não tinham lugar.[14] As mulheres foram assassinadas como bruxas por causa de sua defesa da experiência em comunidade. Os cercamentos, naquela época, não eram apenas o fechamento de pedaços de terra — eles constituíram uma forma de eliminar certos processos políticos, substituindo-os por outros mais recentes, nos quais a participação das mulheres ficava circunscrita a novas modalidades. Embora nem todas as caças às bruxas tenham sido respostas a alguma tentativa de proteger determinados direitos comuns, elas sempre foram sinais de lutas políticas mais profundas. Não é por acaso que utilizamos a expressão "caça às bruxas" como metáfora de qualquer histeria coletiva que nos desvie das maquinações políticas mais importantes.[15]

Para entender os espaços comuns de hoje, é bom começar pela Inglaterra feudal — berço do capitalismo moderno — e olhar para a Carta da Floresta, documento correlato à Magna Carta. Embora tenha sido quase totalmente esquecida nos dias de hoje, a Carta da Floresta assegurava o direito das comunidades aldeãs de acessar áreas de pasto para seus animais, arar a terra, cortar lenha, extrair mel, usar plantas medicinais, buscar forragem e assim por diante. Peter Linebaugh, que fez mais do que qualquer outro historiador contemporâneo para recuperar a história dessa carta, observou em seu livro *The Magna Carta Manifesto* que os direitos comunitários asseguravam para todo mundo liberdade perpétua em relação aos recursos locais.[16] Isso não significava que todos podiam pegar tanto quanto quisessem. Possuir um direito comum não era ganhar uma licença do tipo "grátis para todos", como Hardin sugeriu, e não foi o que aconteceu historicamente. O formato preciso de um uso comum era negociado em determinados horário e lugar, dependendo da ecologia e da comunidade. Direitos comuns evoluíram ao longo do tempo, moldados pelo poder relativo daqueles que se sentavam à mesa, assim como pelas mudanças da geografia das próprias comunidades físicas. Em outras palavras, a comunidade era tanto um local quanto um "processo de liberdade", no qual as pessoas lutavam pela prerrogativa de determinar os termos sob os quais compartilhariam os espaços comuns.

É importante não romancear a ideia. A experiência comunitária não aconteceu em algum Éden protodemocrático, em que todo mundo tinha direitos iguais e justos. As áreas comuns eram campos de batalha contínua entre lordes e servos, mas ali os pobres tinham alcançado algumas vitórias e conseguido reivindicar um espaço público, desafiando aqueles que os oprimiam. A própria Magna Carta representou uma linha demarcatória, um fim negociado para a voracidade do rei João da Inglaterra que, desejoso de financiar tanto uma cruzada quanto uma guerra contra a França, cometeu toda espécie de crimes. Ele tributou os barões, roubou florestas, pegou crianças como reféns e até vendeu a primeira esposa, Isabella de Gloucester, ao conde de Essex, por 20 mil marcos.[17] Os barões se rebelaram. Em 1215, marcharam sobre Londres, onde foram recebidos com os portões abertos, numa clara demonstração de que a City os aprovava. Confrontaram o rei e negociaram com firmeza. A Magna Carta certamente incluiu exigências feitas por barões, mercadores e ricaços de Londres, mas também inseriu um conjunto robusto de proteções aos direitos de todos, garantindo acesso a comida, combustível, liberdade e frutos da floresta para as pessoas comuns, devolvendo ao público os recursos naturais que o rei João havia roubado para si. Esses foram os espaços comuns que os historiadores apontaram, ao rejeitar os argumentos de Hardin. Ao contrário da previsão, as pessoas foram capazes de administrar e garantir o acesso a recursos escassos, apesar do desejo de reis e nobres de privatizá-los. Se alguém quiser identificar a palavra "tragédia" às comunidades, o pesadelo não começou com a sua criação, mas com o processo de sua destruição, que as tornou propriedades privadas.

Ora aos poucos, ora de roldão (como foi com a dissolução dos mosteiros em 1536, promovida por Henrique VIII), o cercamento foi o processo pelo qual a terra foi mais uma vez retirada das mãos do povo. Inspetores usavam suas correntes, conhecidas como vísceras do diabo, para cercar áreas de terras comuns e formalmente destiná-las a um único indivíduo. Os cercamentos não se restringiram aos campos, mas incluíram ainda as florestas e as águas — os senhores impediam o acesso a lagos e riachos cheios de peixes e a florestas de caça abundante, que antes forneciam carne aos pobres. Por volta de 1500, 45% da terra cultivável da Inglaterra havia sido cercada, criando uma nova lógica — não apenas para garantir terra privada a proprietários individuais, mas também para elevar o preço dos aluguéis para esses mesmos proprietários.[18]

Não é preciso dizer que esse roubo foi bastante impopular e forneceu o estopim para rebeliões que variaram de atos de insubordinação em pequena escala (lorde de Arundel perdeu cem cisnes numa única noite — a matança de criações era uma forma de advertência aos ricos) à Revolta Camponesa de 1381 e à ação dos Diggers em meados do século XVII. Os protestos e a resistência foram sempre esmagados, e como os cercamentos haviam tomado os únicos meios de sobrevivência dos camponeses, estes só tinham duas escolhas: trabalhar para os novos proprietários ou tentar a sorte nas cidades. Adam Smith lamentava a violência praticada contra o povo pelo avanço da propriedade privada, embora na ocasião em que ele fez seus comentários o processo já tivesse terminado:

> A madeira da floresta, a grama do campo e todos os frutos naturais do solo que, quando a terra era de uso comum, custavam ao trabalhador somente o trabalho de colhê-los ... [ele agora deve] pagar pela licença para pegá-los; e deve dar ao proprietário uma parte daquilo que seu trabalho ou colhe ou produz.[19]

Foram esses camponeses desalojados que, no tempo de uma geração, vieram a se tornar a força proletária da Revolução Industrial.

O mundo estava sendo cercado muito além da Inglaterra, é claro. Na época em que o capitalismo se entrincheirava com firmeza na Europa, os colonizadores estavam matando e mercantilizando no ultramar. "Selvagem" era a palavra mágica do colonialismo — ela abriu a porta da caverna de Aladim, desde a Irlanda até a Austrália, e também foi usada no feitiço de transformar corpos em coisas que podiam ser compradas e vendidas, na viagem forçada de mais de 10 milhões de africanos escravizados. Nas Américas, 75 milhões morreram no século seguinte ao descobrimento,[20] e, embora a matança pura e simples fosse uma ferramenta do cercamento, os colonizadores possuíam ainda outros argumentos e racionalizações que os ajudavam a explicar suas ações como dignas de povos civilizados. As justificativas para o cercamento foram dadas por ninguém menos do que John Locke, o homem que hoje é considerado um dos pais do liberalismo. Seu argumento de que os direitos naturais do homem são "vida, liberdade e propriedade"[21] aparece, com pequena alteração, na Declaração de Independência dos Estados Unidos.

Como secretário do Conselho de Comércio e Plantações, e em seu papel de secretário dos Lordes e Proprietários das Carolinas, Locke se dedicou intelectual e financeiramente à busca de uma razão para aumentar a área pertencente a sua companhia. Sua justificativa para transformar terras "sem proprietário" em áreas de domínio privado tem duas partes. Primeiro, como todos têm o próprio trabalho, o melhoramento da terra com esse trabalho significa que você a possui. Se trabalhou na terra, deve ficar com ela, mas alguma coisa que aparenta não ter sido usada de modo apropriado é considerada causa justa para o cercamento. Segundo, a terra pode ser tirada do domínio comum se restar terra "bastante e tão boa quanto" à disposição para as demais pessoas.

Muito embora as razões pelas quais os ingleses desejavam apropriar terras nas Américas fossem inteiramente egoístas, a justificação para a apropriação e a posse oferece uma indicação importante de como um sistema de mercado diferente pode funcionar. A propriedade privada requer a aprovação da sociedade para que seja retirada das mãos da comunidade. Em outras palavras, a propriedade é social — não há nada de natural na forma pela qual algumas pessoas são autorizadas a excluir outras da terra, por exemplo. De fato, foi a anulação dos direitos de compartilhar recursos comuns que levou um jovem pensador alemão, que acabara de deixar a academia e trabalhava como jornalista, à radicalização. Suas opiniões políticas caminhavam em direção a um liberalismo otimista — pense nele como um leitor da revista *Wired* no século XIX —; era um homem que acreditava que uma imprensa livre e um parlamento eficiente criariam um futuro brilhante. Dois acontecimentos mudariam sua opinião. O primeiro se deu quando ele testemunhou, no parlamento local, os debates sobre direitos consuetudinários de coleta de lenha nas florestas do Reno, que o fizeram perceber o papel central que a questão da propriedade tinha na política. O segundo foi a prontidão com que a censura prussiana fechou seu jornal. Foram esses eventos que empurraram o jovem Karl Marx em direção a uma reflexão sobre a centralidade da propriedade, tanto na política quanto na sociedade.

Não é necessário ser marxista para ver que a propriedade é social. Para tomar um exemplo, consideremos a maneira pela qual os governos lidam com o espectro da radiodifusão. As ondas transmissoras são de propriedade dos governos, e o direito de transmissão em determinada frequência é vendido a empresas de mídia que devem cumprir certos propósitos sociais. Se as empresas de transmissão difundem material considerado obsceno ou inapropriado, são multadas, e se continuarem a violar essas sanções perderão seus direitos de usar aquela parte do espectro. As leis que definem como se deve tratar os animais são outro exemplo.[22] A maioria dos países dispõe de leis que permitem que os animais sejam possuídos como propriedade, mas com restrições — a crueldade contra gatos e cachorros é proibida em grande parte deles. No Código Napoleônico, há estipulações semelhantes a respeito da propriedade privada. Terra, por exemplo, pode ser privada desde que seja utilizada; porém, a partir do momento em que for abandonada, ou se tiver sido adquirida para fins exclusivamente especulativos, os direitos de propriedade podem ser suspensos, e ela é posta à disposição de outros que venham a empregá-la em melhor uso. Em outras palavras, os direitos de propriedade podem ser muito mais flexíveis e elásticos do que normalmente pensamos.

Entretanto, quando a função social da terra passou a ser decidida pelos padrões coloniais britânicos, as coisas ficaram ruins para os nativos norte-americanos. Embora suas técnicas de caça estivessem em harmonia com o meio ambiente e com frequência o melhorassem, eles não puderam comprovar isso para as pessoas que tomaram suas terras. Quando os brancos chegaram, viram terrenos ricos e férteis que pareciam ser utilizados pelos nativos apenas por um curto período a cada ano — eles não perceberam que a terra era parte de um sistema mais amplo de pastagens nômades sustentáveis. Entre algumas tribos, contudo, *existia* agricultura permanente, com grandes extensões de terras cultivadas, utilizando métodos agroecológicos sofisticados de manutenção da fertilidade do solo e da integridade do ecossistema — um exemplo é a cultura intercalada de milho, feijão e abóbora (as Três Irmãs da agricultura nativa norte-americana). Dentro dessas tribos, assim como na maior parte do Sul Global hoje em dia, eram as mulheres que trabalhavam na plantação de comida para consumo doméstico, enquanto os homens saíam para caçar. Os ingleses não conseguiram compreender que a agricultura fosse manejada exclusivamente por mulheres, posto que as inglesas haviam sido confinadas às atividades domésticas, não comerciais. Então, os colonizadores descreveram as atividades desempenhadas pelas mulheres como jardinagem e não como agricultura; e, assim, expropriaram suas terras.

Ao longo da costa pacífica da América do Norte, as economias indígenas sofreram diferentes formas de ataque. O "potlatch" era uma instituição central em diversas culturas. Tratava-se de uma cerimônia de celebração de um convidado ou evento — cada sociedade tinha seu conjunto específico de regras e costumes. O denominador comum que mais intrigava o governo branco era que o potlatch envolvia maciça distribuição de riquezas, na qual a doação era sinal de prestígio. Aos olhos dos governos dos Estados Unidos e do Canadá, os norte-americanos nativos, sem as virtudes moralmente estimulantes da frugalidade e da prudência, estariam condenados ao atraso perpétuo. O potlatch foi descrito como "[a] mãe de inúmeros vícios que consomem o próprio coração do povo. ... Não será possível que os índios venham a adquirir propriedade ou a se tornar industriosos com bons resultados, enquanto continuarem sob a influência dessa mania."[23] Assim sendo, de 1885 a 1951, o governo canadense declarou essa prática ilegal, estipulando uma pena de dois a seis meses de prisão.

Essas pequenas histórias vis possuem as suas variantes contemporâneas: governos e corporações continuam cercando florestas, zonas de pesca e terras agrícolas porque, segundo sua alegação, os povos indígenas da terra são incapazes de manejá-la para o bem comum, ou porque eles simplesmente não têm importância. O legado de Locke pode ser visto no padrão legal internacional de *terra nullius* (terra que não pertence a ninguém), empregado para abolir os direitos dos povos indígenas dos Estados Unidos até a Austrália. Esta é uma questão ainda viva, e a mesma doutrina legal continua sendo barganhada da Cisjordânia até o mar da China meridional, e onde quer que "terras marginais" estejam sendo licenciadas por cima das objeções de pessoas marginalizadas.[24] O que nos leva de volta ao aumento da caça às bruxas na África atual.

As fronteiras dos países africanos parecem ter sido desenhadas com régua, porque foi exatamente isso o que aconteceu em Berlim, em 1884. A Conferência de Berlim reuniu as grandes potências da Europa, que polemizaram e disputaram sobre quem ia ficar com o que na África, dando início a uma cadeia ruinosa de eventos que hoje deixa o continente desesperadamente empobrecido, militarizado e degradado. No começo do século XXI, a África se encontra mais uma vez na mira das grandes potências mundiais. Agora, porém, não há conferência formal para decidir o destino do espólio. Em vez disso, Estados Unidos, Europa, Oriente Médio,

China, Índia e outros países asiáticos estão apresentando reivindicações de várias maneiras, tais como contratos para o setor privado, mercenários, bases militares (recentemente, os Estados Unidos revelaram o Africom, seu posto de comando unificado que, graças à impopularidade que tem entre os africanos, está atualmente baseado em Frankfurt), acordos de desenvolvimento e "ajuda". Trata-se de tentativas de controlar e canalizar fontes de riqueza, biodiversidade, suprimento de alimentos e terras.

Assim como nos cercamentos da Europa, o aprofundamento da sociedade de mercado representou a transformação dos papéis desempenhados por cada gênero, na medida em que as formas tradicionais de manejo dos recursos foram desarraigadas. É difícil encontrar os números, mas, na década de 1990, de acordo com uma estimativa conservadora baseada em dados publicados, 22 mil pessoas foram assassinadas sob acusação de feitiçaria.[25] Não é por acaso que a violência contra as mulheres, acusadas da prática de magia, tem sido particularmente intensa dentro e ao redor de regiões em que os recursos estão sendo expropriados para fins turísticos. Na Zâmbia, as bruxas têm sido encontradas, com frequência, nas terras destinadas a reserva de caça e nos terrenos para criação de animais destinados à "caça cercada", na qual turistas ricos celebram as maravilhas dos Cinco Grandes da África — leão, elefante, búfalo, rinoceronte e leopardo — matando um de cada espécie.[26] Na Nigéria, as mulheres da reserva florestal de Iguobazuwa foram retiradas de suas terras quando o governo vendeu a floresta para a produtora de pneus Michelin. A Michelin começou a transformação da floresta numa plantação de borracha e destruiu as fazendas de subsistência que as mulheres vinham utilizando para alimentar suas comunidades.[27] Mabel Ubara, uma das mulheres afetadas, afirmou que "dois anos após a morte de meu marido, comecei a plantar. ... A Michelin veio com seus tratores malignos e destruiu tudo o que eu havia plantado. Eu chorei. ... Tentei detê-los; eles ameaçaram me arrastar com o trator se eu não os deixasse."[28]

Relatos de apropriação de terras, porém, não aparecem nos jornais lado a lado com as histórias da caça às bruxas africanas — então, não é surpreendente que, de longe, o assassinato de mulheres pareça misterioso e bárbaro. Fora da África, somos levados a compreender tudo isso como um sintoma inexplicável do Coração das Trevas. No entanto, isso nada mais é do que o grito de misericórdia de uma forma de sociedade diante de outra. Isso não quer dizer que não exista uma crise ecológica na África e em todos os outros lugares, ou que esses sistemas tradicionais fossem completamente justos e desejáveis; todavia, no seu processo de transformação em moderna sociedade de mercado, as vozes que mais silenciaram foram as dos próprios africanos.

Além da perda de vida, há também uma perda cultural que faz parte desse tipo de destruição: o desaparecimento do conhecimento sobre manejo sustentável dos recursos naturais para a comunidade local. A preservação desse saber acerca do valor dos recursos naturais pode significar a diferença entre sustentabilidade e extinção. Vamos voltar à quintessencial "tragédia dos espaços comuns", as zonas de pesca. Não existe uma única solução universal, sobretudo quando se trata da pescaria artesanal em águas costeiras. Mas, ao insistir em seus direitos econômicos e políticos, os grupos de pescadores paquistaneses podem estar segurando a chave para proteger sua pesca. Um estudo de caso sobre pescaria tradicional no Chile indica que dar às comunidades o direito ao que é comum, *como um bem comum*, pode ser altamente proveitoso. O Chile baniu a pesca industrial na década de 1960, de modo a proteger o seu setor pesqueiro artesanal da concorrência das operações transnacionais destrutivas. Após o fracasso de um sistema de cotas, o governo passou a trabalhar com organizações de pescadores ao longo da costa. Juntos, eles criaram um sistema de direito de uso territorial na pesca. Aldeias e organizações de pescadores receberam direitos coletivos sobre áreas pesqueiras tradicionais que conheciam e exploravam há gerações. A execução foi delegada aos sindicatos dos pescadores locais. E funcionou: as zonas de pesca se recuperaram. Os direitos de uso territorial foram moldados de acordo com as áreas pesqueiras históricas da população de pescadores, basicamente concedendo direitos coletivos no presente àquilo que já havia pertencido, durante séculos, à comunidade local.[29]

A experiência chilena, contudo, é uma exceção à regra. De modo geral, sistemas comunitários não têm sido apoiados no século XXI — eles estão sendo desmantelados. Conforme desaparecem, perdemos milênios de conhecimento acumulado sobre como manejar recursos escassos de modo sustentável, tanto das tecnologias de colheita para manter os recursos abundantes quanto dos sistemas sociais necessários para garantir que ninguém vai receber mais do que seu justo quinhão. Tais sistemas de conhecimento têm sido destituídos pelos motivos básicos dos mercados orientados para o lucro. Isso não quer dizer que os sistemas existentes sejam perfeitos — não são —, mas eles parecem ter dado condições para que as sociedades sobrevivessem e prosperassem com um mecanismo para determinar o valor dos recursos diferente daquele praticado pelo mercado orientado para o lucro. Como observou o ativista e escritor britânico George Monbiot, o sistema de "quotas transferíveis" de direitos de pesca da União Europeia resultou no desperdício de milhões de toneladas de peixes, na superexploração de 88% das zonas de pesca e num custo para o público muito mais alto que o valor dos pescados.[30]

O cercamento dos bens comuns destruiu as ricas redes de conhecimento que um dia ajudaram a orientar o modo pelo qual atribuímos valor ao mundo. A transformação de Polanyi, porém, nunca é total e completa — sempre existem práticas, ideias e experiências que persistem e oferecem ferramentas com as quais podemos começar a pensar em novas maneiras de avaliar, além dos mercados orientados para o lucro. Agora que a crise econômica e ecológica criada pelo primeiro dos dois movimentos de Polanyi se tornou tão aguda, parece razoável perguntar onde está o segundo. Por que a sociedade ainda não começou "automagicamente" a se curar da violência dos mercados orientados para o lucro? A resposta ouvida a todo instante na esquerda é que as coisas ainda não ficaram ruins o bastante e que será necessária uma grande tragédia para se iniciar uma mobilização de sentimento suficiente que estimule a mudança política.

O problema desse argumento é que as coisas já estão bem ruins; espera-se que o número de pessoas que passaram fome em 2009, por exemplo, exceda 1 bilhão — um recorde planetário. Uma segunda resposta para o fato de que o duplo movimento de Polanyi ainda não aconteceu é que os protagonistas originais do contramovimento não estão mais por aí. As leis

Speenhamland foram encabeçadas por uma parte decadente da aristocracia agrária, e não restam muitas dessas pessoas. Porém, a resposta provavelmente mais satisfatória é que, na verdade, *existe* um contramovimento — de fato, existem vários contramovimentos, progressistas e reacionários, inclusivos e excludentes. Isso só não é muito divulgado, já que, em especial no caso dos exemplos progressistas, as pessoas que lideram esses movimentos são pobres, desprovidas, marginalizadas, pessoas em cujos ombros costumam cair as externalidades dos ricos; são as pessoas menos livres do mundo que estão descobrindo que são A Mudança Pela Qual Estavam Esperando. Na próxima parte, vamos examinar exatamente como elas tentaram reequilibrar a sociedade de mercado e como elas estão buscando transformar a maneira com que se estabelece o valor, não por meio do retorno aos bens comuns, mas por intermédio de sua reinvenção.

PARTE II

Uma coisa é saber que todos têm um lugar no balcão de refeições, mas como vamos saber quem pode pagar pela comida?

BARACK OBAMA, *Discurso no jantar beneficiente da Associação Nacional para o Avanço das Pessoas de Cor, 2005*

7. O contramovimento e o direito de ter direitos

Liberdade ou morte!

Clamor em New Hampshire

Deixe-me livre ou deixe-me morrer!

Patrick Henry, ao defender a rebelião contra os britânicos

Existe uma temática poética de escolha, liberdade e morte que perpassa a retórica política dos Estados Unidos no passado e no presente. Trata-se de uma linguagem de fronteiras e revolução, mas sua gramática se encaixa no modo com que o capitalismo estabelece os termos do valor. Em seu cerne, reside a ideia de que a empresa privada e os mercados orientados para o lucro propiciam algo que nenhum outro sistema é capaz de dar: liberdade. Uma comunidade supõe outras pessoas interpondo limites à gama de recursos passíveis de exploração, ao montante que pode ser acumulado, ao modo como as coisas serão compartilhadas. O livre-mercado não tem nenhuma dessas restrições. Dentro dele, as pessoas podem comprar, vender, consumir ou produzir o que desejarem. Com a carteira cheia de dinheiro e um bocadinho de espírito empresarial, você pode ter o mundo a seus pés. Não há sistema que tenha mais afinidade com essa versão da liberdade do que o capitalismo. Esse poderio suave do mercado, essa habilidade de sugerir a liberdade como parte da troca, é um de seus elementos mais atraentes.

Quando o plano de ajuda financeira de Obama propôs um teto para os salários dos banqueiros que receberam dinheiro público, ouviram-se uivos por todas as corporações dos Estados Unidos — dos habitantes dos condomínios de luxo aos recém-graduados que pretendiam reivindicar um desses cargos para si próprios. Eles protestaram que, sem a liberdade de empreendimento e de ganhos adequados, os talentos sairiam do negócio. Dado que foram esses "talentos" desfraldados que levaram a crise a desabrochar, poucas lágrimas se derramaram por causa de sua perda de liberdade fora do mundo dos bancos. Mas, ao menos em tese, eles estavam certos? O capitalismo oferece mais liberdades que qualquer outro sistema?

O falecido filósofo de Oxford Jerry Cohen concebeu um experimento mental que nos ajuda a entender como o dinheiro funciona e o modo pelo qual ocorre a sua interseção com a liberdade oferecida pelos livres-mercados. Como ele argumentou, quando o mercado distribui os bens na base do dinheiro, há razões para polemizar com a ideia de que ele cria liberdade. Imagine que vivemos num mundo em que temos poucos bilhetes distribuídos aleatoriamente. Nesses bilhetes estão os direitos — o direito de ir visitar sua mãe doente, o direito de cruzar uma determinada estrada, o direito de viver em algum lugar, o direito de comer um bife, o direito a um tratamento de saúde e assim por diante. Você não *tem* de fazer o que está escrito nos bilhetes — eles apenas limitam a extensão de suas liberdades. Se você tentar fazer alguma coisa para a qual não tem o bilhete, a lei intervém. Os bilhetes mapeiam o grau em que você é livre (ou não) para fazer algo — eles representam um registro completo de suas liberdades. Quanto mais bilhetes você tiver, mais livre será.

Eis aqui, então, o pulo do gato: o dinheiro é como esses bilhetes. Afinal de contas, o que o dinheiro oferece numa sociedade de mercado se não a capacidade de comprar liberdade para pagar um plano de saúde, comida decente, moradia, previdência para não trabalhar depois de aposentado, seguro contra acidentes ou desemprego? Os que não têm dinheiro são tão carentes de liberdade quanto aqueles que não têm bilhetes. Sem dinheiro, numa sociedade de mercado, você é livre para não fazer nada, para ter muito pouco e para morrer jovem. Em outras palavras, no capitalismo, *o dinheiro é o direito de ter direitos.*

A ironia profunda é que a generalização do império dos preços é tida como compatível com a liberdade. Todavia, as liberdades oferecidas pelo livre-mercado são ilusórias. Para os pobres, os preços de comida decente, plano de saúde, previdência social e moradia estão totalmente fora do alcance. A defasagem entre o que as pessoas recebem e o custo de suas liberdades significa que, para cada vez mais norte-americanos, liberdade é apenas mais um nome para coisas que não podem comprar. A tensão está se tornando cada vez mais aguda com a atual recessão global. Em Sacramento, capital da Califórnia, novas cidades de tendas surgiram. Centenas de pessoas vivem ali, e há notícias da chegada de cinquenta novos habitantes por dia. Nos países em desenvolvimento, é claro, a situação tem sido precária há muito tempo, e a recessão global está empurrando milhões de pessoas em direção à pobreza, mas, nos dois casos, essa pobreza tem sido aprofundada por um sistema que prometeu progresso, prosperidade e desenvolvimento para os mais pobres, e cumpriu o oposto — um nível de desigualdade gritante, menos felicidade e a persistência obstinada de doenças e aflições para as quais há muito tempo existem curas conhecidas.

Na terra da liberdade, o mercado oferece poucas escolhas para quem não pode pagar. No sistema de saúde dos Estados Unidos, por exemplo, o valor da vida é notoriamente determinado pelo mercado. Em seu filme *Sicko*, Michael Moore mostrou o lado mais indecoroso da abordagem lucrativa da indústria de saúde, com histórias em que um paciente teve de escolher, a pedido da empresa do seguro, qual dos dedos gostaria de salvar — o dedo médio ao custo de 60 mil dólares ou o dedo indicador pela quantia bem mais razoável de 12 mil dólares. Menos conhecido é quão iníquos são os efeitos da indústria de saúde, assim como o fato de que as coisas sobre as quais não temos nenhum poder de decisão — nossa raça, nosso sexo, o dinheiro de nossa família — moldam os nossos destinos.

Se quiséssemos encontrar um número que expressa as iniquidades da liberdade nos Estados Unidos, o índice das taxas de mortalidade materna, durante o parto ou logo depois de dar à luz, seria uma leitura sombria. O número, nos Estados Unidos, é de onze a cada 100 mil nascimentos. No Reino Unido, oito mulheres morrem a cada 100 mil partos. Na Eslováquia, a quantidade é seis.[1] Enquanto nos Estados Unidos o gasto com planos de saúde é de mais de 6 mil dólares por pessoa, na Eslováquia é de 565 dólares.[2]

Para piorar, desde 1995, as taxas de mortalidade materna aumentaram em todos os grupos minoritários. Com tecnologia médica avançada, renda média elevada e um número inédito de bilionários nos Estados Unidos, *mais* mulheres estão morrendo no parto, sendo que as afro-americanas experimentam taxas quase cinco vezes mais altas que as brancas. Se a população afrodescendente dos Estados Unidos formasse um país separado, ficaria abaixo do Uzbequistão, cuja taxa de mortalidade materna é de 24 por 100 mil e onde a renda média por pessoa é de 840 dólares anuais. Nos Estados Unidos, um dos corolários do livre-mercado é que se morre jovem.

A história dos Estados Unidos não pode ser contada sem a incriminação das diversas pressões culturais, políticas e econômicas que mantiveram o país distante dos planos de saúde individuais, embora o fracasso norte-americano no provimento de cuidados médicos para as mulheres seja também parte de uma experiência global. Em 2000, quando os líderes mundiais se encontraram para discutir como seria possível melhorar suas políticas sociais, anunciaram as Metas de Desenvolvimento do Milênio, um conjunto de objetivos destinado a resolver as mais graves iniquidades e injustiças sociais. Um pequeno punhado desses objetivos possivelmente será atingido até 2015, mas aquele voltado para o decréscimo das taxas de mortalidade materna certamente não é um deles. Em 1990, 576 mil mulheres morreram no mundo inteiro em decorrência de gravidez ou de complicações no parto. A meta é reduzir esse montante em 75%, para 144 mil em 2015. Em 2005, o número era de 536 mil — uma redução de 7%.[3]

As Metas de Desenvolvimento do Milênio foram polêmicas. Os críticos viram os objetivos como versões diluídas dos direitos contidos na Declaração Universal dos Direitos Humanos.[4] A declaração destinava-se a ser um novo pacto social, reinando em todos os governos, comprometendo-os com a garantia do direito à vida, à propriedade, ao emprego, à saúde e à educação, entre outras liberdades. Os defensores das Metas de Desenvolvimento do Milênio apelaram ao realismo, argumentando que, uma vez que os governos haviam descumprido suas promessas no passado, esses objetivos modestos poderiam ser conquistados, pois estavam ao alcance de qualquer governo. No papel, todos os direitos são corretos e bons, diz o argumento, mas os objetivos governamentais eram um excelente prêmio de consolação.

Nesse modelo, os direitos são aquilo que os governos dão, e não aquilo que os cidadãos pegam. Os governos parecem ter dado bastante, contudo. A Declaração Universal dos Direitos Humanos, o documento mais amplamente traduzido da humanidade, parece hoje uma notável conquista. É difícil imaginar os governos do século XXI seriamente comprometidos com as políticas domésticas progressistas e redistribucionistas exigidas pelos direitos humanos. No entanto, no começo dos anos 1940, quando Polanyi terminava *A grande transformação* e a declaração fora concebida, os horrores da Segunda Guerra Mundial estavam marcados na mente de todos, assim como as condições que lhes deram origem — a Depressão dos anos 1930 e suas consequências políticas assassinas na Europa. Havia ainda um apetite popular por governos ativos e redistribuidores, devido, em grande parte, ao poder e à militância dos movimentos de trabalhadores em todo o mundo. Em 1942, o presidente Roosevelt podia apelar para um imposto "elevado" de 100% sobre rendas acima de 110 mil dólares (em valores de 2007, isso equivale a 1,4 milhão de dólares), e o Congresso podia estipular um compromisso que exigia uma taxa de 94% sobre todas as rendas acima de 200 mil dólares (2,5 milhões de dólares, hoje) e ainda ser consoante com a opinião pública.[5] As prerrogativas oriundas dessas políticas garantiram tudo, desde a liberdade de expressão e de organização política até o direito à alimentação e às férias remuneradas.

De modo não surpreendente, após essa onda inicial de entusiasmo pelos direitos humanos (e do apoio recebido de pessoas como Eleanor Roosevelt, que chefiou a Comissão das Nações Unidas para os Direitos Humanos), os governos dos Estados Unidos, do Reino Unido e da Rússia tentaram voltar atrás. Eles ficaram preocupados com o significado que "direitos" poderia adquirir para grupos desprovidos dentro das próprias fronteiras. Em 1947, os Estados Unidos tiveram uma demonstração disso quando W.E.B. DuBois apresentou às Nações Unidas uma petição da Associação Nacional para o Avanço das Pessoas de Cor (NAACP, sigla em inglês) intitulada *Um apelo ao mundo: uma declaração sobre a negação de direitos humanos às minorias no caso dos cidadãos descendentes de negros nos Estados Unidos da América e um apelo de retificação às Nações Unidas*. O movimento dos direitos civis havia encontrado uma brecha nas defesas governamentais.

Nos meses finais da guerra, os governos se anteciparam a isso e, em outubro de 1944, o Reino Unido, os Estados Unidos, a China e a Rússia esboçaram um documento para governança no pós-guerra, no qual não havia menção aos direitos humanos.[6] Os receosos, todavia, acabaram se deparando com uma avalanche internacional de protestos, das colônias britânicas e da opinião pública norte-americana, exigindo um comprometimento mais franco com os direitos humanos. O próprio Roosevelt havia feito bastante para promover esse retrocesso — após um encontro com ativistas que lhe pediram para apoiar os direitos humanos, o presidente afirmou: "Tudo bem, vocês me convenceram. Agora saiam e façam pressão sobre mim!"[7]

No fim, um compromisso foi alcançado — embora a linguagem dos direitos individuais fosse estridente, os mecanismos de execução foram deixados a cargo de cada país. Assim, em 10 de dezembro de 1948, a Declaração Universal dos Direitos Humanos foi assinada em Paris. Demoraria ainda muitos anos, e muita negociação, para que a comunidade internacional concordasse com dois tratados que obrigariam seus signatários a garantir direitos, e não meramente a declarar que esses direitos existiam. Assim como a Magna Carta assegurou os direitos civis e a Carta da Floresta afiançou uma promessa básica de direitos econômicos e sociais comuns, houve dois tratados — o Pacto Internacional de Direitos Civis e Políticos e o Pacto Internacional de Direitos Econômicos, Sociais e Culturais. Juntos, a declaração e esses dois pactos formaram a Carta Internacional dos Direitos Humanos. Quando foram finalmente adotados, em 1966, tencionavam ser uma linha definitiva além da qual nem os governos nem as corporações podiam passar.

A história, no entanto, não terminou de modo feliz. Em especial no Sul Global, os governos têm encorajado seus cidadãos a esperar pelos direitos, enquanto atendem as preocupações de cada cidadão por vez.[8] O comando para que sejamos pacientes implica que chegaremos à Terra Prometida, um de cada vez. A experiência indica, porém, que pedir paciência é uma forma de servir a dois propósitos distintos. É um jeito de desmobilizar as reivindicações populares e de deixar os governos se esquivarem de providenciar qualquer coisa, sugerindo, ao mesmo tempo, que o dever mais importante de um cidadão é esperar com a mão estendida. Em outras palavras, os direitos podem ser compreendidos como um conto de fadas, na qual o futuro termina sempre de modo feliz se deixarmos que os mercados orientados para o lucro continuem a reinar despreocupadamente e concordarmos que o direito mais fundamental de todos é o da propriedade privada individual.

Contudo, como demonstraram W.E.B. DuBois e o movimento dos direitos civis, a maneira de fazer com que os governos restituam direitos não é esperar, mas exigir. Essa compreensão rompeu com as tentativas de defini-los como dividendos futuros da paciência presente. Hoje, a linguagem dos direitos tem sido apropriada de novo pelos grupos marginalizados e oprimidos, que tentam recuperar uma parte do poder que a sociedade de mercado tirou de suas mãos. Do movimento feminista às reivindicações dos povos indígenas, a marca de sucesso da fala dos direitos é que há milhões de pessoas promovendo mudança social democrática em nome deles, apesar dos apelos de seus governantes para que tenham paciência até que eles encontrem a vontade política para decretar a mudança.

Sobre "vontade política"

Se a palavra mágica dos colonizadores era "selvagem", o pó de pirlimpimpim da democracia de hoje é "vontade política". Quando a mudança deixa de acontecer, é por força da "vontade política", uma espécie de pó mágico que impulsiona os poderosos à ação (ainda que tal ação termine sendo apenas uma reciclagem disfarçada). O que está por trás de ideias como "vontade política", mais do que qualquer outra coisa, é a nossa própria ambivalência diante do governo. Em grande medida, o público tem imensa vontade política de serviços de saúde e educação, cuidados com o meio ambiente ou redução dos gastos militares. O que acontece com muita frequência é que a determinação dos representantes do governo é moldada mais pelos interesses das corporações do que pelos do público. Na Itália, um dos livros mais vendidos recentemente chama-se *La Casta* (*A casta*), uma investigação política realizada pelos experientes jornalistas Sergio Rizzo e Gian Antonio Stella, que retrata o ambiente político como um clube mais ou menos parecido com uma cleptocracia. Quando o governo de fato se torna uma casta à parte, parece restar pouca coisa capaz de trazê-lo de volta à realidade, exceto, como a história da humanidade mostra, o engajamento cívico generalizado. Curiosamente, na obra *Making Democracy Work*, um dos estudos mais citados sobre como fazer a burocracia funcionar para o povo, Robert Putnam mostrou que, na Itália, a presença do partido comunista foi um fator crucial.

Embora o Partido Comunista Italiano pareça uma remota e improvável fonte de esperanças, seus militantes da década de 1970 sabiam de uma coisa que foi amplamente esquecida nas democracias do Ocidente — que a passividade da maioria é que permite o domínio dos poderosos. É nessa percepção que podemos encontrar o combustível para o duplo movimento de Polanyi. A segunda parte desse movimento, na qual a sociedade recupera o poder tomado pelo mercado, acontece por meio de *exigências*, e não de doações. De certo modo, essa foi a promessa da campanha eleitoral de Obama. O slogan "Chega da política de sempre" ecoou, como deveria, entre os desprivilegiados do mundo inteiro, e não apenas dos Estados Unidos.

Existe, no entanto, uma diferença entre empolgar comícios de campanha e difundir democracia. O governo Obama, por exemplo, está insuflando a máquina de campanha que o elegeu para fazer valer seus interesses sobre educação, planos de saúde e mudança climática. Uma das características das novas reuniões de campanha é a falta de tempo para questionar a substância dessas políticas — existe um único inimigo: a "política de sempre" — e apenas uma solução: as novas políticas do presidente. O nome correto para isso é populismo. O pacto de culto entre líder e liderados, contudo, não é sinal de democracia revigorada — é o seu derradeiro e desesperado substituto. Para que a democracia floresça, precisamos de um momento para admitir que o nosso sistema econômico fracassou. Assim como Greenspan perdeu a fé num princípio econômico organizador, também precisamos lançar um olhar demorado não apenas sobre o livre-mercado, mas sobre o sistema político que o apoia. É recuperando a ideia de que somos capazes de pensar por nós mesmos e de que estamos preparados para a política, em vez de terceirizá-la como fazemos com tantas outras coisas, que teremos a capacidade de reivindicar tanto a democracia quanto a nossa economia.

Isso parece uma tarefa difícil, mas existe uma organização, sobre a qual já escrevi antes,[9] que compreende muito bem a relação entre direitos, democracia e ação: o movimento camponês internacional Via Campesina. Fundado em 1993 por grupos de fazendeiros europeus e norte-americanos, ele cresceu para formar um movimento de, estima-se, mais de 150 milhões de participantes em 69 países, todos camponeses, fazendeiros, trabalhadores rurais e sem-terra que desejam plantar comida. Um desses organizadores iniciais é o atual presidente da Bolívia, Evo Morales. Embora estabelecido no princípio da década de 1990, as organizações que fazem parte do movimento têm um passado consideravelmente mais longo. A história da criação da Via Campesina é uma lição objetiva de como a democracia funciona, e de como fazer os direitos acontecerem. Há uma ironia aqui: as pessoas menos capazes de atribuir valor à terra — a palavra "camponês" em inglês é cuspida com desprezo — oferecem, por meio de sua política, uma forma de salvar o planeta.

A Via Campesina concentra muito de seu esforço na democratização dos setores público e privado — seu alvo é a sociedade de mercado. Ela avalia o sucesso pelo fato de que governos do mundo inteiro, do Mali ao Nepal e à Bolívia, estão adotando suas visões de mudança. O movimento exerce uma pressão ativa sobre governos locais e nacionais, e já realizou considerável progresso dentro das Nações Unidas.

A política desse movimento não aconteceu de modo mágico, mas como resultado de confrontos com governos e a iniciativa privada. Sua experiência é um microcosmo do duplo movimento. Durante os anos 1980, o Banco Mundial esteve ocupado levando o mercado ao Sul Global. Com fervor messiânico, os economistas treinados no evangelho da Escola de Chicago difundiram as novidades dos mercados não regulados, passando por cima de qualquer coisa.[10] Eles trouxeram consigo as táticas de cercamento — não apenas a velha fórmula de tomada das terras públicas, como também novas formas de mercantilização envolvendo cultura e conhecimento, como ficou demonstrado na "biopirataria" da propriedade intelectual sobre sementes.[11] Com uma canetada, a informação genética das sementes plantadas por gerações de camponeses passou a ser o novo El Dorado das empresas transnacionais de sementeiras, propriedade intelectual madura e pronta para a coleta. Essa repetição da grande transformação foi conduzida por incontáveis especialistas, que destruíram formas locais de conhecimento e governança para enraizar as suas. As consequências dessas ações foram desastrosas, em especial na agricultura. O próprio Grupo Independente de Avaliação do Banco Mundial, em 2007, escreveu que o desempenho do banco na África havia sido, em grande parte, uma catástrofe. Supostamente, a mão invisível teria melhores condições de alocar recursos que os governos. Mas, quando os governos foram expulsos, a mão invisível não apareceu.[12]

É claro que isso não aconteceu sem luta, e não foi preciso esperar até 2007 para uma denúncia formal. Nos países em que o livre-mercado foi imposto, houve motins e protestos — pelo menos 146 manifestações de massa ocorreram em todo o mundo, entre 1976 e 1982. As pessoas que viviam as consequências dessas políticas sabiam muito bem que mudanças haviam sido trazidas — da elevação dos preços do pão e do combustível aos cortes dos benefícios da previdência social — e foram bem claras em seus protestos. Essas foram as consequências iniciais da primeira parte do duplo movimento. Críticos internacionais acusavam o Banco Mundial de não escutar as necessidades dos desfavorecidos e de se afastar dos desejos das pessoas mais pobres, com suas políticas de Estado mínimo, câmbio flexível e expansão do mercado. O Banco respondeu a seus críticos estabelecendo "consultas" à sociedade civil nos países em que operava, organizando uma "Unidade de Desenvolvimento Humano" completamente ineficaz e tentando contrapor seus danos humanos com alguns investimentos sociais.

Para que isso acontecesse, o Banco precisava "consultar" a população, mas, como a maioria das pessoas que haviam sido afetadas pelas suas ações queria mesmo é que o Banco fosse embora, estava criado o problema. O Banco então apelou para organizações de eleitores rurais, com as quais pudesse manter um bate-papo amigável e condescendente. Ao atrair instituições que desejavam se consultar com o Banco, criou-se um exército de organizações não governamentais com projetos de emprego dentro do Banco, e os corretores do Terceiro Mundo ofereceram seus serviços em troca de diárias livres de impostos, uma passagem para Washington D.C. e uma pequena parte dos grandes contratos de consultoria. O Banco Mundial estava engajado numa espécie de teatro de marionetes da democracia.[13]

Foi contra esse pano de fundo que um grupo de movimentos camponeses baseados em associações — as pessoas mais afetadas pela política do Banco, junto a ONGs de apoio e fundações — se reuniu para falar sobre aquilo que deveria estar acontecendo. Com a memória ainda fresca de ouvir dizer o que era melhor para eles, criaram uma federação em que esse tipo de dominação não teria lugar. Dentro de um conjunto em que certos movimentos contavam com dezenas de milhões de participantes, enquanto outros possuíam apenas centenas, os grupos menores reivindicaram e conseguiram uma grande autonomia. A Via Campesina estabeleceu uma estrutura interna na qual nenhuma organização pode dizer a outra o que fazer, mas na qual as decisões são tomadas por meio de um processo lento e extensivo de consulta às bases. Esse procedimento meticulosamente democrático foi elaborado por desconfiança em relação aos governos e aos especialistas em desenvolvimento que passaram muito tempo dizendo-lhes como viver suas vidas.

Ao confrontar a destruição dos direitos comuns e a criação de uma falsa democracia para substituí-los, a Via Campesina enfrentou o desafio da moderna sociedade de mercado. Sua resposta não foi apenas institucional, mas também filosófica. A visão que eles desenvolveram como parte de seu contramovimento é chamada "soberania alimentar" e, entre todas as suas definições, a principal é esta aqui:

> Soberania alimentar é o DIREITO dos povos, países ou uniões de Estados de definir sua política agrícola e alimentar.

Não parece muito, mas é dinamite pura. Embora haja alguns acompanhamentos específicos para a soberania alimentar, tais como os direitos das mulheres e a exigência de não interferência por parte da União Europeia e dos Estados Unidos, o apelo à soberania alimentar em si mesmo é bastante suave a respeito do que *exatamente* deveria acontecer. Não é um clamor por determinado conjunto de direitos, mas pelo poder de estabelecer os termos do valor — eles querem exercer esses direitos sobre as coisas de que necessitam para sobreviver: terra, água, sementes e cultura. Eles desejam ter o direito de decidir quais são os seus direitos. Soa familiar?

Sobre o direito de ter direitos

Os membros da Via Campesina não foram os primeiros a surgir com a ideia do "direito de ter direitos". Hannah Arendt usou a concepção para descrever o sofrimento dos que não tinham nação: judeus refugiados do período entreguerras. Em seu livro *Origens do totalitarismo*, ela faz a seguinte observação:

> Pessoas desprovidas dos direitos humanos ... são desprovidas não do direito à liberdade, mas do direito à ação, não do direito de pensar o que bem lhes aprouver, mas do direito à opinião. ... Adquirimos consciência do direito de ter direitos ... somente quando surgiram milhões de pessoas que perderam esses direitos e não puderam recuperá-los por causa da nova situação política global.[14]

Poderíamos pensar que esses direitos são no máximo uma espécie de força moral, à qual se pode apelar quando tudo o mais tiver falhado, porém na Via Campesina os direitos têm consequências bastante reais. Primeiro, eles promoveram muitos encontros e debates. Falar do "direito de as pessoas terem direitos" não é um programa de ação — é o que precede demandas concretas, é uma declaração de vontade.[15]

Numa série de reafirmações da definição, sucessivos encontros da Via Campesina tornaram bastante claro que eles não estavam propondo a abolição total dos mercados ou do comércio mundial; eles apenas querem que isso aconteça sem dominação. Pregam o controle social dos mercados, para recuperar do que o livre-mercado destrói algum valor. O problema com esse processo de reafirmações é que mais e mais pessoas aderem à associação, de modo que, para acomodá-las, corre-se o risco de crescer em excesso e entrar em colapso. Numa definição posterior, parecia que o propósito de "deixe todo mundo entrar e ponha mais água no feijão" acabou indo longe demais. Uma definição de 2007 pretendia juntar "produtores, distribuidores e consumidores" de alimentos debaixo do mesmo teto — mas isso teria resultado em colocar no mesmo lado da mesa de negociações justamente as pessoas que estavam em conflito.

Isso parece problemático, mas é parte de um processo de se descobrir o que o movimento realmente deseja. É a versão coletiva da pergunta de E.M. Forster "Como posso saber o que penso antes de ver o que digo?"[16] Como a experiência pessoal nos ensina, não há garantia de que a primeira coisa que sai da nossa boca é necessariamente a mais sensata — as ideias precisam ser expostas ao mundo para se tornarem efetivas. Um dos direitos pelos quais os movimentos estão lutando é o de cometer erros e aprender com eles, e não apenas sofrer com os erros dos outros — e dá certo. Felizmente, as novas definições de soberania alimentar têm sido mais coerentes.

Numa conferência realizada em Maputo, Moçambique, em 2008, a Via Campesina trouxe um novo slogan e uma série de estratégias para a soberania alimentar, nas quais os alvos explicitados eram as corporações transnacionais, uma mudança que concentra e unifica suas várias ramificações.

O novo slogan é o mais revelador, porque põe em destaque a desigualdade de poder mais difusa da sociedade — "A soberania alimentar é um modo de pôr fim a todas as formas de violência contra as mulheres."

Essa declaração vem das populações mais pobres do mundo, formadas principalmente por camponeses, pessoas consideradas incultas e ignorantes. Mesmo assim, sua última proclamação demonstra o entendimento de que a fome é a manifestação mais recente de milênios de exploração e de como as relações são distorcidas de acordo com a forma como se atribui valor. Eles diagnosticaram o problema da fome e da pobreza não como escassez de alimentos, mas como ausência de poder, o que explica por que a ideia de todas as formas de violência contra as mulheres é tão fundamental. Além da violência física causada por espancamento, estupro e assalto, que uma em cada três mulheres sofre ao longo da vida,[17] a fome é outra forma de violência que afeta as mulheres de modo desproporcional. Elas representam 60% das pessoas que, hoje, passam fome no mundo. É uma história que acontece tanto nos países ricos quanto nos pobres, onde as mães pulam refeições para que os filhos possam comer. É uma forma de violência o fato de que uma mulher não possa vender seu alimento no mercado porque os produtos subsidiados vindos da Europa e dos Estados Unidos são mais baratos. É também uma forma de violência que uma família não possa mandar suas filhas para a escola porque precisa do trabalho delas em casa. As migrações que as mudanças climáticas já começaram a ocasionar também são formas de violência.[18]

A estrada aberta pela Via Campesina é promissora. Se é para ter emancipação, então todo mundo deve ser capaz de moldar seus direitos. Não existe um jeito natural e óbvio para isso acontecer. Por isso existem tantas definições de soberania alimentar e tantas formas diferentes de reivindicá-la. Embora possa haver casos semelhantes em quase todos os lugares, eis aqui um exemplo dos Estados Unidos. É uma história passada na extremidade sul da Flórida, em Immokalee, onde membros da Via Campesina estão organizando seu contramovimento em resposta à difusão de um capitalismo que não só transformou a terra e o trabalho em mercadorias, mas fez dos próprios trabalhadores propriedade privada.

O *apartheid* americano

Quando fiz minha visita guiada à cidade, Immokalee me pareceu familiar. "Immokalee" na língua nativa seminole significa "meu lar". Os trailers em que os catadores de tomate dormiam me lembraram outros lares, nos guetos sul-africanos — as casas de baixa renda abarrotadas, construídas pelo governo para manter o suprimento de força de trabalho negra por perto, mas nem tanto, das cidades onde seu trabalho era requisitado. Mas as casas dos guetos, na era do *apartheid*, pareciam melhores que essas do sul dos Estados Unidos.

Em Immokalee, as moradias pertencem a uma meia dúzia de donos de favelas locais que dominam um arquipélago de casas precárias e insalubres. Visitei um trailer no qual oito pessoas dormiam e viviam em condição de pobreza, formando fila para usar o banheiro todas as manhãs e para usar o fogão todas as noites. Isso lhes custava 40 dólares por semana. Se quisessem um ar-condicionado, tinham de pagar 20 dólares a mais por semana. Em outro caso, trabalhadores que desejassem se lavar, para tirar o pesticida da pele após um dia inteiro de trabalho, tinham de pagar 5 dólares pela utilização da mangueira no pátio. Alguns trabalhadores achavam mais barato e mais eficaz lavar as mãos com água sanitária.

Não são apenas as condições de vida desumanas que lembram o *apartheid* sul-africano. Immokalee fica situada em Collier County, região cuja maior cidade, chamada Naples, é o (segundo ou terceiro) lar de Bill Gates, Steven Spielberg e Donald Trump. A renda familiar média está acima de 100 mil dólares. Os muros são altos, os campos de golfe, exuberantes e bem patrulhados, e a polícia, diligente quando se trata de sumir com os mendigos. Immokalee fica do outro lado do condado e é a fonte de alguns dos maiores lucros do estado.

A Flórida produz 90% do suprimento de tomates no inverno dos Estados Unidos, e isso parece ser um negócio altamente lucrativo. E é difícil dizer o quanto é rentável, porque corporações como Pacific Tomato Growers, Six L's Packing Company e DiMare Fresh são empreendimentos familiares privados e não têm suas ações negociadas em bolsa. Quando os trabalhadores de suas plantações de tomate fundaram a Coalizão de Trabalhadores de Immokalee (CIW, em inglês) para lutar por mudanças, essa estrutura de propriedade familiar representava um problema. Empresas familiares não devem satisfações a acionistas, então não se importam com desaprovação pública. Foi por isso que a CIW tomou como alvo empresas como McDonald's e Taco Bell, que compram os tomates desses plantadores e estão mais preocupadas com a reputação de suas marcas.

O trabalho dos catadores de tomates é irregular, dependente do clima e desumano. Um catador talentoso, que tenha sorte o bastante para trabalhar em uma plantação que ainda não foi colhida (a colheita acontece cerca de quatro vezes, sendo que na quarta já não há praticamente nada para colher), chega a encher 150 baldes por dia. Os trabalhadores levantam uma base de 2,4 toneladas diárias de tomates, vendidas nas lojas por cerca de 5 mil dólares, e recebem 67 dólares por uma jornada de doze horas. Essa é uma taxa de 45 centavos por balde de mais ou menos quinze quilos de tomates verdes, e só aumentou 5 centavos nos últimos trinta anos — se essa taxa tivesse apenas acompanhado a inflação, hoje estaria em 1,02 dólar por balde. A greve de fome de seis membros da CIW, que durou um mês inteiro, foi a única razão pela qual ocorreu o aumento de 5 centavos.[19]

Nely Rodriguez, uma das organizadoras da coalizão, descreve o fardo desproporcional que as mulheres carregam:

> Nas plantações, as mulheres trabalham tanto quanto os homens, e muitas vezes ganham menos porque talvez não catem tão rápido quanto eles, ou porque não são recrutadas para o trabalho todos os dias. Por conta de nossos baixos salários, vivemos em trailers superlotados e precários e temos de criar nossas famílias nesses locais. E ainda sacrificamos o tempo que ficamos com nossos filhos, tentando dar a eles uma vida melhor.

Como se as condições de vida e os salários não fossem suficientemente abissais, alguns trabalhadores são verdadeiros escravos modernos. Desde 1997, com a ajuda da CIW, mais de mil pessoas foram libertadas da escravidão pelos oficiais de justiça da Flórida, e os aliciadores que os escravizaram foram processados pelas mesmas leis promulgadas na época da abolição.[20] No caso mais recente, doze escravos escaparam da carroceria de um caminhão onde eram mantidos em cativeiro.[21]

Os brancos que viviam no *apartheid* da África do Sul praticavam uma espécie de autoengano, acreditando que havia dois mundos separados em benefício de todos e hermeticamente fechados um para o outro. Os muros altos atendiam a um propósito psicológico, ao reforçar a negação e a ignorância estimulada pela exclusão. Mesmo assim, quando interessava àqueles que estavam no poder, os dois mundos podiam se encontrar, um parasitando sobre o outro. Na África do Sul, a ponte era a utilização do trabalho dos negros para gerar riqueza por meio do trabalho industrial, agrícola e doméstico. Uma história semelhante poderia ser contada na Flórida.

Na maior parte do tempo, os plantadores de tomate não prestam qualquer atenção ao tratamento dado aos seus trabalhadores, que são mantidos escondidos, como a Gata Borralheira no porão. Ocasionalmente, porém, essas iniquidades alcançam alguma visibilidade pública. Durante o recesso do Congresso, no Natal de 2008, a Bolsa dos Plantadores de Tomate da Flórida — cujos presidente e vice-presidente eram Larry Lipman e Bill Heller Jr., representando a Six L's e a Pacific, respectivamente — solicitou ao governo um empréstimo de 100 bilhões de dólares. Aparentemente, isso era de interesse público.

Segundo Katrina vanden Heuvel, graças ao senador democrata socialista Bernie Sanders, o empréstimo foi bloqueado. A assessoria de imprensa de Sanders, sem discriminar nenhum dos plantadores individualmente, disse que o senador "tinha problemas com um empréstimo governamental para sujeitos que flertavam com a escravidão e não conseguia encontrar uma forma de fazer com que outras pessoas pagassem centavos a mais pelo trabalho braçal de seus catadores".[22]

A razão pela qual Sanders assumiu essa posição agressiva foi que a CIW, que se havia juntado a estudantes e grupos religiosos, promovera pressões aguerridas sobre os congressistas — fazendo demonstrações em que seus membros se algemaram como escravos no prédio do capitólio da Flórida, em Tallahassee — e boicotara marcas ligadas à exploração dos fazendeiros. Desde o seu começo, em 1993, a coalizão se transformou numa voz poderosa dos trabalhadores, cujas vitórias mais importantes incluem negociações com as quatro maiores redes mundiais de restaurantes (McDonald's, Yum!Brands, Burger King e Subway). Em 2003, ela recebeu o Prêmio Robert F. Kennedy de Direitos Humanos. Lucas Benitez, um dos organizadores, explicou por que falar de direitos é tão fundamental para o seu movimento:

> Direitos não são coisas novas para nós. Não saímos do barco e nos encontramos na terra dos direitos. Viemos de países como México, Haiti e Guatemala, onde vínhamos usando essa linguagem há muitos anos em nossas lutas. Aqui nos Estados Unidos, não estamos pedindo nada que já não seja um direito. Quando ocorrem casos de escravidão moderna por aqui, as pessoas capturadas não são apenas aquelas que não têm documentos. Em 2001, por exemplo, norte-americanos afrodescendentes foram recrutados em abrigos de sem-teto e centros de reabilitação para trabalhar nas fazendas de tomate e depois compraram cocaína e *crack* numa "loja da companhia", o que acabou por mantê-los sempre presos por dívida. Eles eram cidadãos norte-americanos. O que estamos reivindicando é o direito a um salário justo, o pagamento merecido pelo trabalho feito, o direito de não ser roubados, o direito de se organizar, que sempre foi negado aos trabalhadores rurais. Esses não são direitos civis? Infelizmente, o público dos Estados Unidos pensa que os direitos aqui são respeitados, e por isso não sabe como reivindicá-los.

Benitez me explicou de que modo eles estavam se organizando para tornar esses direitos reais, usando as palavras do abolicionista e ex-escravo Frederick Douglass: "O poder não concede nada sem demanda. Fomos excluídos do direito à organização, mas esses são nossos direitos, e precisamos lutar. Não estamos pedindo um salário de alto executivo — estamos apenas reivindicando a nossa dignidade." A CIW é uma organização não violenta, porém não pode evitar conflitos, como Benitez explicou. "O conflito está em toda parte. No casamento, sempre existe conflito. Conflito não é ruim — é natural." O negócio é aprender a lidar com ele, tornando-o um processo construtivo. Isso significa o aperfeiçoamento da arte de deliberar, na medida em que o direito de elaborar táticas é a primeira prerrogativa das organizações democráticas. Como Benitez afirmou: "Não somos crianças. Somos pessoas, somos trabalhadores. Sabemos pensar e ver nosso próprio desenvolvimento. Não precisamos que um professor faça isso por nós."

Foi por meio de deliberações públicas que a CIW desenvolveu sua tática mais bem-sucedida. A decisão de boicotar a Taco Bell surgiu em uma reunião ordinária de dez membros da CIW, pois, como foi argumentado por quem sugeriu a proposta, como ninguém conhecia a Pacific ou a Six L's, eles deveriam mirar nas corporações que ficavam um degrau acima na cadeia da alimentação. Num encontro de trabalho depois que a campanha foi anunciada, um caminhoneiro se aproximou de Benitez e disse: "Vocês estão loucos." Quatro anos mais tarde, a CIW conseguiu sua primeira vitória, quando a Taco Bell concordou com suas exigências de aumentar um centavo a cada meio quilo de tomates. Subway, Burger King e McDonald's fizeram o mesmo em seguida.

Os plantadores de tomate de Immokalee fazem parte de uma tradição. "Certa vez, ouvi um plantador dizer que tudo começou com os escravos africanos, depois eles se tornaram livres e viraram meeiros, e agora nós temos os mexicanos", foi o que me contou Gerardo Reyes, também membro da CIW. "Somos tão descartáveis quanto os escravos do passado. E é por isso que um de nossos slogans afirma: '*Yo no soy un tractor.*' Não sou um trator. Na luta contra essas empresas, nossa principal arma era a nossa própria realidade." Silvia Perez, outra organizadora da coalizão, concorda: "O primeiro passo para mudar as coisas é nos vermos como seres humanos." Tudo que a coalizão desejava era que eles e seu trabalho fossem valorizados de forma apropriada, e que fossem tratados como seres humanos capacitados para fazer política. Nesse sentido, eles precisavam agir contra as forças que os haviam transformado em recipientes descartáveis de força de trabalho e estipulado preços tão baixos para o seu trabalho que eles podiam ser usados e substituídos como um aparelho de celular ultrapassado. Assim, eles se organizaram e se tornaram um contramovimento.

A história não termina aqui. A indústria de tomate contra-atacou com seu próprio código voluntário — SAFE (Empregadores Rurais Socialmente Responsáveis, da sigla em inglês), um conjunto tosco de recomendações escritas longe dos olhos dos trabalhadores rurais. O código insiste na concordância com todas as leis existentes, inclusive aquelas que negam aos trabalhadores rurais o direito de se organizar e de receber as horas extras. A Six L's e a Pacific, as duas empresas que teriam usado agenciadores para contratar a equipe de escravos que foi objeto da última acusação federal em Immokalee, foram certificadas pelo SAFE. Esses tipos de código voluntário são oferecidos no intuito de impedir que a coalizão reivindique coisas, como salários, das quais têm o direito.

Os catadores de tomate rejeitaram o código do SAFE — se não ajudaram na sua elaboração, por que deveriam aceitá-lo? Em vez disso, mobilizaram-se em todos os níveis, do local ao nacional, para conseguir as mudanças que sempre desejaram. Embora tenham feito pressão sobre governos locais e estatais, não se aproximaram das instâncias governamentais apenas como suplicantes, esperando pela doação de direitos. A coalizão desafiou a complexa rede de instituições públicas e privadas que compõem a sociedade de mercado, enfrentando agenciadores de trabalho e corporações multinacionais e difundindo uma cultura de respeito aos direitos. Uma das medidas de seu sucesso foi que Hilda Solis, recentemente nomeada secretária de Trabalho do governo Obama, declarou apoio à coalizão em seu primeiro discurso. Mesmo assim, a coalizão não colocou o governo federal no centro de sua mobilização. Ela se alastra com grande força e, por causa de seu sucesso, o governo federal acabou sendo levado junto.

Em última análise, um centavo a cada meio quilo de tomates poderia parecer trivial na transformação da sociedade de mercado. No entanto, pelo modo como eles tentaram estabelecer o valor de seu trabalho, as ferramentas, a política e os vínculos sociais criados pela coalizão oferecem uma plataforma para mudanças mais amplas, que podem ser vistas não apenas nos campos da Flórida, mas nas grandes cidades do mundo, onde a ideia de "um direito de ter direitos" também vem sendo usada para remodelar o espaço urbano e para recuperar o terreno no qual nossas vidas, nosso trabalho e nossa existência são avaliados.

8. Democracia na cidade

> A principal tarefa de um movimento social é colocar os ricos no seu lugar.
>
> SHAMITA NAIDOO, *ativista do movimento de moradores de barracos Abahlali baseMjondolo*

DESDE 2007, ALGUMAS DAS MAIORES CIDADES DO MUNDO têm sido palco de organizações e protestos contra a fome, em função do ressurgimento global daquilo que era popularmente conhecido na imprensa como "motins por comida". Lamentavelmente, a imprensa perdeu a maior parte da história. Ao longo da primeira metade de 2008, os repórteres redigiram de forma rotineira matérias sobre esses motins em dezenas de países — do Haiti ao Egito, de Madagascar à Itália. Suas notícias normalmente consistiam de menções a pneus queimando no meio da estrada e de que há apenas algumas horas uma turba furiosa tumultuara violentamente as ruas, enlouquecida de fome e quebrando vitrines. A representação dos protestos como decorrência da dor silenciosa e desarticulada provocada pela fome foi tão insidiosa quanto generalizada. A diretora do programa de alimentação das Nações Unidas, Josette Sheeran, falou da crise alimentar como "um tsunami silencioso que não conhece fronteiras varrendo o mundo". O problema é que não era silencioso. As pessoas eram bastante claras a respeito daquilo que queriam: a razão de seus protestos era que todas as outras tentativas que fizeram para serem ouvidas haviam sido ignoradas.

No Haiti, sucessivas ondas de empréstimos vinculados a ajuste estrutural do Banco Mundial e do FMI, com a exigência de que os agricultores locais competissem com os plantadores de arroz dos Estados Unidos, dizimaram a indústria local de arroz, tornando o país inteiramente dependente das importações. Quando o preço do arroz subiu 30% num único dia, um número ainda maior de pessoas ficou faminto. Os manifestantes responderam reivindicando não apenas comida — eles apresentaram uma proposta política, pedindo a restituição de Jean-Bertrand Aristide, o presidente deposto por George W. Bush, em 2004. Na Itália, as "greves do macarrão" ao mesmo tempo demandaram trigo barato e acusaram o governo Prodi por seus inúmeros fracassos. Em todos os casos, as rebeliões foram também expressão de uma raiva mais profunda das políticas relacionadas aos alimentos, que resultaram em preços altos e rendas baixas.[1]

Essas sublevações tendem a acontecer quando as pessoas compreendem que foram tratadas injustamente na ordem social, e que não há outro modo de se fazerem ouvir. Uma das séries mais bem-sucedidas de rebeliões por comida na história mundial aconteceu nos Estados Unidos, ao final da Primeira Guerra Mundial, quando houve um pico nos preços dos alimentos semelhante a esse que vimos no final da década de 2000. As pessoas encarregadas de botar comida na mesa das famílias eram as mulheres. Em 1917, apesar da retórica de que seu país era a terra das oportunidades e da liberdade, elas não tinham nem uma nem outra. Não eram capazes de pagar o preço dos alimentos e não tinham direito ao voto; assim, sem outro meio de responsabilizar o governo, foram para as ruas. As mulheres que protestaram em Nova York, Filadélfia e Boston não eram uma turba — eram bem organizadas, em geral imigrantes e membros de ligas femininas socialistas, e sabiam exercer o poder político.

Num protesto realizado no Madison Square Garden, composto principalmente por mulheres imigrantes, uma oradora incitou a audiência a acompanhá-la até o Waldorf Astoria, onde o governador estava jantando. Mil mulheres pobres tomaram de assalto o hotel e pediram que o político agisse para controlar a subida dos preços. Em última instância, as rebeliões por comida foram bem-sucedidas. O governo se viu forçado a agir, oferecendo ajuda imediata para a fome. De modo mais significativo, porém, esses protestos também foram uma demanda pelo franqueamento da política: nos Estados Unidos, as mulheres da classe trabalhadora lutaram pelo direito de voto e, como resultado de protestos desse tipo, a 19ª Emenda à Constituição foi aprovada no final da década.

Fonte: *The Independent*, 12 de março de 1917.

Essa rebelião urbana por comida, ocorrida no século XX, indica a forma que o direito de ter direitos pode adquirir nas cidades do século XXI. Em Nova York, os manifestantes puseram de volta sob seu controle os mercados para suas necessidades básicas, ao desafiar a ordem política de modo explícito. Foram essas ideias que o intelectual francês Henri Lefebvre abordou em seu livro de 1968 intitulado *O direito à cidade*, no qual ele apelou a uma reinvenção política transformadora e inclusiva de como e para quem as cidades deveriam funcionar. Mais recentemente, um grupo de ONGs, parlamentares, ativistas e cidadãos interpretou a visão de Lefebvre mais literalmente do que ele pretendia e produziu, em 2002, uma carta de direitos à cidade, acessível a todos aqueles que vivem num espaço urbano. A carta do Direito à Cidade inclui de tudo, desde o direito de trabalhar até o acesso a água potável e toaletes.[2] Como vimos em relação aos direitos humanos, contudo, redigir a carta é a parte mais fácil — sem uma cidade preparada para aceitá-la, ela pode acabar virando papel higiênico. Mas, assim como nas áreas agrícolas, nas quais camponeses, trabalhadores rurais e sem-terra se mobilizaram para tornar reais os seus direitos, na cidade a luta por direitos também partiu dos inquilinos de baixa renda, moradores de favelas e sem-teto. A insistência no fato de que podemos fazer exigências porque moramos na cidade, assim como todo mundo, é um apelo pela igualdade e pela participação no controle do espaço urbano, mesmo que não sejamos seus donos.

No capítulo anterior, comparei Immokalee à África do Sul do *apartheid*, mas só visitei o país em 2004, quatorze anos depois que Mandela saiu da prisão. Embora o governo pós-*apartheid* tenha conseguido pôr um fim ao sistema brutal de exploração racial e às indignidades dos bantustões e tenha aumentado as subvenções para cidadãos comuns, a transição de uma economia de *apartheid* para outra neoliberal não trouxe a liberdade prometida. Apesar da substituição das rapinagens do *apartheid* por uma das constituições mais inclusivas e progressistas do planeta, o capitalismo neoliberal tolheu os direitos das pessoas comuns da África do Sul. O Índice de Desenvolvimento Humano do país, indicador composto de dados de riqueza, saúde e educação, tem declinado de modo consistente desde 1995 — de 58º na classificação mundial, em 1990, para 121º, em 2005, abaixo da Palestina.

As transferências de terras por intermédio do livre-mercado fizeram com que menos de 5% das terras passassem das mãos dos brancos para os negros. O governo impulsionou um modelo de "empoderamento econômico dos negros", ao dar preferência à contratação de atividades e negócios cujos donos ou administradores fossem empresários negros. Esses contratos foram fechados com empresários negros articulados e ricos, mas a riqueza ainda não alcançou os mais pobres. Como observou o arcebispo Desmond Tutu:

> O que é empoderamento negro, se ele parece beneficiar não a ampla maioria, mas uma pequena elite que tende a ser reciclada? Será que não estamos

> criando muito ressentimento, que mais tarde poderemos lamentar? Não adianta dizer que as pessoas não reclamavam quando os brancos eram ricos. Quando foi que tivemos o velho regime como padrão? E lembrem-se dos valores mais influentes que foram alardeados: "As pessoas devem compartilhar." Nós nos envolvemos na luta porque acreditamos que podíamos fundar um novo tipo de sociedade. Uma sociedade afetuosa, compassiva. No presente momento, muitos — muitos mesmo — dos nossos cidadãos vivem numa pobreza extenuante, degradante, desumana.[3]

O próprio Tutu recebeu uma reprimenda do então presidente Thabo Mbeki, mas não foi o único a perceber as incongruências. Num país que agora é livre, pelo menos no papel, as promessas de liberdade são traídas todos os dias. Enquanto a África do Sul se prepara para sediar o maior evento esportivo do mundo, a Copa do Mundo de Futebol de 2010, os pobres estão sendo despejados das cidades de maneiras que lembram as táticas da era do *apartheid*. Naquela época, os pobres das cidades eram mandados para assentamentos em que as casas tinham aproximadamente 54 metros quadrados. Hoje, ao serem despejados, terão sorte de encontrar uma casa de 36 metros quadrados, a quilômetros de distância do trabalho, das escolas e das comunidades. Em Durban, o que começou como um protesto contra o fracasso do conselho municipal virou um movimento nacional de 30 mil moradores de barracos. A organização Abahlali baseMjondolo (no idioma zulu significa "pessoas que vivem em barracos") tem lutado duramente pelo primeiro direito da cidade — o direito de ficar no lugar.[4]

Em todo o mundo, cerca de 1 bilhão de pessoas vivem em barracos e loteamentos irregulares, em terrenos que ocupam, mas não possuem.[5] Uma das formas de tirá-las da pobreza é simplesmente esta: dar-lhes o título de sua terra. Essa ideia é do economista peruano Hernando De Soto, autor do livro *O mistério do capital* e fundador do Instituto para a Liberdade e a Democracia, elogiado por figuras do sistema como Alan Greenspan, George H.W. Bush e Bill Clinton. O mistério para De Soto é que, apesar de as pessoas dos países em desenvolvimento terem casas, assim como seus semelhantes dos países capitalistas bem-sucedidos, não são capazes de transformá-las em recursos para investimento. De Soto sugere que elas estão ocupando terra equivalente a cerca de 10 trilhões de dólares, e o desafio é reanimar esse "capital morto" para torná-lo o "capital vivo" que trouxe prosperidade aos países ricos, por intermédio da administração de uma forte dose de direitos de propriedade. É a economia de Frankenstein.

Conceder aos pobres o direito à terra que eles já ocupam soa irrepreensível. De Soto louva isso como um modo de libertar o empreendedor que todo mundo tem dentro de si, e há evidências ambíguas de que títulos de propriedade da terra criam expectativas empresariais acerca da sociedade de mercado. Na Argentina, pesquisadores examinaram áreas urbanas em que alguns moradores de barracos receberam títulos de propriedade e outros não. Os que tiveram o benefício, os "sortudos", se mostraram mais inclinados a confiar nos outros do que aqueles que não receberam os títulos.[6] Curiosamente, os "sortudos" também tiveram em média 30% a mais que os "azarados" o pensamento de que "é possível vencer por conta própria", embora os títulos de propriedade lhes tivessem sido doados, e não conquistados. Os que receberam o direito de posse começaram a desenvolver crenças mais individualistas e materialistas, apesar de ambos os grupos — sortudos e azarados — ganharem praticamente a mesma quantia. De Soto acredita que isso representa um benefício educacional: "A propriedade torna a mente simpática ao capital", afirma.

Em última instância, o que importa é se receber títulos de terra realmente ajuda a tirar as pessoas da pobreza, e é aqui que o argumento de De Soto perde força. Ele nunca mostra os dados nos quais baseou sua ciência — de maneira conveniente, isso permanece um mistério. Em estudos submetidos a revisão por pares sobre suas alegações no Egito, na Nicarágua e mesmo no Peru, país de De Soto,[7] sobressai-se um padrão: depois que os pobres recebem a terra, tudo se arruína. Os títulos de propriedade transformam o capital morto em capital vivo, mas, como as regras de seu manejo foram escritas pelos poderosos, os pobres acabam sendo privados de seu patrimônio mais rapidamente do que poderiam imaginar. Assim como as filosofias de Gary Becker, a pressão de De Soto pelos mercados favorece os poderosos. Transformar a terra não significou maior riqueza e liberdade — denotou que os pobres possuem algo que podem penhorar numa situação de desespero, o que levou à concentração da terra nas mãos dos ricos e a aluguéis mais caros para os pobres. Assim, De Soto tem razão em um aspecto — os títulos de propriedade da terra encorajaram o empreendimento —, mas não foram necessariamente os pobres que se beneficiaram disso, porque, a menos que se enfrentem as desigualdades de poder, poucos serão os proveitos daqueles em cujo nome se fez a transformação.

Em sua defesa, De Soto encara os títulos de propriedade da terra como meras plataformas para outras mudanças, em especial no governo, de modo que a burocracia seja reduzida e o empreendedorismo possa florescer. Todavia, a evidência parece ser a de que os direitos de propriedade funcionam apenas *depois* que os governos são democráticos e que a concentração injusta da propriedade é limitada, e não o contrário. O lema "Direitos de propriedade primeiro, e todo o resto vem em seguida" não é somente o mesmo que colocar a carroça na frente dos burros — ele se torna um meio de camuflar um grande roubo. Foi isso que os moradores de barracos da África do Sul aprenderam, de modo penoso.

Os residentes de um grupo de assentamentos de barracos em Durban pediram ao seu conselheiro municipal o direito de ocupar legalmente terras públicas. Esse conselheiro era membro da máquina política que pertencera ao Partido Nacional e depois migrara, seguindo os novos ventos, para o partido governista Congresso Nacional Africano. Ele prometeu a terra, mas vendeu os direitos de propriedade a um empreiteiro local. Os residentes dos barracos, então, apelaram às autoridades municipais, mas não adiantou. Recorreram ao governo provincial e, finalmente, ao governo nacional, e foram novamente ignorados.

Decididos a não desistir, criaram novas formas de apresentar suas demandas. Insistiram na capacidade de pensar por si mesmos.[8] Citando um ativista, Mdu Hlongwa, eles eram "professores de seu próprio sofrimento" e não seriam alienados de seus direitos pela tagarelice de especialistas em desenvolvimento que "falam sobre nós, mas não falam conosco". Um dos primeiros cartazes do movimento reiterava a inteligência e a humanidade dos moradores de barracos — dizia A UNIVERSIDADE DE ABAHLALI BASEMJONDOLO.

As políticas dos moradores de barracos têm sido marteladas em reuniões regulares. Num encontro mostrado na página seguinte, Moses Mncwango está estudando, à luz de velas, o relatório de um conselho municipal sobre os barracos. Nesses documentos, o governo avalia o número, o emprego e as perspectivas futuras dos moradores de barracos. Os professores do próprio sofrimento estudaram o relatório que lhes foi enviado pelo governo e não se impressionaram. Na reunião, discutiram estratégias que lhes permitiriam insistir em seu direito à cidade, em seu valor como seres humanos — e suas respostas variaram de protestos a celebrações comunitárias do "Dia da Não Liberdade", em contraponto às comemorações oficiais das primeiras eleições pós-*apartheid*, em 27 de abril de 1994. Os moradores de barracos sentiram a ira do Estado, seus membros foram presos e espancados, e seus protestos foram ilegalmente dispersados pela polícia, mas eles também experimentaram vitórias. Durante o período em que morei em Durban, a polícia era uma fonte permanente de preocupação. Ela assediava os moradores de barracos, maltratava os residentes dos assentamentos de modo rotineiro, recusava-se a ouvir suas reclamações, impedia protestos de forma ilegal e, em geral, tratava-os como se não fossem humanos. Aos poucos, a polícia foi parando sua intimidação e, em algumas ocasiões, foi vista defendendo os direitos dos moradores de barracos contra aqueles que pretendiam expropriá-los. O valor desses habitantes aumentou aos olhos da polícia, por intermédio de protestos, reflexão e ação coletiva.

S'bu Zikode, antigo frentista de posto de gasolina (emprego que perdeu por causa de seu ativismo) e ex-presidente do Abahlali baseMjondolo, é bem claro sobre as grandes vitórias conquistadas por seu movimento:

> Não se trata apenas das vitórias no tribunal ou dos despejos que foram impedidos, ou da ligação de água e de luz. Estou falando sobre os camaradas

Moses Mncwango estuda os documentos do conselho, à luz de velas. 23 de novembro de 2005, na sala de reuniões de Pemary Ridge, Durban, África do Sul.[9] Fonte: foto do autor.

> que adquiriram confiança e se tornaram felizes por conhecer seu poder, por compreender seus direitos neste mundo. Ver parceiros ganhando um pouco de respeito, ver pessoas que jamais foram levadas em conta sendo capazes de se engajar no nível em que a luta agora é travada. Jovens companheiros estão debatendo com ministros no rádio e na TV![10]

O poder dessas reuniões e seu lugar na promoção do tipo de humanidade e igualdade que marcou as grandes ambições da luta contra o *apartheid* tornaram-se evidentes em junho de 2008. Com a elevação dos custos do combustível no inverno, uma onda de violência varreu diversas comunidades pobres, com uma avalanche de ataques xenófobos na África do Sul[11] — dezenas de sul-africanos e estrangeiros foram mortos e milhares foram desalojados, naquilo que a maioria das agências de notícias do Ocidente classificou como um conflito malthusiano por recursos escassos. Nos barracões organizados pela Abahlali baseMjondolo, porém, nenhum incidente violento foi registrado. Não importa qual fosse sua nacionalidade, se você vive em barracos, pertence aos barracos:[12] uma ideia verdadeiramente inclusiva de cidadania.

A política viva da cidade

O que a Abahlali baseMjondolo faz é criar uma espécie de política viva, aberta a todo mundo, rico ou pobre, instruído ou sem escolaridade. Mais uma vez, S'bu Zikode define isso de modo eloquente:

> Uma política viva não requer educação formal — ela é facilmente compreendida porque emerge das nossas vidas cotidianas e dos desafios diários que enfrentamos. É uma política que qualquer pessoa comum consegue entender. É uma política que sabe que não temos água, mas, de fato, merecemos a água. É uma política de que todos devem ter eletricidade, porque ela é necessária em nossas vidas. Essa compreensão — de que não há banheiros, mas deveria haver — é política viva. Não é complicado; não exige grandes

> livros para encontrar a informação. Não tem interesses ocultos — é uma política viva que se funda unicamente na natureza do viver. Qualquer pessoa pode entender esses tipos de demanda e qualquer pessoa pode reconhecer que essas demandas são legítimas.

Eles reivindicam fazer parte de uma política da cidade, do mesmo modo que *já* são integrantes da sociedade e da economia. Para os pobres que residem em qualquer espaço urbano, o primeiro direito real à cidade é o direito de ficar ali. Esta é uma questão crítica para a maioria dos habitantes mais pobres, em especial agora que os despejos e execuções hipotecárias alcançam níveis recordes. Alguns grupos perceberam que suas demandas para permanecer onde estão também podem se tornar uma tática. Execuções hipotecárias de residências na Filadélfia, por exemplo, estão sendo combatidos por grupos como ACORN[13] — Associação de Organizações Comunitárias pela Reforma Imediata, da sigla em inglês —, que empregam os "Defensores dos Lares", membros das comunidades que ficam com as famílias ameaçadas de despejo e que, de modo pacífico, impedem que a polícia as retire de suas casas. A demanda e as táticas são semelhantes àquelas utilizadas pela Via Campesina, cujos participantes resistem à expulsão da vida rural por meio da insistência no direito de participar e construir uma comunidade, apesar da aparente "loucura econômica" de fazer isso. Para se ter "o direito de ter direitos", primeiro, é preciso autorização para se sentar à mesa.

Custo de oportunidade e o formato da cidade

Com o direito de participação garantido, o passo seguinte é modelar a política local de valor. Para entender melhor o que isso significa, é bom conhecer uma das ideias fundadoras da economia moderna: a noção de "custo de oportunidade". Quando pesamos as alternativas de gastar 10 dólares no cinema ou num jantar, ou de guardá-los para uma despesa maior a ser feita no futuro, estamos calculando o custo de oportunidade. Os economistas — isso precisa ser dito — têm bastante dificuldade com esse conceito. Antes de explicar exatamente como ele funciona, eis uma questão que dois professores colocaram para seus colegas da Associação das Ciências Sociais Integradas, em 2005:

> Você ganhou um ingresso para o show de Eric Clapton (que não possui valor de revenda). Bob Dylan está se apresentando na mesma noite e é a melhor alternativa de atividade para você. Os ingressos para ver Dylan custam 40 dólares. Em qualquer outro dia, você aceitaria pagar até 50 dólares para ver Dylan. Suponha que não existam outros custos para ver qualquer dos dois artistas. Baseado nesta informação, qual é o custo de oportunidade de assistir a Eric Clapton?
>
> A. 0 dólares
>
> B. 10 dólares
>
> C. 40 dólares
>
> D. 50 dólares

Quase dois terços das pessoas que responderam já haviam lecionado um curso introdutório de economia e apenas 21% deram a resposta certa — um pouquinho pior do que escolher ao acaso. A resposta certa é 10 dólares, porque se você for assistir a Clapton, vai perder Dylan. Quanto vale Dylan — qual é o benefício dele para você? 50 dólares. Quanto custa assistir ao show de Dylan? 40 dólares. O benefício líquido recusado é de 10 dólares — a resposta certa. Você poderia pensar que precisa saber quanto estaria preparado para pagar pelo ingresso ao show de Clapton, mas isso não é relevante para a questão do custo de oportunidade. É mais fácil entendê-lo quando está expressado como cálculo de "custo-benefício". Então, os pesquisadores fizeram o teste novamente e perguntaram: "Baseado nesta informação, qual o valor mínimo (em dólares) que você atribuiria ao show de Eric Clapton para elegê-lo como sua escolha?" Novamente, a resposta é 10 dólares, e mais pessoas responderam de modo correto quando a questão foi colocada na linguagem do dia a dia.

Não vamos nos prender ao fato de que apenas 20% dos estudantes de doutorado em economia responderam corretamente, ficando no mesmo patamar estatístico dos alunos de graduação que nunca tiveram uma aula de economia.[14] A questão central aqui é a diferença entre preço de mercado e aquilo que o ingresso de Dylan realmente vale para você. Se, Deus o livre, você não tivesse nenhum interesse por Dylan, se nem amarrado iria a um de seus shows, a análise de custo-benefício seria muito diferente. E é assim que acontece com todo o resto.

Quando se trata de escolhas a respeito de grandes recursos, o custo de oportunidade se torna menos claro. Considere-se o caso do lixo tóxico. Normalmente, esse tipo de lixo é gerado por meio de processos industriais que não pagam os custos totais de poluição. Se a indústria tivesse de pagar, certamente haveria um nível muito menor de poluição. Todavia, o que fazer com o lixo quando ele for criado? Larry Summers, diretor do Conselho Econômico Nacional do presidente Obama, certa vez respondeu a questão seguindo a conclusão lógica dos sinais do mercado. Num memorando que acabou vazando, escrito durante sua temporada no Banco Mundial, Summers perguntou: "Cá entre nós, o Banco Mundial não deveria encorajar MAIS migração das indústrias sujas para os PMDs [países menos desenvolvidos]?" Sua lógica, impecável para os padrões econômicos, era a de que os pobres dão menos valor aos danos ambientais que os ricos, e assim o lixo tóxico podia ser despejado com maior eficiência na África. Com esse tipo de ideias, Summers foi logo promovido a secretário do Tesouro de Clinton e agora é o arquiteto da política econômica dos Estados Unidos. A revista *The Economist* observou que "a linguagem é rude, mesmo para um memorando interno … [mas] na economia, seus argumentos são difíceis de serem confrontados".[15] E tudo porque o montante de dinheiro que os africanos pagariam para não morrer por causa dos poluentes é menor que aquele a ser pago pela população da América do Norte. Isso é a corporificação das palavras de Gary Becker.

Vamos levar o exemplo do despejo de lixo tóxico na África um pouco mais além, porque não se trata de um caso abstrato; vem acontecendo há décadas. Na Europa, as corporações têm de pagar 1.000 dólares por tonelada de lixo perigoso despejada — na Somália, o mesmo resto pode desaparecer por 2,50 dólares. Após o tsunami asiático de 2005, barris de lixo tóxico que durante muito tempo foram atirados ao mar voltaram para a costa somali. Uma série de sintomas parecidos com envenenamento radioativo apareceu, mas o sofrimento da população local não teve resposta da comunidade internacional. Doença crônica causada por lixo tóxico é agora citada por piratas como a motivação principal para sequestrarem navios que passam pelo litoral da Somália.[16]

Summers não podia prever essa cadeia de consequências, que talvez tornassem os seus cálculos um pouco diferentes, mas isso mostra como a ideia de custo de oportunidade pode ajudar. A escolha de como usar os recursos tem efeitos sobre as nossas vidas, e todos participamos dela. Não existe um *único* custo de oportunidade — os exemplos ensinados nas salas de aula partem de uma linguagem econômica comum do dinheiro, mas a opinião de Larry Summers sobre como manejar o lixo tóxico vai ser muito diferente da de uma mulher de uma vila de pescadores somali, que tem de conviver com as consequências. Aquela mulher valoriza seus filhos tanto quanto uma alemã ou uma norte-americana e, da mesma forma que suas semelhantes mais ricas, deseja que eles cresçam saudáveis — no entanto, como ela é mais pobre, seu amor vale menos no cálculo do custo-benefício realizado pelas corporações (e pelos formuladores de políticas que as apoiam) na hora de despejar o lixo. Quando se trata de políticas públicas, o custo de oportunidade é algo que precisa ser definido e debatido coletivamente. Quando o custo de oportunidade é tema de debate entre corporações europeias que despejam lixo tóxico e moradores das vilas somalis que arcam com as consequências, a avaliação não deve ser mero exercício técnico, mas, sim, uma prática política que precisa de democracia, e não especialistas.

A economia trata de escolhas. Todavia, nunca se diz quem deve fazê-las. Os mercados são uma forma de fazer uma escolha: ao decidir avaliar o mundo por intermédio dos mercados, optamos pelo princípio de "quanto mais dinheiro você tiver, mais pode levar". Entretanto, esse não é um modo muito democrático de distribuir fundos públicos. Embora a política moderna sempre pareça ser conduzida na base de "um dólar, um voto", algumas administrações locais descobriram que existem outras maneiras de dividir seus recursos comuns.

Porto Alegre, no Brasil, tem um celebrado processo de "orçamento participativo", no qual os cidadãos se reúnem em fóruns para decidir como seus fundos serão gastos nos bairros — quais são as prioridades e que grupos receberão primeiro o dinheiro do governo. Experimentos semelhantes em Kerala, na Índia, têm sido incrivelmente bem-sucedidos — a participação cívica está em alta, assim como a satisfação com os serviços e a receptividade governamentais. É isso que acontece quando as pessoas deixam de ser consumidoras nos mercados e se tornam autoras das próprias vidas, sujeitos políticos que presidem os recursos e desenvolvem modos democráticos de compartilhá-los.

Orçamento participativo

Porto Alegre é uma cidade de quase 3 milhões de habitantes na qual, em 1988, o Partido dos Trabalhadores chegou ao poder. Sob seu governo, e como resultado da pressão de uma rede de associações de moradores dos bairros, o orçamento participativo foi introduzido no final dos anos 1980. Essa política é hoje implementada em mais de trezentas cidades no mundo inteiro.[17] Sua adoção permitiu que os cidadãos tivessem uma influência maior sobre a ação do governo municipal. É por meio de debate nos bairros que o custo de oportunidade da cidade é descoberto. Trata-se do mecanismo fundamental de não mercado por meio do qual o valor é estipulado — uma expressão concreta de seu direito à cidade.

O orçamento participativo envolve uma série de assembleias realizadas em cada uma das dezesseis regiões, combinando democracia direta e representativa. As discussões sobre como o orçamento vai ser gasto acontecem em vários lugares, desde pequenas reuniões informais de bairro até conferências regionais anuais. Os debates se concentram na forma de alocação dos recursos no orçamento municipal, se devem ser destinados a moradia, saneamento, estradas, serviços de saúde ou educação.[18]

Assembleias anuais acontecem regularmente no mês de março em cada região, quando são revistos os projetos daquele ano. Bairros e grupos organizados escolhem delegados para os procedimentos subsequentes, que formam futuras assembleias para conhecer os critérios e os custos envolvidos nos projetos da cidade. Em seguida, as comunidades alocam os recursos por meio de votação e debate. Desse modo, o povo administra um orçamento municipal anual de mais de 200 milhões de dólares para construções e serviços.

O nível de engajamento dos cidadãos é fundamental para o sucesso do orçamento participativo. O número de pessoas envolvidas aumentou de novecentas, no primeiro ano, para mais de 30 mil, no começo dos anos 2000.[19] O processo parece ter alcançado alguns resultados razoavelmente positivos — em 2004, 99,5% da população de Porto Alegre estavam ligados à rede de abastecimento de água e 83% dispunham de esgoto; o orçamento participativo triplicou o número de crianças nas escolas municipais. Um fator de atração do processo é que a participação política conduz a resultados concretos — as pessoas veem as consequências. Por essa razão, angariou simpatias de amplo espectro político — é admirado pelo Banco Mundial, por sua maior transparência e atmosfera de investimento mais eficiente, e pelos cidadãos, por seu poder de redistribuição e pela democracia direta que promove.

Fãs do orçamento participativo podem fundamentar suas posições com base na economia institucional e comportamental, cujos experimentos demonstram que as pessoas cooperam melhor em situações nas quais elas mesmas são capazes de adaptar e modificar as regras do jogo.[20] O processo de falar sobre essas questões e as escolhas que os cidadãos fazem sobre o que deve ser construído primeiro, onde e para quem, encorajam um tipo de engajamento que é raro na maioria das democracias.

Há também uma margem de erro embutida nos sistemas de orçamento participativo. Na medida em que as decisões de hoje irão afetar as pessoas no futuro, existem limites autoimpostos no ciclo orçamentário para garantir que as gerações futuras sejam protegidas contra possíveis erros do presente. Gastos fixos como pagamentos de dívida e pensões não estão sujeitos ao orçamento participativo, e o dinheiro é sempre reservado para que dívidas passadas e futuras não caiam sobre os ombros das gerações subsequentes.

O engajamento dos cidadãos é essencial para o sucesso do orçamento participativo. De fato, sem isso ele nem existiria, pois se trata de uma forma de governo que não foi concedida — foi assumida. De acordo com um ativista:

> Não foi o gabinete do prefeito que começou o orçamento participativo por conta própria, por boa vontade, porque tinha compromisso ideológico com a participação popular. Foi o movimento popular independente também. Essa região da Glória, por exemplo, já possuía um Conselho Popular independente antes que o orçamento participativo surgisse. Para nós, portanto, o orçamento participativo começou como um sub-comitê do Conselho Popular da Glória. Foi esse movimento popular autônomo que iniciou [o sistema] em Porto Alegre e fez com que o Partido dos Trabalhadores fosse reeleito para quatro mandatos consecutivos.[21]

Esse modelo de orçamento, porém, não está atrelado a um determinado partido. Hoje, cerca de metade das cidades brasileiras que têm orçamento participativo, inclusive Porto Alegre, não é governada por prefeitos do PT, mas foi por meio dessa política local ativa que os cidadãos do Brasil se tornaram capazes de fazer parte do processo de decisão daquilo que tem ou não valor. Agindo assim, eles mudaram a geografia política da cidade. Não são apenas as pessoas mais ricas e mais ambiciosas que tomam as decisões para a comunidade, ou algum tecnocrata que precisa ou não conviver com as consequências. É o oposto do *apartheid*: todo mundo trabalha junto para reivindicar certa autonomia frente ao mercado, levando adiante um contramovimento por meio da atribuição democrática de valor. Pense nisso como comunitarismo moderno.

É claro que existem problemas. Embora o processo ajude a construir a comunidade, ele depende dela, e nenhuma estrutura comunitária é perfeita. Se você detesta o seu vizinho, ou se prefere pensar que ele não faz parte de sua comunidade, será mais difícil negociar com ele do que se vocês se dessem bem. O orçamento participativo foi criticado por excluir os muito pobres, e por atrair participação em questões pontuais, depois das quais muitas pessoas deixam de conviver e se associar. Esses problemas característicos de modelos genuinamente democráticos de orçamento e organização são sérios, porém reparáveis. Esforços de organização com grupos excluídos precisam ser baseados num sistema de direitos individuais e coletivos, o que pode impedir o surgimento de alguma espécie de tirania democrática. Além das mudanças no processo, existem formas mais profundas de vencer a exclusão — atacando as bases materiais da desigualdade dentro das comunidades. As democracias nacionais mais bem-sucedidas — quer se observem os dados de expectativa de vida ou de participação das mulheres na sociedade, de felicidade ou qualquer outra medida — tendem a ser aquelas que possuem maior igualdade. O que é válido no plano nacional também é no plano local. Portanto, o paradoxo é que, para criar uma democracia na qual todos possam participar, é útil começar com uma sociedade já relativamente igualitária e democrática. Isso, é claro, foi inspirado na piada do viajante que perguntou ao bobo qual o melhor caminho para chegar à cidade e ouviu a seguinte resposta: "Eu não partiria daqui, se fosse você."

Dado que é aqui que estamos, nos viramos como podemos. Uma das forças da abordagem que se apoia em democracia local é que ela contém mecanismos embutidos para aprender com os próprios erros. É errando que se aprende, como descobriu uma organização sediada nos Estados Unidos que trabalha pelos direitos à cidade. Hoje, os Estados Unidos têm abrigado um número crescente de instituições que reúnem cidadãos e imigrantes, e uma das mais antigas é a Inquilinos e Trabalhadores Unidos (TWU, em inglês), que fica em Alexandria, estado da Virgínia, relativamente a pouca distância da Casa Branca. Lá, em 1986, afro-americanos e uma grande comunidade de refugiados salvadorenhos se juntaram para combater mil despejos comandados pelos donos das favelas, no bairro de Arlandria. Começando com um grupo composto principalmente de ativistas afro-americanos, o Comitê de Apoio aos Inquilinos e Trabalhadores convocou e construiu um dos mais ativos e vibrantes movimentos de direitos comunitários do país.

Desde o princípio, foi uma experiência de aprendizado, o que significa dizer, citando Jon Liss, diretor-executivo da organização, que "erros eram cometidos todos os dias". Esse foi o processo por meio do qual a associação aprendeu lições que variaram de "Se você pensa que seria bom ter uma fazenda urbana, provavelmente deveria conhecer os diferentes tipos de carvalho" ou "Não permita que advogados façam concessões sem falar com você". Para usar um exemplo concreto, os membros da organização projetaram, desenvolveram, batalharam e ganharam um salário com que era possível viver. Como parte do processo, metalúrgicos sindicalizados aprenderam táticas e estratégias de campanha porta a porta — um tipo de mobilização que a maioria dos sindicatos profissionais sequer precisa fazer. Da mesma forma, pessoas sem documentação lutaram pelo direito de votar nas eleições do conselho escolar, aprendendo o que é fazer parte de um governo, em vez de serem perseguidas por ele. Os resultados dessas campanhas são importantes, e o processo é vital. Segundo Dan Moshenberg, participante da TWU e professor de inglês da Universidade George Washington: "A geografia urbana desdobra-se na luta pelo direito à cidade."

É um processo que funciona, ainda que de modo imperfeito. De acordo com vários indicadores, governos participativos constroem comunidades melhores.[22] No caminho, é inevitável que erros sejam cometidos pelas pessoas que mais diretamente sofrerão suas consequências, mas isso é um avanço em relação à forma com que instituições de desenvolvimento, governos e corporações trabalham hoje em dia. Burocratas que cometem erros costumam dar de ombros para sua responsabilidade, e mesmo aqueles que forem retirados dos cargos pelo voto podem usufruir de uma agradável vida posterior no setor privado, do qual eram encarregados de nos proteger — Bush, Cheney, Rumsfeld e Wolfowitz estão aproveitando suas aposentadorias confortáveis.

Existem lições a serem aprendidas em cada ação social, um método sociocientífico de descoberta do mundo mediante a luta por ele. Isso é válido em todos os contextos que atravessei, dos menores assentamentos de barracos a um dos maiores países do planeta — a China. Para os forasteiros, ainda é difícil fazer um retrato fiel do que está acontecendo na China por trás da fachada oficial, mas é possível elaborar uma imagem imperfeita. O direito à greve foi retirado da constituição chinesa em 1982, posto que não houvesse necessidade de os trabalhadores fazerem greve porque possuíam os meios de produção, mas, dependendo da fonte em que se acredita, ocorreram entre 50 e 100 mil "incidentes de massa" em 2006 — o eufemismo governamental para agitação operária envolvendo mais de cem pessoas. De acordo com uma fonte, em 2009 aconteceram 58 mil incidentes nos primeiros três meses do ano.[23]

Uma fonte fundamental de informações sobre a China é Han Dongfang, o homem que criou a Federação de Trabalhadores Autônomos de Pequim. Após ser detido, duramente interrogado, e perder um pulmão para a tuberculose que contraiu dos companheiros de cela, ele agora vive no exílio em Hong Kong, onde dirige uma estação de rádio e um website que divulga reportagens sobre direitos trabalhalhistas. Numa entrevista, Han explicou por que criou o primeiro sindicato independente durante a sublevação da praça da Paz Celestial:

> A razão que levou os trabalhadores a saírem às ruas foi garantir apoio moral aos estudantes, como um irmão mais velho, mas eles não queriam nada de especial para si mesmos. Quando perguntamos aos operários das fábricas, eles disseram que o governo deveria tratar melhor os estudantes — e nada mais. Mesmo quando nos organizamos e elaboramos nossa carta, escrevemos de maneira muito vaga; não havia nada de concreto, como benefícios, salários, jornada de trabalho ou negociação coletiva, embora mencionássemos a democracia na fábrica, se me lembro corretamente. Política e socialmente, nunca tivéramos a chance de ser nós mesmos, como indivíduos ou sequer como membros da classe trabalhadora; nunca havíamos sido capazes de basear nosso pensamento nas coisas de que precisávamos. Estávamos tentando dar um salto, mas era a nossa primeira vez, e não sabíamos como fazê-lo.[24]

De um modo geral, os trabalhadores não têm liberdade para se organizar de forma independente em relação à Federação de Sindicatos de Toda a China (ACFTU, em inglês), controlada pelo governo. No final de 2008, a ACFTU havia conquistado alguns resultados positivos para os trabalhadores como, por exemplo, a sindicalização da Wal-Mart. Os esforços do sindicato significaram um aumento de salário de 8% para os funcionários.[25] Nos Estados Unidos, por outro lado, a Wal-Mart não é sindicalizada.

A recessão amorteceu o entusiasmo do governo chinês com os direitos trabalhistas, ao mesmo tempo em que os trabalhadores, em particular os que ficaram desempregados recentemente, estão conseguindo amplificar suas vozes. O recente aumento da militância operária também é apoiado por uma variedade de ONGs dedicadas aos direitos trabalhistas. Num dos casos, uma ONG denominada Yirenping Center ofereceu ajuda àqueles que foram demitidos em função da hepatite B (há 130 milhões de portadores de hepatite B na China). Nokia e Coca-Cola estão entre aquelas que foram denunciadas e, embora as empresas neguem as alegações, alguns relatórios sugerem que 80% das multinacionais discriminam os que estão afetados por essa doença.[26] Ao lado desse tipo de apoio legal, novas tecnologias de comunicação tornam mais fácil para os trabalhadores difundir os abusos sofridos, assim como o envio de mensagens de textos por celular tem tornado possível escapar à censura que o Estado poderia impor em outros canais de comunicação.

Esses trabalhadores chineses lutam por algo bem parecido com a busca em Immokalee — o direito de permanecer, o direito de ser tratado com justiça, o direito de ter uma voz, o direito de controlar as coisas que não possuem; em síntese, o direito de ter uma política, o que lhes é negado pelo governo comunista chinês da mesma maneira que os moradores de barracos são impedidos de ter uma política no capitalismo sul-africano.[27] Essa política significa necessariamente enfrentar as desigualdades de poder. Isso acontece não apenas por meio da confrontação direta, mas também com um projeto construtivo de ciência social genuína, na qual as pessoas comuns conduzem experimentos sobre como organizar, imaginar e construir relações sociais em novas bases.

Se isso parece muito abstrato, ou terrivelmente anacrônico, pode ser reconfortante saber que, nos encontros on-line que envolvem milhões de participantes, os ativistas estão atendendo a essas questões com resultados bastante reais. O movimento pelo software livre, segundo um bordão amplamente discutido, reivindica o "livre, e não gratuito". Em outras palavras, embora o software seja dado gratuitamente, a "liberdade" do software livre é que o produto é seu para modificar e compartilhar como bem entender — livre no sentido de liberdade. Isso é muito diferente de obter uma versão gratuita de software, a qual, por exemplo, empresas como Apple ou Microsoft impedem legalmente que seus clientes abram, leiam e aprendam como funciona. Com o modelo de cooperação e descentralização do software livre, milhões de pessoas agora dividem suas experiências e descobertas no desenvolvimento de tudo, de navegadores a sistemas de informação médica.

Foi assim que a Creative Commons foi descrita para mim por seu vice-presidente, Mike Linksvayer: "Estamos recriando, voluntariamente, uma comunidade intelectual, tentando pegar de volta os bens intangíveis bloqueados no século passado." Formado em economia, Linksvayer é capaz de apresentar argumentos sobre a eficiência da propriedade comum em comparação à propriedade privada. Tendo isso em vista, a argumentação mais persuasiva não diz respeito à eficiência — afinal de contas, afirma Linksvayer, "deve haver um software mais eficientemente elaborado em presídio". Indiscutível é o fato de que o processo envolve mais liberdade, e que autores individuais têm mais autonomia quando questões de propriedade privada são suspensas ou, para usar uma palavra mais adequada, pirateadas.[28]

Uma coisa é ter capacidade de utilizar recursos que podem ser copiados e distribuídos virtualmente de graça, mas o mundo real não é assim. A distância entre o mundo real e o ciberespaço, porém, pode se tornar uma vantagem. Durante o tempo em que se discute quem vai lavar a louça numa comunidade do mundo real, o mundo digital pode desenvolver, implantar e consertar formas originais de governo. "Levaríamos várias gerações para fazer isso com as sociedades humanas", disse Linksvayer.

Em apenas vinte anos, com o movimento pelo software livre, formas de governo democráticas e descentralizadas evoluíram e se espalharam. As habilidades não foram ensinadas em qualquer lugar, mas aprendidas mediante perguntas e ações. Talvez o exemplo mais conhecido seja a Wikipédia, que conquista contribuidores porque funciona bem. Não é perfeito, mas os processos de revisão por terceiros e definição coletiva das regras, elaboradas por quem contribui, são uma parte da razão de seu sucesso. Além da possibilidade de se consultar praticamente qualquer coisa on-line, a Wikipédia e o movimento pelo software livre oferecem algo muito mais sutil — um modo de socialização e comunhão que nos encoraja a compartilhar. É uma experiência educativa pela qual, acredito, Rousseau ficaria entusiasmado, no mínimo por sua aplicação potencial ao mundo real.

Há razões para acreditar que o espírito comunitário em ação na Wikipédia pode afetar o mundo real. O mundo dos computadores gera suas próprias externalidades — a tecnologia de informação é responsável por 2% das emissões globais de gases de efeito estufa, mesmo percentual da indústria de aviação. Jornais britânicos noticiaram que duas buscas no Google são responsáveis pela mesma emissão de gases de efeito estufa de uma chaleira de água fervida para uma xícara de café, o que significa que a utilização diária do Google no mundo é equivalente a 91 voltas de avião em torno da Terra. A empresa negou as alegações, dizendo que seus números eram bem menores — todavia, como sua infraestrutura de tecnologia da informação é um segredo corporativo, temos de confiar em sua palavra. O argumento do movimento pelo software livre é que isso deve ser transparente e aberto. Se o sistema de buscas operasse em princípios mais abertos, as pessoas que desejassem escrever códigos mais eficientes seriam capazes de contribuir. No momento presente, a única opção é fazer uma petição para que o Google utilize menos energia.

As questões levantadas pelo movimento do software livre nos trazem de volta à essência da propriedade privada e à noção de que a propriedade poderia cumprir um papel social. Não há nada de *natural* nela — ela é resultado de uma negociação, e a transformação social moderna sempre questionou as fronteiras entre propriedades públicas e privadas. A ideia de Locke de que o trabalho realizado confere direito de propriedade é apenas mais uma expectativa social — mas é maleável. Quando ninguém espera possuir um projeto coletivo, então a propriedade privada encontra-se suspensa, tendo sido substituída por algo muito mais aberto, que para sobreviver depende da contenção e da colaboração de seus criadores. De motins por comida a software livre, os movimentos políticos estão na vanguarda da política e da economia práticas, tentando criar novas formas de controlar o mundo sem possuí-lo.

A importância de seu sucesso não poderia ser maior. Para entender o motivo, precisamos voltar à discussão da soberania alimentar e da mudança climática. Tendo mais de 1 bilhão de pessoas famintas, e com a ciência apontando para taxas ainda mais altas de alteração do clima do que foi originalmente previsto, compreender como avaliar o mundo à nossa volta sem etiquetar preços nele pode ser a chave de nossa sobrevivência como espécie, se é que já não ficou tarde para isso.

9. De volta à soberania alimentar

> Estou numa sintonia dessintonizada com a natureza.
>
> WOODY ALLEN

A posse do ar

Moradores de barracos da África do Sul, conselhos de orçamento participativo e movimentos pelo software livre podem ser compreendidos como partes integrantes do duplo movimento de Polanyi — uma resposta à transformação do mundo em propriedade e à destruição das formas de manejo dos recursos comuns. Mas existe um problema. Embora Polanyi tivesse uma ideia dos mecanismos pelos quais a sociedade poderia se proteger do mercado, não existem ferramentas comparáveis para o planeta. Qualquer tipo de indicador mostra o que nós, como espécie, já fizemos ao planeta, sendo que a maior parte desse dano cabe às populações que vivem, como eu, nos países ricos. O melhor conhecimento científico disponível argumenta que, por uma questão de sobrevivência, precisamos reduzir o nível de equivalentes de CO_2 na atmosfera para 350 partes por milhão — no momento, estamos em 390, e crescendo duas partes por ano.

Governos de todo o mundo estão começando a entender, com significativo atraso, que a emissão de gases estufa precisa ser regulada. Já ficou claro que o planeta necessita de uma combinação de profundo investimento estrutural no Norte Global, de modo a desapegar seus cidadãos da gula por recursos (se todos fossem tão poluidores quanto os cidadãos médios dos Estados Unidos e do Canadá, precisaríamos de nove planetas Terra para absorver as emissões), com gigantesco investimento no Sul Global destinado a tornar disponível para os pobres a energia de combustíveis não fósseis. O problema reside em como, e no interesse de quem, serão formuladas as regras dessa regulação. É voz corrente nos círculos políticos governamentais que lidam com a mudança climática que o mercado deve se encarregar disso. Em outras palavras, após reconhecer a atmosfera como um bem público, parece que os governos agora querem privatizá-la, criando um sistema de mercado de carbono em que os níveis de poluição são determinados (o teto), mas alguns poluidores serão autorizados a comprar de outros a "licença de poluir" (o comércio), de modo a aliviar os encargos da transição para uma economia de baixo carbono. Ao criar um preço para o carbono, alto se preciso for, o mercado vai colocar tudo em ordem. Pelo menos é o que se espera.

Qualquer política que tenha sido agenciada de forma tão pesada quanto o mercado de carbono merece o nosso ceticismo, no mínimo porque tem o mesmo DNA e emergiu do mesmo modelo de desregulamentação dos instrumentos financeiros que geraram os produtos financeiros exóticos (e agora tóxicos) dos anos 2000. Em meio a esse desastre financeiro, seria loucura cometer os mesmos erros outra vez. Todavia, parece que é exatamente isso o que está acontecendo.

Antes de discutir o próprio esquema, vale a pena observar as objeções morais à abordagem baseada no mercado, que efetivamente transforma a atmosfera em algo que se pode sujar e poluir desde que se pague uma taxa. Como sugeriu Woody Allen, é uma forma de estar "numa sintonia dessintonizada com a natureza" — tanto a depender dela quanto a destruí-la. Dentro desse comércio de poluição, por exemplo, os Estados Unidos podem continuar viciados em petróleo, enquanto aumentam suas fábricas poluidoras na Índia e na China. Percebendo que isso é, de fato, uma autorização para que os Estados Unidos continuem com seu comportamento insustentável, alguns ativistas criaram um site satírico chamado CheatNeutral.com, no qual as pessoas podem absorver a carga de infidelidades matrimoniais de outras menos propensas à monogamia.

Apesar disso, existe algo de atraente na ideia de que os poluidores devem pagar pelos danos que causam. Se há consentimento de que os poluidores devem arcar com as despesas de seu comportamento, a questão então passa a ser: quanto eles devem pagar? Dado que a mudança climática é uma forma de poluição, parece bastante razoável que traga junto seu custo. O mercado de poluição parece criar um mecanismo para estabelecer esse preço. Então, o que há de errado com isso?

Larry Lohmann, um dos principais pensadores sobre mudança climática e pesquisador da ONG Corner House, sediada no Reino Unido, me deu uma resposta que desmonta a questão. "O princípio 'poluidor paga' é útil em determinados contextos, em que os preços podem ser estipulados de modo democrático e criterioso, e em que os preços têm algum efeito sobre o problema." A questão é que, antes que os preços possam fazer diferença para a mudança climática, uma base segura precisa ser criada — formas alternativas de energia necessitam de financiamento, a regulação precisa se expandir de modo acelerado, transferências dos ricos para os pobres devem ser inequívocas e firmes. E, é claro, é fundamental que se estabeleçam mecanismos democráticos. "Todos esses aspectos são anteriores à discussão do preço do carbono", diz Lohmann. "Até lá, tudo é muito interessante, mas secundário."

E também é um mecanismo precário de mudança. Se a única alavanca para controlar a mudança climática é o preço do carbono, tudo se torna dependente de que o mecanismo de preços de fato funcione. A ideia de que um preço alto para o carbono irá, por si mesmo, consertar a mudança climática simplesmente não se sustenta. A crise do petróleo, na década de 1970, não afastou o planeta do combustível fóssil. Em 2008, mesmo os preços astronômicos do petróleo contribuíram pouco para estabelecer os fundamentos de uma economia sustentável. Os defensores dos sistemas de mercado de carbono dizem que ele dá bons resultados, referindo-se à redução de emissões de enxofre nos Estados Unidos, na década de 1990. Como sugere Lohmann, um exame mais detalhado revela que não foi o "comércio" que reduziu o enxofre, mas o teto; não o mercado, mas a mão da regulação.[1]

Se o teto fez o trabalho anterior, vale a pena perguntar o que faz o "comércio" na atualidade. O diretor-executivo de uma concessionária de serviços públicos, com várias usinas termoelétricas, dificilmente vai olhar com bons olhos para o preço do carbono. Se a política a ser aprovada for de fato rigorosa, pode custar seu emprego. Então, ele irá lutar com todas as forças para que o governo seja benevolente e lhe dê liberdade para poluir, porque o custo de sua adaptação poderia eliminá-lo do negócio. Em cinco países europeus, os lucros repentinos resultantes desse tipo de isenção devem atingir 112 bilhões de dólares em 2012. Poluidores são autorizados a "compensar" sua sujeira comprando créditos de carbono de empresas e organizações que reduziram sua emissão poluente e, assim, não precisam fazer o mesmo. O problema é que esse procedimento para redução de carbono é propenso à fraude. A maior proporção de créditos de compensação, mais ou menos 30%, vem da destruição de trifluorometano — HFC-23, um subproduto da fabricação de gases para refrigeradores. Na verdade, os fabricantes de gases para refrigeração ganham mais dinheiro vendendo suas licenças de emissão do que os próprios produtos que fabricam. Isso levou o Sul Global ao caminho de uma tecnologia melhor e de maior desenvolvimento? Ao contrário, isso encorajou firmas do Sul a usar tecnologias manufatureiras obsoletas. A simples aquisição de equipamentos modernos para as dezessete empresas que fabricam esses gases no Sul Global custaria 100 milhões de euros — o dinheiro que elas ganham negociando as emissões chegou a 4,7 *bilhões* de euros. Existem histórias semelhantes sobre gases do efeito estufa produzidos pela manufatura de náilon e pelas indústrias de fertilizantes. Em síntese, esse sistema de "poluidor paga" acaba sendo de fato um sistema de "poluidor ganha".

Os ganhadores do mercado de carbono não são encontrados apenas nas nuvens de fumaça da Ásia. Lohmann cita Peter Atherton, presidente da European Utility Research, subsidiária do Citigroup, em seu balanço sobre o Esquema Europeu de Comércio de Emissões:

> Todas as geradoras de energia elétrica: ganhadoras. Geradoras termoelétricas e nucleares: as maiores ganhadoras. Fundos de hedge e comerciantes de energia: ganhadores ainda maiores. Perdedores? Hã ... consumidores! ... Os objetivos políticos foram atingidos? Preços altos. Emissões elevadas. Lucros altos. ... Então, creio que não.

Atherton está certo ao afirmar que, embora os poluidores industriais tenham se saído muito bem no esquema europeu, os banqueiros se saíram ainda melhor. Como informou Matt Taibbi, é por isso que o banco Goldman Sachs está tão preocupado em entrar no jogo — pois o que o mercado de carbonos faz é efetivamente pegar o direito do governo de coletar impostos sobre poluição e entregá-lo nas mãos do setor privado.[2]

Por trás da ideia de um preço para o carbono está a suposição de que o mercado vai precificá-lo de modo adequado, muito embora o mercado já tenha provado que não é bom na avaliação dos riscos de eventos improváveis, porém devastadores. Lembram-se do fracasso da Hipótese dos Mercados Eficientes? São exatamente os mesmos artigos de fé que subscrevem o comércio de carbonos. Já vimos como as corporações são capazes de cooptar governos, e é exatamente o que estão fazendo com o sistema de mercado de carbono de Obama, convencendo o governo a dar 85% das licenças de emissão *de forma gratuita*. Com a mudança climática, há infinitamente mais em jogo do que o colapso trilionário, e parece estupidez utilizar as mesmas ferramentas que talharam essa recessão para solucionar o problema mais premente enfrentado pelo planeta. Ainda assim, estamos tão cegos para enxergar caminhos alternativos de avaliar o mundo à nossa volta que a única resposta à mudança climática que conseguimos ver é essa rapinagem fundamentada no mercado.

Gwyn Prins e Steve Rayner escreveram, num artigo influente da revista *Nature*, que

> a mudança climática não suscetível a uma solução elegante, porque não é um problema discreto. É melhor compreendê-la como sintoma de um caminho particular de desenvolvimento e de seu sistema globalmente inter-relacionado de suprimento de energia fóssil. Juntos, eles formam um nexo complexo de padrões mutuamente interligados e consolidadores de comportamento humano, materiais palpáveis e a consequente tecnologia. É impossível modificar tal sistema complexo de maneira desejável, concentrando-se apenas em uma dessas coisas.[3]

Necessitamos de uma gama de políticas, não para precificar o carbono, mas para estabilizar os gases de efeito estufa abaixo das 350 partes por milhão. Tudo o que sabemos sobre o tipo de animal que os humanos são pode nos ajudar a encontrar as soluções. Temos consciência de que, se podemos ser egoístas, também sabemos dar valor à equidade; somos capazes de cooperação e altruísmo, e podemos demandar justiça e democracia.

É importante também começar a pagar a dívida ecológica que os países ricos têm com os mais pobres, e os governos atuais do Norte e do Sul Global necessitam, com urgência, superar o vício em petróleo. Para isso, os mercados nos serão de pouca serventia. Os direitos comuns carecem de regras e regulamentações — e aquelas que tiveram a maior eficácia foram elaboradas pela maioria da população. A ideia de direitos comuns, de usar noções de regulamentação, punição, vergonha e justiça da mesma forma que o dinheiro, abre a porta para o entendimento de como estipular um preço para a mudança climática. Larry Lohmann observa que o "problema climático não é novo — é a continuação de velhos problemas". A criação de infraestrutura para a gula energética dos ricos já impôs custos tremendos aos mais pobres, que as comunidades afetadas estão suportando. Assim, como sugere Lohmann, "se queremos um sistema de valorização do clima, vamos começar com o que já temos. As pessoas não têm dificuldade alguma para avaliar a terra e a destruição que já aconteceu. Isso é apenas um exemplo. O primeiro passo é relacionar o problema do clima com as coisas às quais as pessoas já sabem dar valor".

Haverá muitas etapas e nenhuma varinha de condão — a mudança climática, caso tenhamos êxito em enfrentá-la, será resolvida por intermédio de inúmeras medidas. Elas virão de diferentes setores e serão guiadas pela melhor ciência, dentro do interesse público. Serão regulamentações, alterações das atitudes culturais em relação ao uso de combustíveis fósseis, moderações individuais e financiamento público para energia limpa e empregos ecológicos. Isso nos leva de volta a um desses setores, com o qual começamos aqui: os alimentos.

Uma revolução comestível

A reflexão sobre os alimentos traz consigo a valorização comum da terra e da água, a necessidade de instituições atuantes, os direitos dos indivíduos e a política genuinamente democrática. No ano passado, um relatório produzido por mais de quatrocentos cientistas importantes, liderados por Robert Watson, cientista-chefe do Banco Mundial, questionou como faremos para alimentar o mundo em 2050, quando seremos 9 bilhões de pessoas. Em seu estudo denominado *Agriculture at a Crossroads* [Agricultura numa encruzilhada], eles concluíram que precisaremos nos afastar do atual sistema industrial de agricultura, que não avalia de forma adequada os recursos naturais. No futuro, não teremos as grandes quantidades de água e fertilizantes que a agricultura industrial capitalista requer, e o clima será ainda mais instável do que é agora. Nessa história, os camponeses são tanto vítimas quanto redentores. Por serem mais pobres, os agricultores são mais vulneráveis aos choques da mudança climática, embora pequenas unidades produtivas, em si mesmas, sejam ecologicamente menos sujeitas ao perigo; e, de acordo com dados de um dos mais extensos estudos sobre a escala da atividade agrícola, fazendas orgânicas sustentáveis podem sequestrar até 40% das emissões atuais de CO_2.[4]

A fim de seguir o conselho do relatório e impedir as guerras por recursos, precisamos de planejamento novo e descentralizado e de maneiras de compartilhá-los que sejam adaptadas a cada localidade. Na prática, isso significa o engajamento na democracia por intermédio de vários níveis institucionais diferentes — as decisões sobre como distribuir a água deverão ser conduzidas com base na geografia de uma bacia hidrográfica. Decisões sobre como cultivar e distribuir comida devem vir de uma geografia diferente, possivelmente de caráter municipal. O modo pelo qual essas decisões interagem com a mudança climática deverá ser coordenado globalmente. Quando os principais cientistas do mundo discorreram sobre a fome global, apresentaram os mesmos tipos de solução oferecidos pelos mais pobres — resoluções locais, ecologicamente sensatas, que respeitam a sabedoria, a democracia e a autonomia de cada região.

Se pretendemos alimentar o mundo, será tolice abrandar os desafios que estão à frente, tanto pessoais quanto políticos. Num planeta com 9 bilhões de habitantes, precisaremos reduzir o consumo de carne. Caso ela continue a ser consumida (e não sei bem se ela deveria), a permissão global será de 25 quilos de carne e cinquenta quilos de laticínios por pessoa, ao ano — qualquer coisa acima disso significará danos ao clima. Segundo Tara Garnett, da Rede de Pesquisas sobre Alimentos e Clima, isso representa, no máximo, duas salsichas, um pedaço pequeno de frango e uma costeleta de porco miúda por semana, e leite para tomar com cereais e chá. Será difícil eliminar da dieta ocidental o apetite por carne — isso afetará os intereses de todas as indústrias alimentícias e do varejo, e também afetará os nossos hábitos —, mas teremos de nos acostumar a pagar o preço dos hambúrgueres de 200 dólares, garantindo que todo mundo possa fazer escolhas semelhantes de consumo. Também teremos de arranjar *tempo* para a política, o que envolve mudanças capazes de afetar tudo, de ver televisão a reduzir as horas de trabalho extremamente longas que passamos a aceitar como se fossem normais.

Novas expectativas poderão contrabalançar as antigas que forem perdidas. Numa economia movimentada por empregos mais ecológicos, a produção agroecológica de alimentos vai gerar mais oferta de trabalho que as fazendas convencionais, produzindo mais em menor quantidade de terra. De acordo com um estudo, a simples mudança de 20% da terra agrícola para o padrão orgânico de produção (e não o completamente agroecológico) no Reino Unido criaria 73.200 postos de trabalho. O consumo local é outro tipo de estímulo, tanto para o clima quanto para a economia. Num estudo feito em Iowa, o aumento de 10% nas compras locais de comida reduziria as emissões do estado em mais de 3.500 toneladas ao ano. No Japão, uma análise similar considerou que o consumo de alimentos produzidos localmente significaria uma poupança de energia equivalente a 20% por residência. Iniciativas em prol dos alimentos locais também se mostraram efetivas no combate à desnutrição em áreas urbanas pobres, economizando milhões de dólares de gastos futuros com ações sociais e saúde.[5] Nesse caso, há razões para se ter esperança.

Enquanto os governos enrolam para tratar da soberania alimentar e da mudança climática, as pessoas comuns ocupam os terrenos governamentais, a fim de criar mudanças locais. Conselhos municipais de políticas alimentares, que descobrem maneiras de comprometer os governos locais com modos sistêmicos de combate à fome, e "cidades de transição", que lançam as bases de uma vida urbana posterior à era dos combustíveis fósseis, podem ser encontrados de Toronto a El Manzano, no Chile, e a Fujino, no Japão.[6]

Esses exemplos indicam um princípio profundo: para que as políticas sustentáveis decolem, as pessoas artificiais — públicas e privadas —, cujo domínio sobre o mundo nós autorizamos, precisarão ser refeitas, assim como as nossas ideias a respeito da propriedade. Isso já está começando a acontecer. O Equador aprovou uma constituição que garante à natureza "o direito de existir, persistir, manter e regenerar seus ciclos vitais, sua estrutura, suas funções e seus processos de evolução". A outorga de um direito no papel não leva necessariamente à sua prática, é claro, embora o governo tenha responsabilizado a gigante petrolífera Chevron pela destruição de um pedaço da floresta do tamanho do Delaware. Segundo noticiado pelo jornal *The Wall Street Journal*, a Chevron "presume que estará do lado dos perdedores" nesse caso.[7] No exemplo equatoriano, a maior parte desse poder está concentrada nas mãos do governo central, que, embora continue fazendo pressão sobre outras indústrias extrativistas, também é culpado pela violação desses direitos por meio das empresas estatais poluidoras. Não é nada simples utilizar a máquina governamental contra as corporações, nem colocar uma pessoa artificial contra a outra, de modo a determinar o que pode e o que não pode ser transformado em propriedade, mas a luta está começando até mesmo na casa do capitalismo contemporâneo — os Estados Unidos.

Destronando o *Homo economicus*

Thomas Linzey, advogado da Pensilvânia que ajudou a elaborar a constituição equatoriana, também atua nos Estados Unidos, com o Fundo de Defesa Legal da Comunidade Ambiental (CELDF, na sigla em inglês). Criado inicialmente para apoiar campanhas contra problemas ambientais isolados, o CELDF acabou se envolvendo numa ampla gama de batalhas, em especial no combate a legislações estaduais que impediam as comunidades de se proteger diante de danos ambientais. Num de seus casos, as comunidades se opunham a fazendas de criação de porcos, mas a indústria tinha conseguido uma permissão especial para que seu lixo escapasse a uma regulamentação rígida, sendo que o Estado exigia apenas que os resíduos fossem testados a cada três meses, para checar a existência de *E. coli* e metais pesados. O lixo era letal. Em 1995, dois jovens chamados Daniel Pennock e Tony Behun morreram depois de terem tido contato com os dejetos. A escola de democracia do CELDF — onde estudantes aprendem técnicas de organização para confrontar diretamente o poder das corporações — foi batizada de Pennock. O currículo inclui uma história dos meios que as corporações utilizam para sobrepujar os direitos que as comunidades têm de criar suas próprias democracias.

Um caso contido no programa do curso trata de eleitores de Vermont que, em 1994, quiseram saber se o seu leite continha ou não hormônio bovino artificial de crescimento. Banido no Canadá, na Austrália, na Nova Zelândia e em partes da União Europeia, o hormônio é amplamente utilizado nos Estados Unidos. As cortes federais derrubaram uma legislação em Vermont que obrigava os fabricantes a declarar o uso da substância, alegando que aquilo violava o direito das corporações de "não falar". Esta é apenas uma entre as inúmeras leis da indústria alimentícia que garantem às corporações o direito de serem tratadas como "pessoas jurídicas". Como Linzey observou, numa entrevista de 2003, o resultado é que "a única coisa regulada pela legislação ambiental são os ambientalistas".[8] Por isso mesmo, ele foi decisivo na revogação do personalismo das corporações em Clarion County, Pensilvânia. Recentemente, a organização de Linzey participou de uma notável demonstração de democracia local. Quando a Nestlé pretendeu explorar o aquífero de uma pequena cidade do Maine para engarrafar sua água Poland Spring, os habitantes usaram as ferramentas do CELDF para iniciar uma campanha destinada a salvar sua água, declarando soberania sobre seus recursos naturais. Não há motivos para se acreditar que o poder local seja infalível, ou mesmo que seja necessariamente mais esclarecido, benigno ou sustentável que o governo nacional, mas esses pequenos atos são uma espécie de escapismo dirigido pelas comunidades, que progressivamente nos livram das amarras antepostas à sociedade democrática pelo mercado.

Isso ainda indica o maior prêmio ganho com a busca da soberania alimentar: a liberdade que ela traz. No distrito de Medak, no estado indiano de Andhra Pradesh, os mais pobres *dalits* (chamados "intocáveis", mas literalmente pessoas "oprimidas") passam por apertos desesperadores. Numa população de quase 3 milhões, um em cada cem habitantes se encontra atrelado ao trabalho por meio de dívidas, uma espécie de servidão que transforma pessoas em coisas. Praticamente todos vêm de "tribos ou castas programadas", e quase 70% são crianças. A Índia é independente há sessenta anos, mas as raízes da democracia se fincaram em séculos de feudalismo e intolerância religiosa.[9] Dentro das comunidades de *dalits*, as mulheres são as mais vulneráveis à exploração, e foi em suas fileiras que floresceu um dos experimentos mais notáveis de organização comunitária.

Esse experimento, denominado Sociedade de Desenvolvimento de Deccan, começou em 1979 e se converteu rapidamente numa série de 75 *sanghams*, pequenas associações de mulheres pobres, cuja maioria é formada por *dalits*.[10] Bina Agarwal, acadêmica que estuda a Sociedade de Desenvolvimento de Deccan, observa que, na medida em que a Índia se urbaniza, a tarefa de alimentar as cidades vem sendo cada vez mais entregue às mulheres — enquanto 58% dos homens trabalham na agricultura, o número cresce para 78% quando se trata do sexo feminino. Em escala mundial, as estatísticas mostram um crescimento dramático da proporção entre mulheres e homens na atividade agrícola.[11] Por mais de uma década, as quase 5 mil mulheres que formam a sociedade experimentaram maneiras novas e tradicionais de produzir e distribuir alimentos. Elas administram e dirigem seu próprio mercado, no qual compram e vendem bens que produzem e consomem. Ao eliminar os intermediários, que tendem a explorar tanto os produtores quanto os consumidores, a Sociedade de Desenvolvimento de Deccan tornou a comida disponível a preços muito mais baixos que os praticados por mercadores comparáveis e, como seus produtos são orgânicos, acabou atraindo uma leva de consumidores da classe média urbana.

A sociedade também foi pioneira em esquemas de arrendamento de terras. Na maior parte dos casos, as mulheres que compõem as *sanghams* costumavam ser empregadas nas tarefas braçais de limpeza dos terrenos para plantio. Ao se associarem, elas se tornaram coletivamente capazes de alugar terras dos proprietários. Estes ficaram felizes em alugar parte de suas terras cansadas — eles sabem que após quatro anos de uso dos sistemas agroecológicos empregados pelas *sanghams*, a terra vai ser devolvida em condições muito melhores.

O aluguel pode parecer uma atividade nada revolucionária, mas a magia vem mais do processo de organização das mulheres do que do pagamento mensal. As mulheres de uma *sangham* afirmam: "Houve um tempo em que tínhamos medo até de falar, mas agora, com toda a ajuda da *sangham*, estamos descobrindo nossa própria força, e também nossa voz. Somos fortes para enfrentar qualquer desafio." Essa força tem serventia quando os proprietários tentam insistir na "velha maneira" de fazer as coisas. Uma das *sanghams* havia adotado o sistema de parceria e dividira o produto da terra meio a meio com o proprietário. Certo dia, ele se recusou a dar às mulheres os seus 50%, e elas retaliaram trazendo seu carro de bois para dentro da plantação e roubando o equipamento de irrigação. O proprietário levou-as à Panchayat, a assembleia local da aldeia, que decidiu que o proprietário deveria ter sua bomba de volta, depois de dar às mulheres aquilo que lhes pertencia. Aqui, mais uma vez, não se trata de um momento de igualdade radical ou revolução — mas de um passo transformador em direção a isso. As mulheres foram capazes de recuperar seu poder jogando com os limites da propriedade privada, não apenas ao roubar as bombas d'água do proprietário, mas também ao insistir em seu direito de acesso à terra para que pudessem plantar. Rukmini Rao, da Sociedade de Desenvolvimento de Deccan, citada por Gayatri Menon em sua análise inovadora, observa que "se cada mulher tivesse de plantar individualmente, teria pouca chance de vencer. Quando as mulheres se juntam, as possibilidades de êxito aumentam porque diferentes habilidades, ideias, experiências e recursos são reunidos".[12]

Os recursos que as mulheres da sociedade têm sob sua responsabilidade incluem cultura e biodiversidade. Parte do processo de recuperação de sua dignidade veio do armazenamento e desenvolvimento de vários tipos de sementes que haviam sido descartadas com a chegada da "agricultura moderna".[13] Como guardiãs da biodiversidade, a pressão das *sanghams* pela soberania alimentar significa que elas criaram um banco de genes, do qual uma variedade imensa de sementes tradicionais pode ser obtida gratuitamente. Essas espécies são muito mais robustas que o trigo e o arroz cultivados comercialmente em outros lugares e precisam de menos água e combustível fóssil para crescer. A expectativa é que a mudança climática afetará a Índia com rigor, causando elevações de temperatura de 3° a 5°C e provocando o desaparecimento, em 2035, de um dos principais mananciais de água do país — o derretimento das geleiras do Himalaia, que alimenta as bacias de arroz da Ásia. Numa recente reunião de especialistas convocada por Jeffrey Sachs, diretor do Instituto da Terra na Universidade de Columbia, ele defendeu os cereais geneticamente modificados para mudança climática. O que ele não parecia preparado para ouvir é que *não existem* genes para a mudança climática. Podem existir genes capazes de resistir a determinadas doenças, mas não há genes em condições de suportar a meia dúzia de sintomas causados pela emissão de gases de efeito estufa. Qualquer agrônomo ou geneticista sério sabe que, embora a ideia de "um gene — uma característica" tenha um dia estado na moda, hoje é difícil de se sustentar. Sistemas agrícolas que captam carbono por meio da rica fertilidade do solo e espalham o risco entre um grupo de espécies que foram cultivadas durante séculos de modo que pudessem persistir em determinada região geográfica oferecem um modelo para o tipo de sistema que precisaremos ter num mundo de mudança climática. Foi precisamente isso o que a Sociedade de Desenvolvimento de Deccan realizou, de forma pioneira, levando um jornal indiano a declarar em sua manchete que AS MULHERES AGRICULTORAS ESTÃO PRONTAS PARA VENCER A MUDANÇA CLIMÁTICA.[14]

As mulheres da Sociedade de Desenvolvimento de Deccan compreenderam que o conhecimento necessário para a mudança sustentável não pode vir de uma única fonte. Precisa vir de várias. É por isso que o conhecimento oriundo das *sanghams* não se limita a uma só semente, a um conjunto isolado de patentes ou a apenas um sistema agronômico. Ele perpassa uma variedade de técnicas agrícolas nos bancos de genes das comunidades. A sustentabilidade agrícola não depende de agrotecnologia. Acreditar no contrário é o mesmo que botar a ênfase no lugar errado. A sustentabilidade depende da *cultura*, mais do que da *agri*. E é por isso que as mulheres nas *sanghams* estão produzindo outros tipos de cultura e conhecimento, utilizando a mídia do século XXI.

P.V. Satheesh, um dos organizadores da Sociedade de Desenvolvimento de Deccan, acredita que o vídeo promove uma espécie de alfabetização. Os vídeos produzidos pelas mulheres da organização são tão sofisticados e elaborados que deixariam Hollywood envergonhada. Os ângulos de câmera que elas preferem são baixos, fornecendo uma perspectiva de admiração em relação ao seu trabalho. Elas não gostam do ângulo de superioridade dos proprietários das terras olhando para baixo em sua direção. Em todos os movimentos sociais que estudei mundo afora, as pessoas dão importância à manutenção, ao cuidado, ao desenvolvimento e à celebração não apenas de seus recursos materiais, mas também de sua cultura, e compreendem os mundos da matéria e da cultura como corpos sobre cujos ombros todos se erguem e que podem ser utilizados, compartilhados e ampliados livremente.

As possibilidades desse tipo de direitos comuns são libertadoras.

Os problemas causados pelo descompasso entre preços e valores não procedem da falta de profissionais especializados, porém do profundo fracasso do mercado em avaliar nosso mundo de forma apropriada. McKinsey, o consultor de administração, tem uma máxima que transmite a seus estagiários — "Tudo pode ser medido, e o que é medido é administrado."[15] A crescente malversação dos recursos do planeta é praticamente inevitável numa situação em que mercados orientados para o lucro estabelecem os termos do valor. É possível quantificar alguns dos custos que os preços ocultam, e isso deveria acontecer, mas a solução geral para a alocação indevida dos recursos da sociedade não é começar a colocar preços em tudo. Existem coisas que não podem ser capturadas por um único número, mas, ainda assim, necessitam de administração, e só a política democrática pode fazê-lo corretamente. A resposta para a avaliação do mundo pelo mercado não é uma democracia comandada por especialistas, mas a democratização do conhecimento e dos recursos.

10. A cegueira de Anton

Nada virá do nada: fale outra vez.

William Shakespeare, *Rei Lear*

Há dois romances capazes de transformar a vida de um garoto estudioso de quatorze anos: *O Senhor dos Anéis* e *Quem é John Galt?* Um é um devaneio infantil que pode conduzir a uma idade adulta emocionalmente atrofiada, socialmente defeituosa, na qual boa parte do dia é gasta com a invenção de maneiras de tornar a vida real mais parecida com uma ficção fantástica. O outro é um livro sobre orcs.

O problema é que os camaradas viajantes de *Quem é John Galt?* estão no comando dos governos há décadas. A partir de 2008, sua tentativa de transformar o mundo numa espécie de paraíso imaginado de preços e egoísmo fracassou. No curso dessa tentativa, milhões sofreram as consequências e, quando o experimento explodiu, mais outros tantos milhões vieram a sofrer também, e provavelmente bilhões ainda sofrerão se nos limitarmos a repetir os erros do passado diante das crises conjuntas na economia, na sociedade e no meio ambiente.

Nos últimos trinta anos, o ritmo acelerado dos cercamentos, assim como a escala crescente dos roubos, levou nosso planeta às raias da destruição. No plano internacional, os custos ambientais foram transferidos dos ricos para os pobres, sobretudo, embora não exclusivamente, por meio do aquecimento global. Um relatório recente apresenta uma estimativa bem moderada de que o número de pessoas hoje afetadas pela mudança climática já atinge 325 milhões a cada ano. O número de mortes causadas pelas alterações do clima excede 500 mil ao ano (mesmo total de mulheres que morrem anualmente por câncer de mama), sendo que a maioria desses óbitos vai ocorrer entre aqueles que menos têm a ver com as causas da poluição, pessoas cujos países foram colonizados pelas mesmas potências que provocaram esta nova catástrofe.[1] Isso não quer dizer que os poluidores não devam pagar e que o dióxido de carbono deva ser grátis porque não existem maneiras adequadas de precificá-lo. Deixar o problema nas mãos do capitalismo, porém, é uma ideia tão boa quanto pedir ao iceberg que conserte o *Titanic*. Essas conclusões são resultado de duas investigações sobre bens "gratuitos" na primeira parte deste livro, nas quais vimos o que acontece quando as corporações oferecem coisas grátis e quando os governos fazem o mesmo. Em ambos os casos, um sistema profundamente defeituoso de avaliação do mundo foi criado por meio de esquemas rígidos de propriedade, mercados orientados para o lucro e corporações, cujo florescimento nós mesmos autorizamos.

Então, por onde começamos a reequilibrar a sociedade de mercado? Quando decidirmos que as trocas são comandadas pelo mercado, será extremamente difícil botar o gênio de volta dentro da lâmpada. Estudos neuroeconômicos e sociológicos sobre a irreversibilidade das relações baseadas em transações monetárias confirmam que o mercado pode ser uma toxina social: afinal, o dia em que alguém deixa dinheiro para o amante em troca de sexo é o dia em que a relação termina. Estamos diante de uma tarefa ainda mais difícil, pois não basta remover a nódoa do dinheiro de certas transações específicas; é necessário tirar a voracidade das corporações de dentro dos governos, e o peso sombrio do consumismo de nossa imaginação política.

Após os ataques terroristas do 11 de Setembro, a única maneira que o presidente Bush encontrou de começar a recuperação foi encorajando os norte-americanos a lutar contra o terrorismo comprando, como se o dano e o trauma pudessem ser neutralizados por meio de gastos excessivamente grandes. Felizmente, a filosofia de George W. Bush não era a única. Algumas filosofias e religiões tentaram enfrentar conscientemente os perigos corrosivos da cupidez. Dentre elas, a mais sofisticada, talvez por buscar dissipar os desejos de nossos corações, é o budismo. E.F. Schumacher, o principal expoente da economia budista, foi colega de John

Maynard Keynes e, depois de longa reflexão sobre as teorias que uma vez praticara, escreveu um texto popular sobre uma economia mais sustentável em *O negócio é ser pequeno*.[2] No cerne da economia budista, encontra-se uma teoria sobre desejo e cobiça, porém muito diferente daquela da economia clássica. O budismo tem uma visão singular acerca do que é ser humano — é estar sujeito ao desejo. A fonte da infelicidade humana é o apego. O próprio Buda, nascido príncipe, descobriu que a riqueza não lhe dava alegria. Ele, então, renunciou às suas posses e mudou-se para a floresta, a fim de viver uma vida de pobreza. Mas também percebeu que não havia felicidade na privação, e acabou por compreender que há um Caminho do Meio entre a pobreza e o hedonismo, que não rejeita os prazeres do corpo, mas simplesmente observa que desejá-los é o que causa a infelicidade.[3]

Disso pode-se deduzir uma teoria budista do valor. O valor real de alguma coisa não é sua capacidade de satisfazer uma vontade, um desejo, uma vaidade, mas de atingir a necessidade de bem-estar. Com isso em mente, as engenhocas e fanfarrices que nos são impingidas pelos anunciantes como se fossem indispensáveis ao nosso bem-estar — carros de luxo, telefones e calçados da moda — acabam perdendo a graça.

Se esta fosse toda a inspiração budista, talvez seu único resultado viesse a ser uma espécie de culto, pelo qual faríamos a calistenia diária de desejar cada vez menos. Embora esses exercícios certamente seriam aproveitáveis (e, de fato, as práticas do estoicismo antigo eram exatamente essas formas de exercício espiritual, "tecnologias do eu", para usar uma frase moderna),[4] existe ainda um conjunto maior de iluminações que o budismo apresenta acerca da necessidade de mudança no mundo mais amplo.

O florescimento acontece num contexto social, e engajar-se nele é um requisito fundamental para retornar o gênio dos valores pecuniários para dentro da lâmpada e para desenvolver uma política de valor que provenha de uma visão particular da natureza humana. Na Tailândia, os monges budistas têm sido ativos defensores da luta pela proteção ambiental (as florestas do país estão entre as mais destruídas do planeta).[5] Como parte de seus protestos, sacramentaram uma árvore de bodhi, espécie sob a qual Buda atingiu a iluminação. A árvore fazia parte de uma floresta tremendamente danificada da qual várias comunidades locais dependiam para sobreviver, mas era ameaçada por uma imensa represa. O ato de sacramentar a árvore, envolvendo-a com trajes alaranjados, tornou mais visível o seu caráter sagrado. Ao consagrarem a árvore, os monges expressaram sua crítica à mercantilização — o mercado existe dentro da natureza, e a sociedade e a natureza podem e devem impor limites a ele. Muitas civilizações antigas chegaram a uma conclusão que apenas recentemente foi redescoberta pelos ecologistas: pertencemos à Terra, e não vice-versa.[6]

Certamente, o reconhecimento de que o mercado está imerso na sociedade — assim como a sociedade de mercado está na ecologia — desafia as mecânicas modernas do valor. Talvez por essa razão o próprio Dalai Lama tenha assumido sua preferência em termos de sistemas econômicos. "Sou um monge marxista, um marxista budista", ele disse, de forma provocadora, numa conferência no Instituto Indiano de Administração. "Pertenço ao campo marxista porque, diferentemente do capitalismo, ele é mais ético. Como ideologia, o marxismo cuida do bem-estar dos empregados e acredita na distribuição da riqueza entre as pessoas do país."[7]

Os pontos de vista do Dalai Lama sobre justiça econômica não são muito noticiados no Norte Global, onde ele é retratado como bonzinho, apolítico e dotado de uma sabedoria que alcança o outro mundo sem chegar muito perto deste. Todavia, sua posição em matéria econômica é totalmente compatível com o budismo (e quase um anátema contra aquilo que o governo ostensivamente marxista da China promove). Isso poderia criar dissonância cognitiva dentro da Europa e, mais ainda, dos Estados Unidos, por causa da ideia fixa de que ser marxista simplesmente *significa* desejar que os governos da China ou da União Soviética assumam o controle. O fato de que o Dalai Lama encontra valor num sistema em função do qual tem sido perseguido diz muito sobre ele e sobre a percepção equivocada acerca do marxismo. A economia e os modelos políticos budistas envolvem uma abordagem do valor que é muito distinta do consumismo ético, e mesmo do ato de votar a cada quatro anos numa eleição. Esses tipos de governo implicam a prática política cotidiana de controle do valor, dos recursos e da distribuição.

Fazendo a democracia funcionar

Não se deve subestimar a dificuldade disso. Recuperar a capacidade de enfrentar a sociedade de mercado, o direito de ter direitos, é um trabalho complicado. Para começar, significa recobrar o apetite pelo conflito. E representa a compreensão de que algumas entidades do setor privado são parte estrutural do problema, e não da solução, e precisam ser desafiadas de forma bem-sucedida. Toda filosofia da mudança social criou sua concepção de inimizade. A filosofia de Gandhi não é, como muitos a consideram, uma grande tenda de contas e incensos. Embora seja não violenta, ela pressupõe oposição e conflito — uma oposição terna, sem dúvida, mas, ainda assim, oposição. Movimentos em todo o mundo desenvolveram ferramentas psicológicas para lidar com os conflitos, guiados pelos princípios da igualdade e pelo desejo de controlar os termos da inclusão.

Isso, é claro, ameaça o status quo, e é por isso que muitos movimentos com os quais conversei — de camponeses a moradores de barracos — foram rotulados de marginais e desordeiros. A transformação de dissidentes em criminosos não acontece por mágica — ela ocorre porque a sociedade de mercado atual tem uma ideologia na qual aqueles que desafiam o frágil consenso criado em torno do papel do mercado não podem ser tolerados. Certa vez, o ativista Abbie Hoffman observou: "A democracia pode ser medida pela liberdade que dá aos seus dissidentes, não pela que concede aos seus conformistas assimilados." Por essa métrica, não há muita democracia à nossa volta.

Tomemos, por exemplo, o caso dos Seis de Kingsnorth, um grupo de seis manifestantes do Greenpeace que fechou temporariamente uma usina termoelétrica de geração de energia, no sudeste da Inglaterra, exigindo o fim dos planos governamentais para novas estações similares.

Eles tentaram pintar uma mensagem na chaminé dirigida ao primeiro-ministro Brown: "Gordon, feche isso!" No fim das contas, só conseguiram desenhar "Gordon", mas a remoção da tinta custou 30 mil libras, e eles foram acusados de dano criminoso. No julgamento, argumentaram que haviam danificado a estação de eletricidade, mas fizeram aquilo para impedir um prejuízo ainda maior. Para isso, existe provisão na legislação. Se você arrebenta a porta de uma casa que está pegando fogo, para salvar as pessoas que estão dentro, está invadindo uma residência para prevenir um mal maior. Quando aos jurados foram apresentadas evidências do estrago que vinha sendo causado pela mudança climática, de modo rotineiro — o fechamento da usina por um dia evitaria cerca de 1,5 milhões de dólares em danos ao bem-estar humano, no mundo inteiro —, concordaram com a defesa. Os Seis de Kingsnorth foram absolvidos, o governo britânico viu-se forçado a recuar e a decisão foi até mesmo aclamada pelo jornal *The New York Times* como um marco das ideias revolucionárias de 2008.

Para mudar em direção a um mundo mais justo e sustentável, será necessária, sem dúvida, a ação direta que testa os limites da propriedade privada em nome da justiça global. De novo, isso não é uma coisa terrivelmente radical para se dizer. Al Gore, que recebeu o Prêmio Nobel, observou que "chegamos ao ponto em que é hora de a desobediência civil impedir a construção de novas usinas de carvão".[8] O julgamento dos Seis de Kingsnorth demonstrou o poder de alcance da ação direta. Os melhores tipos de teatro político abrem o mundo — educando, recrutando e entretendo quase na mesma medida, possibilitando que outras pessoas ajam de formas novas e audaciosas. Falar apenas dos Seis de Kingsnorth é ignorar outros que também fizeram a diferença naquele julgamento. É claro que os advogados, os ativistas e os simpatizantes foram importantes, mas houve outros doze que mudaram a maré — os jurados.

Não é trivial que a decisão legal da mudança do jogo fique nas mãos de doze homens e mulheres comuns e anônimos, e não nas mãos da burocracia governamental ou dos contadores da empresa de energia. Nas deliberações dos jurados, durante suas reuniões, eles exercitaram as virtudes da razão e da liberdade que dão uma ideia de como pode ser uma democracia adequada, na qual as pessoas são capazes de redigir os termos em que o valor é determinado.

Atenas é um exemplo mais que batido dos defensores da democracia, e ainda assim pode surpreender que o modelo da antiguidade não tenha nada a ver com o circo que hoje leva o mesmo nome.[9] Não havia eleições como as conhecemos. A política não era conduzida por um grupo autosselecionado de caçadores de poder, mas por todas as pessoas, e implicava sorteios em lugar de eleições. Doze grupos de quinhentas pessoas eram escolhidos, e juntos os 6 mil governavam a cidade, sendo que cada um dos doze grupos julgava casos separadamente. Especialistas e advogados ficavam limitados ao papel de conselheiros.

A ideia por trás da seleção por sorteio era que nenhum cidadão fosse excluído da oportunidade e da responsabilidade da justiça deliberativa. Aquele processo de deliberação se expandiu para fora dos tribunais, e o sistema perdurou nos doze indivíduos que julgam casos. Ele pode, e deve, se expandir para outras áreas. Como afirmou o historiador C.L.R. James, num ensaio maravilhoso de 1956 intitulado "Every cook can govern",[10] o sistema pode e deve se expandir para todas as áreas. Diferentemente de hoje, em que a democracia foi reduzida a uma tarefa realizada uma vez a cada quatro anos, os atenienses levavam sua política a sério. O termo democracia era sinônimo de *isonomia* — "igualdade" —, e aqueles que não desejavam se incomodar com ela eram considerados *idiotes*.[11] Hoje, a palavra que descende dela significa apenas "imbecil", mas já teve uma força muito maior. O hino de Péricles em louvor à democracia ateniense soa como um manifesto a favor do tipo de soberania pela qual os movimentos sociais estão lutando:

> Levando tudo em conta, então, declaro que nossa cidade é um exemplo para a Grécia e que, em minha opinião, cada um dos nossos cidadãos, em todos os variados aspectos da vida, é capaz de se mostrar o justo senhor e amo de si mesmo, fazendo isso, além do mais, com graça e versatilidade excepcionais.[12]

Não é preciso ser ateniense para praticar a democracia. A Universidade de Wuppertal, na Alemanha, tem um grupo de planejamento, e o Jefferson Center, em Minneapolis, uma "política de júri" que seleciona cidadãos ao acaso para deliberar, ouvir depoimentos de especialistas e tomar decisões democráticas com "resultados razoavelmente coerentes".[13] No fim das contas, porém, nenhum movimento sabe ao certo como construir uma democracia que funcione. A ideia de Dan Moshenberg de que a cidade se desdobra para conquistá-la e o espanto de Han Dongfang por não saber como dar o primeiro salto seriam familiares aos homens e mulheres da floresta de Lacandon, em Chiapas, no México. Ali, os zapatistas estão forjando um novo tipo de democracia. Os erros que ocorrem no caminho fazem parte daquele processo de democracia, que tem um nome: *Preguntando caminamos* — perguntando caminhamos. Para vê-los em ação, viajei até o México.

Lá vi um monte de máscaras. No aeroporto da Cidade do México, todas as pessoas usavam uma pequena máscara cirúrgica azul — recebi a minha das mãos de um soldado que me indicou, com sua arma, que eu ficaria melhor se a usasse. Estávamos nos protegendo uns dos outros. Algum outro viajante poderia ser portador do vírus da gripe suína — o surto acabara de começar. As máscaras eram o sinal mais visível de que o México estava experimentando uma externalidade maciça, que tinha tudo a ver com os alimentos e, em breve, se espalharia para muito além das fronteiras do país.

Embora não estivesse sendo noticiado na mídia dominante dos países de língua inglesa,[14] a imprensa mexicana vinha escrevendo havia algum tempo sobre as péssimas condições de saúde das Granjas Carroll, subsidiárias da norte-americana Smithfield, empresa de corte de carnes.[15] Na unidade operacional de La Gloria, no estado de Veracruz, cerca de 1 milhão de porcos são mortos a cada ano.[16] Foi ali, no dia 30 de março de 2009,[17] quase um mês antes que a epidemia atacasse a Cidade do México, que os funcionários da saúde registraram o primeiro caso de gripe suína. O vírus que se espalhou no México e no sul dos Estados Unidos é um novo H1N1, que migrou dos porcos para os seres humanos.

A empresa Smithfield insiste que testou seus porcos repetidamente e confirmou que estavam livres do vírus, embora o *New York Times* noticie o ceticismo de alguns veterinários especializados quanto à relevância desses testes. A responsabilidade da Smithfield pela propagação da epidemia ainda precisa de confirmação empírica, e alguns funcionários federais afirmaram que a doença começou na Ásia, e não no México. Mesmo assim, alguns tipos de confinamento de animais permanecem sendo um foco muito provável de origem da enfermidade.[18]

Enquanto isso, todo mundo tinha de andar pelo espaço público do México usando máscaras azuis. Nossas partes mais perigosas eram as bocas.[19] Meu destino, contudo, não era a Cidade do México, mas Chiapas, o estado mais ao sul do país. Lá, vi máscaras completamente diferentes quando encontrei os zapatistas, grupo rebelde que declarou guerra ao governo mexicano em 1994. Foi com esta proclamação que eles formalizaram a situação geral predominante na região meridional do México durante os últimos quinhentos anos:

> Somos o produto de quinhentos anos de lutas: primeiro, contra a escravidão; em seguida, durante a Guerra de Independência contra a Espanha comandada pelos insurgentes; depois, para impedir que fôssemos absorvidos pelo imperialismo norte-americano; e, então, para promulgar nossa constituição e expulsar o império francês de nosso território; mais tarde, a ditadura de Porfírio Diaz nos negou a justa aplicação das leis da Reforma e as pessoas se revoltaram, surgindo líderes como Villa e Zapata, homens pobres como nós. Não tivemos preparo algum, de modo que eles pudessem nos usar como bucha de canhão e pilhar as riquezas de nosso país. Eles não se importam que não tenhamos nada, nem mesmo um teto sobre nossas cabeças, nem terra, nem trabalho, nem assistência médica, nem comida, nem educação. Também não podemos eleger, livre e democraticamente, nossos representantes políticos, e não existe independência em relação aos estrangeiros, nem paz ou justiça para nós e nossos filhos.[20]

Nos quinze anos que se seguiram a essa declaração, eles conquistaram terra — segundo algumas estimativas, mais de 200 mil hectares[21] —, construíram hospitais de pronto atendimento e ergueram escolas para as dezenas de milhares de pessoas de seus territórios "libertos". Sua maior vitória, no entanto, foi ter arquitetado aquilo que já se aclamou como o experimento mais bem-sucedido de democracia e justiça. Fui a Chiapas para falar com os representantes das Juntas de Buen Gobierno (Conselhos de Bom Governo, ou Juntas, na forma abreviada). E, quando os conheci, eles estavam usando seu acessório emblemático — máscaras de esqui.

Além das razões óbvias de tentarem se proteger da caçada do governo mexicano — um destino cada vez mais provável diante da recente expansão das forças militares em Chiapas —, existe outra explicação para as máscaras. A base da democracia zapatista é o povoado, normalmente composto por algo entre quinze e cem famílias. Eles realizam assembleias regulares a que todo mundo pode comparecer, e nas quais todos são encorajados a falar. Na reunião, o povoado indica dois ou, às vezes, quatro *responsables*, mulheres e homens em igual proporção, para atuar tanto como autoridades locais quanto como representantes na municipalidade regional (formada por algo entre quinze e cem povoados). Juntas, essas municipalidades selecionam um grupo de membros de todas as vilas para integrar a Junta de Buen Gobierno — ao todo, são cinco, cobrindo todo o território controlado pelos zapatistas. Os escolhidos deixam seus povoados e servem no quartel-general da Junta por uma semana em cada seis, durante um período de três anos. Depois disso, não servirão outra vez. Com essa rotatividade permanente, os rostos mudam o tempo inteiro, mas a função da Junta continua a mesma.

O espaço das balaclavas é um sinal de que os povos indígenas estão se engajando na democracia sem o seu sintoma mais infeccioso — as eleições. Em vez de se sentarem em escritórios individuais com ar-condicionado em frente a grandes retratos de si mesmos, esses funcionários democratas servem à comunidade de forma anônima, com os rostos escondidos pelas máscaras dos cargos que assumiram. As máscaras de esqui são úteis ainda a outro propósito político. Elas indicam que, quando você visita a Junta, não está ali para ver uma pessoa em particular — você veio para ver *o povo*. As máscaras revelam que a face mais importante na sala é a sua. Todavia, existem prestações de contas — algumas vezes, as Juntas publicam *denuncias*, cartas abertas que acusam violações de direitos humanos, como fizeram recentemente, quando o exército mexicano, sob pretexto de procurar plantações de maconha na "guerra contra as drogas", destruiu a principal plantação coletiva de milho, na cidade de La Garrucha. Nesses casos, os membros da Junta assinam os seus nomes verdadeiros, mas, quando estão trabalhando, suas máscaras representam o manto do cargo.

Na entrada dos territórios zapatistas, existe sempre um cartaz que diz "*Está usted en territorio rebelde zapatista. Aquí manda el pueblo y el gobierno obedece.*" (Você está em território rebelde zapatista. Aqui, o povo manda e o governo obedece.) Isso está em claro contraste com o notoriamente corrupto partido governista mexicano, PRI (Partido Revolucionário Institucional, que, apesar do nome, é mais estruturalmente alinhado com o Partido Republicano dos Estados Unidos e com o Partido Conservador da Grã-Bretanha). Conforme a explicação de um dos membros da Junta, "no México, o governo federal tenta comprar seu voto, o PRI oferece refrigerante em troca da sua consciência. Aqui, não somos remunerados — fazemos isso porque fomos escolhidos." Eles se mostraram ansiosos para enfatizar que não estavam ali porque queriam. Quando estão servindo no quartel-general da Junta, precisam encontrar alguém para cuidar de suas plantações ou de seus filhos, e ainda assim, sem exceção, disseram que era importante estar ali.

Entrevistar os membros da Junta é algo extraordinário. Nomes, idades, ocupações e opiniões pessoais estão fora de questão, porque são irrelevantes (ver acima). Pediram-me que apresentasse uma lista de perguntas por escrito, ponderaram suas respostas coletivamente, sem a minha presença, e depois me convidaram para ouvir cada membro da Junta ler uma resposta da cada vez. Isso leva tempo. Não é à toa que o nome dos cinco quartéis-generais da *Junta* zapatista é "Caracol". Perguntei a um dos membros por quê. "Três razões — primeira, o caracol anda devagar, porém com firmeza; segunda, nossos ancestrais sopravam dentro de uma concha para convocar reuniões; terceira, o formato da concha mostra como a informação entra e sai do caracol, e é assim que trabalhamos: escutando e trocando."

Aqueles que têm familiaridade com o movimento Slow Food verão algumas semelhanças aqui. Essa filosofia da comida lenta rejeita a aceleração trazida pelo capitalismo à alimentação, insistindo que os alimentos deveriam ser produzidos em consonância com o meio ambiente e respeitando o trabalho que o produz. Comida lenta, e não comida rápida.* Se você já experimentou "comida lenta", sabe que a experiência pode ser sublime e transformadora. Embora o movimento tenha reputação de ser um clube de classe média alta, seu DNA é radical e tem ressonância com os zapatistas — compartilha a noção de que *todo mundo* tem o direito de participar e usufruir do mundo à sua volta, e que a democracia genuína leva tempo. A piada sobre os zapatistas é assim:

> P: Quantos zapatistas são necessários para trocar uma lâmpada?
>
> R: Volte daqui a duas semanas.

O que os zapatistas estão praticando é política lenta. Visitantes e organizações não governamentais que tentam trabalhar com eles podem ficar um tanto impacientes com o processo de consultas permanentes, discussões e deliberações. Não parece eficiente, e as ONGs se sentem frustradas por terem de esperar, mas isso consiste em um erro de avaliação do tempo. Não é que o governo zapatista seja incapaz de apresentar respostas rápidas. Você não gostaria de receber atendimento de emergência deliberativo, e os zapatistas possuem duas ambulâncias e uma clínica que oferecem cobertura imediata e universal. Todavia, decisões no âmbito da política e da justiça tomam tempo — você não apressaria o julgamento de um criminoso, nem encurtaria a apresentação das provas, a fim de produzir um veredito mais rápido, e o mesmo acontece na política. A urgência é célere. A insurgência demora muito mais.

É como tornar mais claro um argumento que ouvi. "As pessoas sabem que declaramos guerra há quinze anos", afirmou um dos homens mascarados. "Mas as pessoas também sabem que o tiroteio durou apenas doze dias. A guerra política foi muito mais importante. A construção de uma escola secundária é demorada — primeiro, tivemos de fazer todas

* Ou seja, fast-food. (N.T.)

as escolas primárias. Nada acontece da noite para o dia. Leva tempo para encontrar a forma."

Mais uma vez, essa forma não é óbvia, nem pode ser encontrada na primeira tentativa. "Não sabíamos o que estávamos fazendo", disse uma mulher cujo semblante indicou que teria uns trinta anos. "Não sabíamos sequer se um governo conduzido como o nosso era possível. Mas mostramos que sim." O fato de que o processo funciona melhor quando as pessoas gastam mais tempo com ele foi descoberto apenas recentemente, por psicólogos e economistas behavioristas. Num artigo, pesquisadores citaram a passagem da autobiografia de Henry Ford em que ele afirmou que "a perda de tempo difere da perda material porque não deixa sobras".[22] O que os economistas demonstram, e os zapatistas sabem, é que um sistema corretamente estruturado permite a construção de uma grande confiança entre os participantes, por meio do tempo que eles passam juntos.

As Juntas têm sido tão bem-sucedidas que mexicanos comuns, não zapatistas, procuram seu aconselhamento. Os zapatistas recebem qualquer um. Sua reputação de imparcialidade de julgamento é tamanha que sua estrutura de governo é respeitada pelos cidadãos e pelo Estado, na solução de casos que variam de divórcio a assaltos. O povo local prefere as deliberações das Juntas ao sistema judiciário federal, onde o caso vai ser resolvido em benefício daquele que for mais generoso nas propinas dadas aos funcionários do tribunal.[23] A justiça oferecida pelos zapatistas é mais transformadora que punitiva. Há uma cadeia, que é ocupada principalmente por bêbados, mas o encarceramento não é a solução para a maioria dos problemas. Os tipos de punição que as Juntas recomendam são advertências, obrigações e serviço comunitário. Num caso que envolveu o roubo de mais de 40 mil dólares de um caminhão que carregava dinheiro para pagamento dos salários dos funcionários públicos, a Junta primeiro procurou os ladrões, forçou-os a devolver o dinheiro ao governo e, depois, deliberou suas sentenças. Ficou decidido que mandá-los para a cadeia só prejudicaria suas famílias, que teriam de trabalhar nas plantações sem contar com a ajuda deles, e assim eles foram condenados a 365 dias de trabalho comunitário, sendo que metade do tempo eles passariam nas roças das famílias e o resto à disposição do serviço público. Isso fica a quilômetros de distância da indústria prisional dos Estados Unidos, que lidera o índice mundial de encarceramentos, em nome da "segurança pública".

As Juntas também se preocupam com os direitos comuns, buscando a melhor forma de compartilhar os recursos das terras que reivindicaram aos grandes proprietários. O equilíbrio entre as necessidades econômicas da comunidade e a capacidade do ecossistema de atendê-las é uma arte delicada. Uma Junta estabeleceu restrições à derrubada de árvores saudáveis (caso isso precise ser feito, três novas mudas são plantadas para compensar). As receitas são repartidas entre as comunidades e a Junta.[24] Outra Junta percebeu o declínio dos rendimentos da terra que lhes havia sido delimitada pelo governo mexicano. Métodos tradicionais de recuperação da fertilidade do solo implicavam deixar parte da terra descansando por muitos anos, mas com a redução do montante de território disponível determinada pelo governo, a agricultura precisou se tornar mais intensiva. Fazendeiros próximos adotaram as tecnologias da revolução verde, empregando sementes e fertilizantes e, após alguns anos, seu solo estava completamente empobrecido. Ao ver a necessidade de um sistema de agricultura intensiva que não destruísse a terra, a Junta começou a realizar sua própria pesquisa agroecológica e serviços correlatos, de modo a ensinar a seus membros como plantar em harmonia com o meio ambiente e os recursos naturais. Como afirmou um dos membros da Junta, "viemos da natureza e sabemos que não podemos viver sem ela".

As restrições ecológicas e a agressão crescente dos militares mexicanos tornam a vida difícil. "A situação econômica não é boa e, sim, os jovens estão indo embora. Quando voltam, estão diferentes — não respeitam os mais velhos ou os irmãos", disse um dos representantes mais idosos. "O governo sabe o perigo que nossa organização significa para eles. Eles preferem manter os jovens confusos e desorientados." A Junta sugere que a melhor arma para esse tipo de desorientação é fazer com que as pessoas se tornem seu próprio governo, mais do que simplesmente ficar na oposição e deixar a governança para terceiros. Isso exige tanto o controle material dos recursos quanto o diálogo permanente sobre como a comunidade vai administrar o uso desses recursos.

Os zapatistas também sabem que nossa parte mais perigosa é a boca.

Superando a cegueira de Anton

A democracia zapatista faz com que a nossa pareça decrépita e oca. Nossa versão é muito diferente da de Atenas, menos uma democracia e mais uma reclamocracia — um meio de desocupar o trono do poder quando o ocupante for muito problemático. O vazio da política democrática moderna explica por que, da campanha da Cidade do México pelo voto nulo aos clamores de "Sem Terra, Sem Casa, Sem Voto" na África do Sul, as pessoas estão reagindo às eleições não fazendo qualquer das escolhas das cédulas. O controle real e genuíno do poder é algo que muitos de nós jamais chegamos a ver — temos vivido na cegueira de pensar que praticamos aquilo que nos prometeram.

Para colocar os mercados sob controle, precisamos subjugar governos e corporações, e existem maneiras de fazer isso — todavia, elas exigirão que superemos não só nossa cegueira econômica atual, mas também nossa cegueira política, se quisermos florescer e salvar nosso planeta das forças destrutivas que desencadeamos sobre ele.

No romance de Chuck Palahniuk *Clube da Luta*, a primeira e a segunda regras determinam que não se deve falar sobre o Clube da Luta. A regra fundamental da democracia genuína é que *é preciso* falar sobre ela. São necessárias reuniões em que as pessoas possam moldar os termos com que se determina o valor. A participação nesse tipo de encontro não é algo que se aprende na escola. Operários chineses, moradores de favelas e *hackers* aprenderam que as competências de que necessitavam para se tornar cidadãos democráticos foram ensinadas pelo caminho. Não que essa habilidade não possa ser ensinada — a sociedade de mercado é que a julgou supérflua. A escola ensina a ser produtivo, seguir instruções e responder ao controle — a última coisa que as provas padronizadas de hoje encorajam é o questionamento saudável sobre como governar a si próprio. O secretário de Educação do governo Obama, Arne Duncan, foi claro em relação a seu cargo: "Existe uma real compreensão do imperativo econômico. Precisamos educar nosso caminho [rumo a] uma economia melhor."[25] O que a política da soberania sugere é que qualquer um pode ser professor, empreendedor da mudança inspirado por algo diferente da motivação pelo lucro.[26]

Não que as reuniões sejam sempre interessantes. Abbie Hoffman — escrevendo sob o pseudônimo de "Livre" — participou de um bom número de encontros, que ele descreveu como: informação, meditação, experiência, diversão, confiança, ensaio e drama, mas também como "baboseiras ... reuniões são um pé no saco". Esses eventos, no entanto, são o cenário no qual podemos estabelecer as regras de forma que, quando oferta e demanda se encontram, as consequências não sejam assim tão devastadoras.[27]

Tomando o que podemos da sociologia dos direitos comuns, uma democracia genuína parece implicar a mudança do modo com que nos relacionamos com o mundo à nossa volta, e o avanço para além da propriedade e da administração de patrimônio em direção à comunidade. Isso não é um apelo ao abandono de toda e qualquer propriedade — a propriedade pessoal é importante, e de acordo com parâmetros razoáveis ninguém deveria ser negado a isso. Nem é um chamado ao abandono dos mercados — os mercados são boas maneiras de descentralizar a tomada de decisões, e fica difícil imaginar uma democracia saudável na qual as pessoas possam ser livres sem mercados. A economista britânica Diane Elson observa que mesmo os grupos comunitários utópicos criam algum tipo de mercado e de ferramenta de troca — sistemas puros de escambo são difíceis de administrar, e mercados controlados democraticamente tornam o intercâmbio mais fácil, ao mesmo tempo em que abrem espaço, dentro de si, para elaborar e ajustar preços. O que precisa ser extirpado dos mercados é a fome perpétua e opressora de expansão e lucro, que nos levou às raias da catástrofe ecológica; o que precisa ser arrancado de dentro de *nós* é a crença de que os mercados são a única forma de avaliar nosso mundo.

Ao desenvolver novas maneiras de respeitar o valor do mundo à nossa volta, precisamos compreender que nada é perfeito — comunidades podem fracassar, e a própria democracia necessita de uma rede protetora. Direitos humanos são vitais — embora o processo pelo qual eles foram difundidos possa ter sido maculado, a própria ideia dos direitos propiciou uma vida mais democrática. Essas reivindicações aplainam o terreno da disputa no plano doméstico, e também internacionalmente — os direitos se traduzem no comprometimento dos países ricos com a dívida que têm com os mais pobres (e, é óbvio, no cancelamento da dívida de que são credores). O resultado disso não é socialismo de mercado — o nome que Diane Elson lhes dá é mercados socializados. Se você não gosta desse termo, talvez possa adotar a sugestão de Polanyi, que se encaixa bem aos nossos tempos — pense neles como mercados reimplantados, mercados dirigidos pelas necessidades, e não pelo lucro.[28]

Existem muitas barreiras no caminho de uma sociedade mais justa e compassiva. A concentração de recursos e poder nas mãos de poucas pessoas e entidades econômicas milita contra o sucesso da democracia. Necessitamos de uma ideia mais *plástica* de propriedade, em que propriedades e mercados estejam sempre subordinados à considerações democráticas de igualdade e sustentabilidade. Isso é exatamente o que o movimento pelo software livre vem fazendo — retalhando a sociedade de mercado e colocando seu poder nas mãos de todo mundo. O que seu exemplo também mostra é que a democracia não vem por meio de busca direta. O álibi da "democracia" acabou abrindo espaço para diversas políticas antidemocráticas, do Iraque ao Afeganistão — mas, aquilo que o software livre, a soberania alimentar e as políticas dos moradores de barracos têm em comum é a ideia de que a democracia ativa e participativa não funciona em benefício próprio, mas como a melhor forma de se compartilhar os recursos do mundo.

A base para o avanço em direção a economias mais igualitárias e sustentáveis também já está sendo construída, não só nos campos e favelas do Sul Global, mas também no país mais capitalista do mundo. Apesar da violência sofrida (e, algumas vezes, autoinfligida) pelo movimento sindicalista dos Estados Unidos, alguns trabalhadores estão assumindo o controle de seus locais de trabalho. Quando eles ao mesmo tempo possuem suas corporações e ajudam a administrá-las, elas obtêm resultados muito melhores que as que não são nem possuídas nem geridas pelos funcionários.[29] Cooperativas de crédito, por exemplo, agradam bastante os seus proprietários — e eles são todos aqueles que poupam na cooperativa. Taxas de juros são altas para os poupadores e baixas para os que tomam empréstimos; a cooperativa de crédito é mais sensível às demandas da comunidade e parece estar menos exposta aos dissabores da crise financeira.

Há exemplos menores diários de pessoas que se juntam e trabalham, partilhando e doando coisas para o bem comum. O movimento pelo software livre é um caso que demonstra melhor do que tudo os significados contrastantes de "grátis". Essa abordagem aberta pode dar certo no mundo real. Voltando a uma tendência que discutimos antes, inúmeras comunidades estão perdendo seus jornais locais. Em Carbondale, no Colorado, um semanário rural local chamado *The Valley Journal* fechou as portas em fevereiro de 2009. Um pequeno grupo de cidadãos decidiu criar seu próprio substituto porque, nas palavras de um de seus fundadores, "é pura perda de tempo ficar sentado e lamentar a morte de nosso jornal".[30] Sem dúvida, esses tipos de operações voluntárias precisam lutar por financiamento, e desse modo o jornal está procurando alguma espécie de patrocínio. Como um dos membros da associação comercial local argumentou, "toda cidade deveria ter um parque, uma biblioteca e um jornal". Isso, é claro, sugere de onde deveriam vir os recursos. Parques e bibliotecas, em geral, não são administrados por fundações ou patrocinadores individuais. São dirigidos por meio de fundos públicos, e não há razão para supor que esses eixos importantes do engajamento comunitário não devam ser amparados, como foram na última depressão, com financiamentos públicos.

Todavia, para que isso aconteça, precisamos de imaginação para recuperar tanto a democracia quanto a economia — necessitamos compreender a falha elementar de presumir que ambas poderiam estar separadas. Isso significa contar para nós mesmos histórias diferentes, a fim de substituir as fantasias acerca do livre-mercado. Vamos voltar à analogia da cegueira de Anton, a qual, admito, não é a primeira metáfora médica para a economia. Há uma história de uso das analogias de doenças e tratamentos para falar de um mundo maior, em especial quando esse mundo parece doente.[31] Os dois primeiros teóricos europeus do dinheiro usaram ideias de loucura. John Locke não foi apenas o pai intelectual do capitalismo liberal moderno, mas também um médico renomado. Ele desenvolveu uma teoria controvertida sobre a loucura, que foi aplicada tanto em contextos médicos quanto econômicos. Ao contrário de seus contemporâneos, Locke não encarava a loucura como sinal de que os insanos não tivessem a faculdade da razão, mas como expressão de que sua razão era enganada por "informações ruins". Para ele, a cura estava em tolher a liberdade das mentes doentes, em alguns casos literalmente, para que elas pudessem ser treinadas de novo. Ele dispensou conselhos semelhantes às economias arruinadas. Na época de Locke, a grande crise de valor advinha do aviltamento da moeda — falsificadores e fraudadores de todos os tipos alteravam e raspavam as bordas das moedas de prata, tornando seu valor de face até mais de 50% maior que o real:

> Não surpreende que o preço e o valor das coisas sejam confundidos, e incertos, quando a própria medida se perdeu. Pois, agora, não temos mais qualquer moeda legítima de prata entre nós; e, portanto, não podemos falar nem julgar corretamente, a partir do dinheiro presente, incerto e raspado, o valor e o preço das coisas.[32]

Sua solução era o governo pegar uma moeda de, digamos, trezentos gramas de prata, e reeditá-la de modo mais adequado como uma de duzentos gramas. Ao transformar as moedas em dispositivos educacionais independentes destinados a corrigir a insanidade da unidade monetária devassa, Locke vinculou loucura e dinheiro.

John Maynard Keynes considerava o economista um tipo especial de médico profissional que conserta a economia e prescreve um regime preventivo capaz de mantê-la saudável. Em suas palavras, "seria esplêndido se os economistas pudessem pensar sobre si mesmos com humildade, como pessoas competentes do mesmo nível dos dentistas".[33] Esse modelo, embora seja rico ao diagnosticar os problemas da economia como resultantes de inevitáveis altos e baixos da psicologia social no domínio financeiro, ainda deixa o tratamento da doença econômica nas mãos de poucos cirurgiões sociais suficientemente bem qualificados.

O livro de Naomi Klein *A doutrina do choque* mostrou como essa lógica foi atualizada pelos fundamentalistas do livre-mercado, que buscaram inspiração nos tratamentos para doenças mentais realizados com a terapia do eletrochoque. A adaptação da terapia do eletrochoque na terapia de choque do livre-mercado é um processo que ainda estamos vivendo e tem uma história longa e dolorosa.

A analogia com a cegueira de Anton não é um apelo para que um exército de neurologistas venha nos curar. Invariavelmente, não existe remédio para a doença que faz com que um cego acredite que pode enxergar. Os pacientes precisam deixar de crer naquilo que veem em suas mentes, a fim de desenvolver formas de vida sem a visão, apoiando-se em outros sentidos e em outras pessoas, de modo a poder viver plenamente. Em vez de ficar esperando pela cura dos erros cometidos pelos preços, precisaremos aceitar que os preços podem nos dar, no máximo, uma noção embaçada de prioridades e possibilidades. Jamais seremos capazes de ver o mundo claramente através do vidro do mercado. E isso não é uma coisa ruim. Armados desse conhecimento, podemos nos adestrar para utilizar nossos outros sentidos e conhecer o mundo de diferentes maneiras. O mesmo precisa acontecer com a forma pela qual abordamos nossa economia e nossa sociedade. Fomos socializados para pensar apenas em termos do valor monetário das coisas, mas isso nos faz encolher. Devemos admitir que os preços não sinalizam as nossas crenças — somente estaremos na trilha da recuperação depois de cessarmos a confabulação sobre eles.

Discussão, regulação, confiança, generosidade e autocontrole são meios de recuperar aquilo de que o mercado nos privou psicologicamente. Se exercitarmos essas faculdades, como sugeriu Michael Sandel, filósofo político de Harvard, elas se tornarão mais robustas. E isso coloca a questão de como construir o nosso próprio corpo político. Todos os ativistas citados neste livro afirmaram que não existem garantias, que fazemos o caminho andando nele. E é isso que precisaremos fazer, a fim de confrontar as desigualdades de poder, em especial aquelas causadas pelas pessoas artificiais que nos rodeiam, as corporações e os governos. Sem dúvida, isso representa ação direta para tornar o mundo mais justo. Se a perspectiva parece inquietante, é porque deveria ser mesmo — é um anátema à política da paciência e da passividade na qual fomos levados a acreditar. A perda das ilusões nunca é fácil, mas para enxergar além das limitações do mercado necessitaremos experimentar modos de compartilhar o mundo e de descobrir como é possível juntar recursos. No caso dos serviços de saúde e do sistema bancário, isso significa nacionalização.[34] Em outros aspectos, trata-se de construir novas maneiras de compartilhar e de limitar. Em todos os casos, significa desenvolver coletividades que respeitem os direitos humanos, ajudando-nos, ao mesmo tempo, a avaliar o mundo de maneira diferente.

Falar do desenvolvimento de nossas faculdades embotadas pode parecer coisa de ficção científica, ou de "uso da Força", como no universo de *Guerra nas estrelas*. Octavia Butler, uma das poucas mulheres afro-americanas que escreve ficção científica, defendeu seu ofício em termos muito relevantes para nós. Ao responder à questão "Qual a vantagem da ficção científica para os negros?", ela escreveu:

> Qual a vantagem da reflexão da ficção científica sobre o presente, o futuro e o passado? Qual a vantagem de sua tendência para advertir ou para considerar formas alternativas de pensar e fazer? Qual a vantagem de sua análise dos possíveis efeitos da ciência e da tecnologia, ou da organização social e do rumo político? Na sua melhor forma, a ficção científica estimula a imaginação e a criatividade. Ela conduz leitor e escritor a terrenos inexplorados, longe dos limites estreitos daquilo que "todo mundo" está dizendo, fazendo, pensando — seja lá quem for esse "todo mundo" nos dias de hoje.
>
> E qual a vantagem disso tudo para as pessoas negras?[35]

A fim de recuperar a política, nós também vamos precisar de mais imaginação, criatividade e coragem. Precisaremos lembrar que o triunfo da democracia não vem da urna eleitoral, mas das circunstâncias que a tornam possível: igualdade, responsabilidade e a possibilidade da política. Precisaremos compreender que nossa felicidade coletiva e individual será destruída se nos tornarmos os monstros de Greenspan, papel para o qual quase todos fomos treinados desde o nascimento, batizados na cultura do consumo e embriagados de desejo material até morrermos. No futuro sustentável, precisaremos de mercados, mas eles serão mantidos com firmeza em seus lugares, a fim de impedir que as motivações, paixões e recursos que umas poucas pessoas são capazes de extrair deles continuem a corromper o restante da sociedade e o planeta. Precisamos olhar, avaliar e tomar conta do mundo de formas mais democráticas, perceber que a propriedade e o governo podem ser mais maleáveis do que jamais pensamos. Em última instância, isso deverá ser um empreendimento coletivo, árduo, porém infinitamente mais compensador que a atual sociedade de mercado. Nossa felicidade não pode advir da busca solitária, mas da liberdade de vivermos juntos e nos engajarmos na política democrática que nos ajudará a valorizar nosso futuro comum.

Notas

1. A falha (p.9-29)

1. A. Greenspan, "Depoimento do dr. Alan Greenspan ao Comitê de Supervisão e Reforma Governamental, 23 de outubro de 2008" ["Testimony of Dr. Alan Greenspan to the Committee of Government Oversight and Reform, October 23, 2008"].
2. E. Luce e C. Freeland, "Summers calls for boost to demand".
3. *Time*, "10 questions for Jim Cramer".
4. Se você se lembrar de que *A metamorfose* começa com Samsa acordando como um besouro, também está certo. A palavra alemã que no original designa aquilo em que Samsa se transforma é *Ungeziefer*, que se traduz para o português como "peste". Os tradutores tomaram a liberdade de interpretá-la como algo de seis patas. Vladimir Nabokov sugeriu num conhecido ensaio que, debaixo da carapaça, Samsa tinha asas, mas nunca descobriu: "Esta minha bela observação deve ser apreciada por vocês ao longo de toda a vida. Alguns Gregors, alguns Joes e Janes não sabem que têm asas." V.V. Nabokov e F. Bowers, *Vladimir Nabokov: Lectures on Literature*, p.259.
5. Essa é uma prática contábil que ironicamente foi introduzida pela Comissão de Títulos e Valores dos Estados Unidos como ferramenta para "proteger os investidores". Tal técnica de contabilidade era generalizada na fraude da Enron e na falência da Administração do Capital de Longo Prazo.
6. S.J. Grossman e J.E. Stiglitz, "On the impossibility of informationally efficient markets".
7. Economistas behavioristas agora tentam remendar esses modelos incorporando o fato de que investidores podem ser irracionais. Isso é um reflexo na disciplina de que, quando os modelos falhavam, os economistas decidiam que o mundo é que era falho. As mudanças da vida real que precisam ser incluídas nesses modelos são chamadas de "imperfeições". A disciplina está despertando para o comportamento de pessoas irracionais, detentoras de informações imperfeitas, em mercados imperfeitos.
8. Para saber mais, ver J. Fox, The *Myth of the Rational Market: A History of Risk, Reward, and Delusion on Wall Street.*
9. G. Farrell e S. O'Connor, "Goldman sachs staff set for record pay".
10. A. Clark, "Indiana tries to halt chrysler deal"; M. Taibbi, "The great American bubble machine".
11. N.N. Taleb, "Ten principles for a black swan-proof world".
12. O analista que mais merece o crédito de ter previsto isso é o sociólogo Giovanni Arrighi, que morreu quando este livro estava no prelo. Autor de *O longo século XX*,

ele argumentava que o capitalismo se fortalece nesses períodos de crise financeira, por meio da desintegração de uma combinação entre governo e capital simultânea ao surgimento de outra: primeiro os genoveses (da década de 1340 à de 1630), depois os holandeses (dos 1560 aos 1780), então os britânicos (dos 1740 aos 1930) e em seguida os norte-americanos (de mais ou menos 1870 até hoje). Por suposição, ao terminar o seu livro em 1994, Arrighi pensou que o provável sucessor dos Estados Unidos após o colapso de seu sistema seria o Japão. Porém, agora com Índia e China como grandes centros financeiros internacionais, e com a emergência de fundos soberanos multibilionários em dólares, parece que Estados e finanças estão de fato se recombinando de novas maneiras. Um novo mundo financeiro multipolar já está sendo estabelecido, mas continua um mundo sujeito aos caprichos da finança, onde 1 trilhão de dólares é somente um crédito eletrônico no éter, que pode beneficiar ou quebrar países inteiros. Para saber mais, ver G. Arrighi, *O longo século XX: dinheiro, poder e as origens do nosso tempo*.

13. Sem dúvida, a Grande Depressão foi um problema para a Europa e os Estados Unidos. Hoje, porém, o planeta é muito maior e, uma vez que a economia mundial é muito mais fortemente integrada do que era há oitenta anos e engloba muito mais pessoas, a escala da crise econômica atual é bem superior.
14. Citado em M.P. Mostert, "Useless Eaters: disability as genocidal marker in nazi german".
15. J.E. Stiglitz e L. Bilmes, *The Three Trillion Dollar War: The True Cost of the Iraq Conflict*, p.138. Para compreender por que comparações desse tipo são perturbadoras, ver T. Pogge e S.G. Reddy, "How not to count the poor".
16. Millenium Ecosystem Assessment, *Ecosystems and Human Well-Being Synthesis*.
17. Porém, ver em George Monbiot razões sensatas para reduzir as emissões de CO_2 para menos de 350 partes por milhão de qualquer modo. G. Monbiot, "If we behave as if it's too late, then our prophecy is bound to come true".
18. As visões de Daly sobre população, inclusive as "licenças de nascimento", são preocupantes. Para saber mais sobre as problemáticas políticas de controle da natalidade, ver J.R. Kasun, *The War Against Population: The Economics and Ideology of World Population Control*.
19. H.E. Daly, "In defense of a steady-state economy".
20. L.D. Kartsounis, M. James-Galton e G.T. Plant, "Anton Syndrome, with vivid visual hallucinations, associated with radiation induced leucoencephalopathy".
21. V.S. Ramachandran e D. Rogers-Ramachandran, "Denial of disabilities in anosognosia".
22. A.O. Hirschman, *Saída, voz e lealdade*.
23. De fato, uma das funções ideológicas da teoria econômica contemporânea é obscurecer a diferença e fundir necessidade com lucro, facilitando a construção de um mundo no qual tudo está à venda.

2. Tornando-se o *Homo economicus* (p.30-44)

1. J.S. Mill, *Essays on Some Unsettled Questions of Political Economy*, p.144.
2. Ibid., p.145 (itálicos acrescidos).
3. G.S. Becker, *The Economic Approach to Human Behavior*, p.14 (itálicos no original).
4. T. Frängsmyr (org.), *Les Prix Nobel. The Nobel Prizes 1992*.
5. Para uma discussão reflexiva, ver em especial A. Rosenberg. "Review Symposium: can economic theory explain everything?"
6. G.S. Becker, "Competition and democracy", p.106.
7. G.S. Becker, "A theory of marriage: part i", p.819. Como observaram alguns críticos, Becker é extremamente heteronormativo — na medida em que uma das razões trans-históricas para contrair matrimônio é ter os próprios filhos com alguém do outro sexo, só há espaço para heterossexuais nas famílias de Becker. Críticas a Becker nessa questão podem ser lidas em F. Haberman, *Der homo oeconomicus und das Andere Hegemonie, Identität und Emanzipation*; e C. Danby, "Political economy and the closet: heteronormativity in feminist economics".
8. Ibid., p.822.
9. G.S. Becker, *A Treatise on the Family*, p.117.
10. Para saber mais, ver B.R. Bergmann, "Becker's theory of the family: preposterous conclusions".
11. Ibid., p.145.
12. M. Brokenleg, "Native American perspectives on generosity".
13. G. Marwell e R.E. Ames, "Economists free ride, does anyone else?". Hoje, os economistas discutem se seus cursos estão formando cidadãos piores — os argumentos mais convincentes apontam na direção do sim, o que também é um mau agouro, pois os artífices da política econômica global são feitos da mesma matéria que eles. R.H. Frank et al., "Do economists make bad citizens?".
14. J. Henrich et al., "Economic man in cross-cultural perspective: behavioral experiments in 15 small-scale societies".
15. Embora este resultado seja muito melhor que as previsões do *Homo economicus*, também serve como antídoto para algumas das noções mais abertamente embaçadas (e disfarçadamente racistas) acerca da generosidade inata das populações indígenas que permeiam muitas culturas "alternativas" do Ocidente.
16. E. Vul et al., "Puzzlingly high correlations in fMRI studies of emotion, personality, and social cognition". Uma ressalva importante: em experimentos conduzidos recentemente em Yale, foi observado que as pessoas são sugestionáveis por uma ciência que pareça impressionante. Pesquisadores inseriram as palavras "Exames cerebrais indicam que ... por causa dos circuitos do lobo frontal do cérebro envolvidos com o autoconhecimento ...", em boas ou más explicações. Eles concluíram que, antes desse preâmbulo sobre o cérebro examinado, as pessoas tinham plenas condições de distinguir entre boas e más explicações. Todavia, depois que a sugestão do cérebro examinado foi feita, elas largaram de mão e deixaram que os neurocien-

tistas pensassem por elas. Minha mulher é neurocientista e, embora a experiência demonstre que eu deveria deixá-la pensar por mim muito mais do que deixo, ela também suspeita da tecnologia e das conclusões tiradas por seus colegas e suas grandes máquinas. A resolução do escâner de Imagem por Ressonância Magnética (IRM) é tão baixa que fica difícil saber de fato o que se passa dentro das nossas cabeças — é como tentar apreciar a *Mona Lisa* a um quilômetro de distância.

17. J. Moll et al., "Human fronto-mesolimbic networks guide decisions about charitable donation".
18. M. Bekoff., "Wild justice and fair play: cooperation, forgiveness, and morality in animals".
19. F.B.M. de Waal, "How selfish an animal? The case of primate cooperation", p.69.
20. Ver S.F. Brosnan, "Fairness and other-regarding preferences in nonhuman primates".
21. Isso quando cachorros eram treinados para dar a pata em troca de um agrado; todavia, quando um cão recebeu o agrado na frente de outro cachorro que não estava sendo recompensado por dar a patinha, o segundo animal se tornou menos cooperativo. F. Range et al., "The absence of reward induces inequity aversion in dogs".
22. Ver E. Fehr e B. Rockenbach, "Detrimental effects of sanctions on human altruism", citado em S. Bowles, "Policies designed for self-interested citizens may undermine 'the moral sentiments': evidence from economic experiments".
23. G.S. Becker, *Economic Approach to Human Behavior*, p.132.
24. Adam Smith achava que não: "Quando a Providência dividiu a Terra entre poucos mestres senhoris, não esqueceu nem abandonou aqueles que pareceram ficar de fora da partilha. Esses últimos também recebem sua parte de tudo que é produzido. No que diz respeito à verdadeira felicidade da vida humana, eles não são, sob nenhum aspecto, inferiores àqueles que estão tão acima. Para tranquilidade do corpo e da paz de espírito, todos os tipos de vida estão praticamente no mesmo nível, e o mendigo que se senta na beira da estrada possui a mesma segurança que os reis tanto almejam." A. Smith, *Teoria dos sentimentos morais*, parte 4, capítulo 1.
25. C. Nickerson et al., "Zeroing in the dark side of the american dream: a closer look at the negative consequences of the goal for financial success".
26. Idem.
27. A. Srivastava et al., "Money and subjective well-being: it's not the money, it's the motives".
28. No entanto, o importante aqui é que existe um descompasso entre dinheiro e felicidade e, se for este o caso, os mercados não serão a melhor maneira de garantir que a felicidade será maximizada. Eis um exemplo ligeiramente matemático sugerido por Gavin McCormick que considero intrigante. Suponha que Radhika e Apple-mart estejam vendendo maçãs. Em seguida, vamos imaginar que Radhika tenha uma receita de 10 dólares (e uma maçã), que a Apple-mart é propriedade integral de Bill Bates (que tem uma receita de 10 milhões de dólares

e muitas maçãs) e que aparece o sr. Jones (com uma receita de 10 mil dólares e nenhuma maçã) para comprar o almoço. Se Radhika pode vender sua maçã por 20 centavos, mas Apple-mart pode solapá-la e vender por 10 centavos graças à economia de escala, então o sr. Jones (cuja disposição é pagar 50 centavos por uma maçã) vai comprar da Apple-mart. Medido em dólares, isso gera o maior lucro possível — 40 centavos. Os dólares, porém, são meros intermediários do valor. Medidas pelo seu valor, todavia, as coisas parecem muito diferentes, pois o valor daqueles 20 centavos para Radhika (log US$10,20 - log US$10) teriam sido muito maiores que os 10 centavos para o dono da Apple-mart (log US$10 milhões e US$0,10 - log US$10 milhões) e mais os 10 centavos adicionais do sr. Jones (log US$9.999,90 - log US$9.999,80).

De modo semelhante, a disposição de pagar é um péssimo medidor de valor. Suponhamos que o sr. Bates e Radhika estejam ambos morrendo em diferentes desertos. Sejamos incrivelmente grosseiros e pensemos que suas vidas não têm valor algum exceto pela felicidade que o dinheiro lhes traz; desse modo, a vida do sr. Bates vale log (10 milhões) = 7 utils, e a vida de Radhika vale log (10) = 1 util. Em seguida, imaginemos que o sr. Jones possa salvá-los com um pequeno esforço, equivalente a um décimo de util. Se o mercado negociasse utils, está claro que o sr. Jones deveria salvar ambos, e eles poderiam criar uma taxa de mercado de resgate entre 0,1 e 1,0 util. No entanto, como o mercado opera em dólares, a transação não pode ser feita: 0,1 utils por alguém do nível de renda do sr. Jones é igual a cerca de 2.055 dólares. Assim, como Radhika só pode negociar com seus parcos 10 dólares, e não com seu valor maior de 1 util, sua vida não pode ser salva.

29. A. Sherman e A. Aron-Dine, *New CBO Data Show Income Inequality Continues to Widen.*
30. R.H. Frank, *Falling Behind: How Rising Inequality Harms the Middle Class.*
31. Departamento de Assuntos Econômicos e Sociais das Nações Unidas [United Nations Departament of Economic and Social Affairs], *The Inequality Predicament: Report on the World Social Situation 2005.*
32. W. Langley, "Profile: the king of Bhutan".
33. E isso de acordo com a hipótese de que estamos comparando coisa com coisa nos dados internacionais do PIB — mas não estamos. Ver outra vez Pogge e Reddy, "How not to count the poor".
34. J. Michaelson et al., *National Accounts of Well-Being: Bringing Real Wealth onto the Balance Sheet.*
35. J. Konow e J. Earley, "The hedonistic paradox: is *Homo economicus* happier?".
36. J.S. Mill, *The Autobiography of John Stuart Mill*, p.73 (ed. bras.: *Autobiografia*).
37. M. Foucault e M. Senellart, *Nascimento da biopolítica.*
38. Datamonitor, *Life Insurance: Global Industry Guide.*
39. V.A. Rotman Zelizer, *Morals and Markets: The Development of Life Insurance in the United States*; e *Pricing the Priceless Child: The Changing Social Value of Children.*

3. A corporação (p.45-64)

1. J. Bakan, *A corporação: a busca patológica por lucro.* Utilizando a mesma ideia, o acadêmico Lynn Stout aplicou pensamento similar à questão do *Homo economicus* e chegou à mesma conclusão. L.A. Stout, "Taking conscience seriously".
2. M. Grunwald, "Monsanto hid decades of pollution; PCBs Drenched Ala. Town, but no one was ever told".
3. *Wired*, "The future of food: how science will solve the next global crises".
4. N. Dunne, "Why a hamburger should cost 200 dollars — The call for prices to reflect ecological factors".
5. A. Harvey e T.A. Wise, "Sweetening the pot: implicit subsidies to corn sweeteners and the U.S. obesity epidemic".
6. Grupo de Trabalho Ambiental [Environmental Working Group], "Corn subsidies in the United States", *Environmental Working Group's Farm Subsidies Database.*
7. Conselho de Estatísticas do Trabalho [Bureau of Labor Statistics], "Combined food preparation and serving workers, including fast food".
8. SEIU, "SEIU beyond the bonuses: tarp"; P. Van Lier, *Public Benefits Subsidize Major Ohio Employers: A 2008 Update.*
9. Ver T. Lotshaw, "Working for welfare".
10. D. Barnard et al., "The medical costs attributable to meat consumption".
11. B.M. Popkin, "The nutrition transition and its health implications in Lower-Income countries".
12. SEI, "Price per ton of carbon offset: voluntary carbon offset information portal".
13. W. Chen et al., "Estimation of environmental cost: incurred by pesticide application in coastal agricultural region and management measures".
14. J.N. Pretty et al., "A preliminary assessment of the environmental costs of the eutrophication of fresh waters in England and Wales".
15. Ver P. Dasgupta, "Comments on the Stern review's economics of climate change" (comentários preparados para o seminário sobre o Relatório Stern sobre a Economia da Mudança Climática, organizado pela Fundação para Ciência e Tecnologia da Royal Society).
16. E.M. Tegtmeier e M.D. Duffy, "External costs of agricultural production in the United States".
17. J.N. Pretty et al., "An Assessment of the total external costs of uk agriculture".
18. *Economist*, "A survey of China's quest for resources: negative externalities".
19. *People's Daily Online*, "Desertification causes yearly loss of 54 billion yoan in China".
20. Idem.
21. Pacific Institute, "Reign of sand: inner Mongolia. A vast Chinese grassland, a way of life turns to dust".
22. P. Ford, "Drought threatens China's wheat crop".
23. Idem.

24. S.M. Swinton et al., "Ecosystem services and agriculture: cultivating agricultural ecosystems for diverse benefits".
25. H.S. Sandhu et al., "The future of farming: the value of ecosystem services in conventional and organic arable land: an experimental approach".
26. L. Horrigan et al., "How sustainable agriculture can address the environmental and human health harms of industrial agriculture".
27. J. Martinez-Alier, *The Environmentalism of the Poor: A Study of Ecological Conflicts and Valuation.*
28. U.T. Srinivasan et al., "The debt of nations and the distribution of ecological impacts from human activities".
29. L. Mishel e J. Bernstein, *Economy's Gains Fail to Reach Most Worker's Paychecks.*
30. Há uma vasta literatura acerca das razões pelas quais somos ludibriados pela diferença que existe entre, digamos, 1 dólar e 99 centavos; aqueles que preferem se aferrar à ideia de que estamos sendo ao menos um pouquinho racionais irão argumentar que a diferença entre 1 dólar e 99 centavos parece maior que, digamos, a diferença entre 1,01 dólar e 1 dólar, porque estamos acostumados a ignorar o último dígito, numa tentativa racional de poupar o baixo poder de computação de nosso cérebro para usos melhores. Ver, por exemplo, D. Ariely, *Previsivelmente irracional.*
31. O que dá a dimensão da margem de lucro — no preço total de varejo, eles ultrapassaram 12 milhões de dólares.
32. B. Horovitz, "2 million enjoy free breakfast at Denny's".
33. R. Kipling, *American Notes*, p.18. Sinto-me feliz de agradecer a Wikipédia pela indicação desta fonte.
34. R.B. McKenzie, *Why Popcorn Costs So Much at the Movies: And Other Pricing Puzzles.*
35. D. Soguel, "Mining interests tied to rape impunity in Congo".
36. R. Patel, *Stuffed and Starved: Markets, Power and the Hidden Battle for the World Food System*, p.280.
37. S.-Y. Chou et al., "Fast food restaurant advertising on television and its influence on childhood obesity".
38. S. Stecklow, "Microsoft battles low-cost rival for Africa", *Wall Street Journal.*
39. A. Allain e Y.J. Kean, "The youngest market: baby food peddlers undermine breastfeeding". A estimativa sobre mortalidade infantil associada à fórmula infantil é relativa a 2004, encontrado em: www.unicef.org/nutrition/index_22657.html, e citada por G. Kent, "WIC's promotion of infant formula in the United States".
40. Allain e Kean, op.cit.
41. M. Sandel, *Reith Lectures: A New Citizenship.*

4. Sobre diamantes e água (p.65-77)

1. Conforme citação de M. Albert, *Moving Forward: Programme for a Participatory Economy*, p.128.

2. A parte de *A riqueza das nações* que a "mão invisível" passou a representar é esta aqui: "O homem tem oportunidade quase constante de ajudar seus parceiros, e será em vão esperar que faça isso apenas por benevolência. Ele terá mais chance de triunfar se puder conduzir o amor-próprio dos outros a seu favor e mostrar-lhes que é vantajoso para eles mesmos fazerem tudo que ele lhes pede. A pessoa que oferece a outrem uma barganha de qualquer espécie está fazendo isso. Dê-me aquilo que desejo e terá aquilo que deseja, eis o significado desse tipo de oferta; e é desse modo que conseguimos, uns dos outros, a maior parte dos bons préstimos de que necessitamos. Não é da benevolência do açougueiro, do cervejeiro e do padeiro que esperamos nosso jantar, mas da consideração que eles têm pelo próprio interesse. Nós nos dirigimos não à humanidade deles, mas ao seu amor-próprio, e nunca lhes falamos de nossas necessidades, mas das suas próprias vantagens." A. Smith, *A riqueza das nações*.
3. Por acaso, ele escreve isso imediatamente após a única referência que faz à mão invisível em seu livro *Teoria dos sentimentos morais*.
4. A. Smith, op.cit., livro 1.
5. P.A. Samuelson, *Economics: An Introductory Analysis*.
6. A. Smith, *Glasgow Edition of the Works and Correspondence Vol.5 Lectures on Jurisprudence*.
7. A. Smith, *A riqueza das nações*, livro 1.
8. Ibid., livro 1.
9. Isso pode parecer uma defesa analítica, mas corre o risco da circularidade: quanto tempo de trabalho é socialmente necessário, afinal de contas? Mas não existe um nível absoluto de produtividade normal. O número de horas necessárias para fabricar um carro, por exemplo, é muito diferente hoje do que era há um século. É por isso que a produtividade é um fenômeno "social".
10. Isso também explica por que, a longo prazo, os capitalistas estão condenados. Eles aumentam os lucros por meio da redução dos custos do trabalho, e para isso utilizam máquinas melhores. Todavia, a taxa de lucro é reduzida a longo termo, porque a mais-valia vem da exploração do trabalho, do qual se precisa menos para produzir o mesmo resultado.
11. O lucro é possível porque os trabalhadores não podem parar de trabalhar tão logo façam o suficiente para pagar os seus salários — o controle do tempo de trabalho é essencial. A economia neoclássica supõe que os trabalhadores podem escolher a hora exata em que vão parar de trabalhar.
12. Para maiores detalhes de sua análise da questão, ver o volume 2 de K. Marx, *O capital*.
13. Programa de Desenvolvimento das Nações Unidas, *Human Development Report 1995: Gender and Human Development*.
14. J. Gardiner, "Women's domestic labour".
15. Organização Internacional do Trabalho [International Labour Organization], *Global Wage Report 2008/09: Minimum Wages and Collective Bargaining; Towards Policy Conference.* Outra consideração que merece mais atenção do que este espaço aqui permite é o

vínculo entre energia e trabalho não pago. A economia de hoje substitui energia por trabalho — com o aumento dos preços da energia, a pressão pela redução dos salários também aumenta, levando maior volume de trabalho para o campo da não remuneração. Para saber mais, fique de olho na obra do acadêmico/ativista Kolya Abramsky.

16. Ver a nota 10 anterior, que explica a ideia de Marx a respeito da taxa de lucro decrescente. Marx também apresentou ideias sofisticadas sobre as contradições existentes no capital financeiro, no volume 2 de *O capital*.
17. Para saber mais, ver o panfleto recente do Midnight Notes: Midnight Notes collective and friends, *Promissory Notes: From Crisis to Commons*.
18. J.M. Keynes. *A General Theory of Employment, Interest and Money*, p.383 (ed. bras.: *Teoria geral do emprego, do juro e da moeda*).
19. Ibid., p.9.
20. Ibid., p.161-2.
21. Ibid., p.202.
22. Ibid., p.156.
23. Ibid., p.158-9.
24. M. Zandi, "Testimony before the House Committee on Small Business Hearing on 'Economic stimulus for small business: a look back and assessing need for additional relief'".

5. O homem antieconômico (p.78-93)

1. WorldPublicOpinion.org. *World Public Opinion and the Universal Declaration of Human Rights*.
2. Departamento de Desenvolvimento Internacional, "Free education means a future for Rwanda's children". Mas note-se que aqui também existem ambiguidades. A extensão da educação é parte de um processo político complicado de construção do Estado, que não está imune à política que originou o genocídio.
3. Idem.
4. Na linguagem econômica, é o mesmo que falar de bens rivais e excludentes.
5. J. Scahill, *Blackwater: The Rise of the World's Most Powerful Mercenary Army*.
6. J. Tomkins, "Xe is the problem".
7. Instituto Internacional de Pesquisa da Paz de Estocolmo, *SIPRI Yearbook 2009: Armaments, Disarmament and International Security*, capítulo 5.
8. N. Turse, *The Complex: How the Military Invades Our Everyday Lives*.
9. T. Sharp, *U.S. Defense Spending vs. Global Defense Spending*.
10. A.Smith, *A riqueza das nações*, livro 5.
11. Ibid., livro 1.
12. K. Marx e F. Engels, *The Communist Manifesto*, p.202.
13. A. Hamilton, J. Jay e J. Madison, *The Federal Convention*, p.204.

14. TRAC IRS, "IRS audit rate for millionaires plummets". Para saber mais, ver R. Balakrishnan et al., *Rethinking Macro Economic Strategies from a Human Rights Perspective (Why MES with Human Rights II)*.
15. B. Stein, "In class warfare, guess which class is winning".
16. A. Cockburn, "The Wall Street White House".
17. F. Braudel, *The Wheels of Commerce*, p.229-30. Há uma breve discussão sobre isso em D. Harvey, *A Brief History of Neoliberalism*. Para uma boa análise de como isso se relaciona ao sistema de alimentos, ver M.S. Carolan, "Disciplining nature: the homogenising and constraining forces of anti-markets on the food system".
18. Curiosamente, com exceção da Jordânia — ver WorldPublicOpinion.org et al., *World Public Opinion on Governance and Democracy*.
19. GlobeScan for the BBC, "Economic system needs 'Major Changes': global poll".
20. J. Washington, "Some say Holocaust Memorial shooting signals a broader war".
21. T. Hobbes e R. Tuck, *Leviathan*, p.89.
22. B.H. Johnston, *The Manitous: The Spiritual World of the Ojibway*, p.221-37.
23. T.S. Eliot, *The Complete Poems and Plays, 1909-1950*, p.283.
24. O próprio Alfred Nobel jamais laureou a economia com um prêmio — o Prêmio Nobel de Economia foi concedido em 1969 pelo Banco Central da Suécia, para que a disciplina compartilhasse da glória que Nobel outorgou a Medicina, Física, Química, Literatura e Paz.
25. Ver E. Ostrom, *Governing the Commons: The Evolution of Institutions for Collective Action*; ver também o trabalho de Peter Linebaugh e o ensaio previsivelmente atencioso e desafiador de George Caffentzis, de 2004, intitulado "A tale of two conferences: globalization, the crisis of neoliberalism and question of the commons".

6. Todos nós temos direitos comuns (p.94-111)

1. *Oxford English Dictionary*, verbete "common".
2. G. Hardin, "The tragedy of the commons".
3. Fico feliz porque, hoje, os Amigos da Terra (Friends of the Earth) estão bem mais sábios, em parte porque descentralizaram a forma de tomar decisões.
4. Hardin pelo menos era coerente — ele e a mulher eram membros da Sociedade Hemlock, que defendia o direito de morrer, e tiraram as próprias vidas logo após o seu 62º aniversário de casamento. Eu gostaria muito de ver defensores do controle populacional tornarem-se defensores do feminismo, mas suspeito que eles vêm de um lugar onde o empoderamento das mulheres não é uma prioridade.
5. D. Feeny et al., "Questioning the assumptions of the 'Tragedy of the Commons' model of fisheries".
6. B. Worm et al., "Impacts of biodiversity loss on ocean ecosystem services".
7. A. Wijeratna, *Taking the Fish — Fishing Communities Lose Out to Big Trawlers in Pakistan*.

8. A. Kelley, "Net losses".
9. R.W.D. Davies et al., "Defining and estimating global marine fisheries bycatch".
10. Organização das Nações Unidas para Agricultura e Alimentação [Food and Agriculture Organization of the United Nations], "The Islamic Republic of Pakistan. Fishery and aquaculture country profile".
11. H. Makori, "Why belief in witchcraft remains strong among africans".
12. Ver, por exemplo, S. Federici, *Caliban and the Witch.*
13. R. Briggs, *Witches and Neighbours: The Social and Cultural Context of European Witchcraft*; B.P. Levack, *A caça às bruxas na Europa moderna.*
14. Essa não é uma afirmação de que todas as mulheres em todos os lugares estavam resistindo aos cercamentos, e que essa seja, especificamente, a única razão pela qual aconteceu a caça às bruxas. Se isso fosse verdadeiro, então era de se esperar que a caça às bruxas estivesse diretamente relacionada aos cercamentos, mas a evidência histórica é bem mais complexa. Todavia, pode-se sugerir que algumas mulheres morreram em defesa de seus direitos de controlar recursos contrários ao mercado.
15. Essa é a lógica que torna a peça de Arthur Miller *As bruxas de Salem* uma poderosa acusação ao macarthismo.
16. P. Linebaugh, *The Magna Carta Manifesto: Liberties and Commons for All.* Ver também M. de Angelis, *The Beginning of History: Value Struggles and Global Capital.*
17. P. Linebaugh, op.cit., p.27.
18. Por esse pano de fundo, sou grato ao excelente livro de E. Vallance intitulado *A Radical History of Britain: Visionaires, Rebels and Revolutionaires — the Men and Women Who Fought for Our Freedoms.*
19. A. Smith, *A riqueza das nações,* livro 1.
20. D.E. Stannard, *American Holocaust: The Conquest of the New World* apud Federici, *Caliban and the Witch,* p.85.
21. J. Locke, *Dois tratados sobre o governo.*
22. Para uma discussão mais detalhada de como interagem o capitalismo, os animais e a propriedade, ver B. Torres, *Making a Killing: The Political Economy of Animal Rights.*
23. Gilbert Malcolm Sproat ao Superintendente-Geral dos Negócios Indianos, 27 de outubro de 1879, citado em T. Loo, "Dan Cranmer's Potlach: law as coercion, symbol, and rhetoric in British Columbia, 1884-1951".
24. A caça por terras onde plantar para biocombustíveis oferece uma demonstração dolorosa dessa questão. Ver Fundação Gaia (Gaia Foundation) et al., *Agrofuels and the Myth of the Marginal Lands.*
25. Uma fonte é R. Petratis, "The witch killers of Africa", cujas informações bem fundamentadas incluem um relato da Tanzânia reivindicando 5 mil mortes somente entre 1994 e 1998.
26. Oficialmente, o Safari Club International chama isso de "Grand Slam dos Cinco Grandes". Com certeza, os animais têm sido tratados como mercadorias por muito mais tempo que os humanos, mas surpreende como hoje essa transformação se tornou completa — ver G. Agamben, *The Open: Man and Animal.* Stanford.

27. Ação pelos Direitos Ambientais [Environmental Rights Action], "Field Report #172: Michelin converts prime forest to plantation".
28. Movimento Mundial pela Floresta Tropical [World Rainforest Movement], *Women Raise Their Voices Against Tree Plantations: The Role of the European Union in Disempowering Women in the South*.
29. J.M.L. Orensanz et al., "What are the key elements for the sustainability of 'S-Fisheries'? Insights from South America".
30. G. Monbiot, "These are not the mariners of old but pirates who make bureaucrats blanch".

7. O contramovimento e o direito de ter direitos (p.115-35)

1. Organização Mundial de Saúde [World Health Organization]. "World Health Organization Statistical Information System" (todos os dados se referem a 2005).
2. Banco Mundial [World Bank], *World Development Indicators*.
3. C. Cooper, "Online chat spotlights most-ailing millennium goal".
4. Pode-se encontrar a declaração completa on-line na página das Nações Unidas: www.un.org/en/documents/udhr/.
5. Para maiores detalhes, ver o excelente trabalho de S. Pizzigati, *Greed and Good: Understanding and Overcoming the Inequality That Limits Our Lives*.
6. Para maiores detalhes, incluindo uma discussão sobre como os direitos foram, de certo modo, uma regressão às abordagens vitorianas das relações internacionais, ver M. Mazower, "The strange triumph of Human Rights, 1933-1950".
7. S.D. Alinsky, *Rules for Radicals: A Practical Primer for Realistic Radicals*, p.xxiii.
8. Ver M. Neocosmos, "Development, social citizenship and Human Rights: re-thinking the political core of an emancipatory project in Africa", que apresenta um tratamento atencioso desse problema no contexto africano. Em muitos casos, esse apelo simultâneo à paciência individual tem sido facilitado pela fina flor das ONGs, com o resultante adiamento das ações imediatas, coletivas e democráticas. Ver H. Englund, *Prisioners of Freedom: Human Rights and the African Poor*.
9. Ver R. Patel, *Stuffed and Starved*.
10. Quanto às "trapaças" desse processo, ver J. Perkins, *Confessions of an Economic Hit Man*.
11. Ver V. Shiva, *Biopiracy: The Plunder of Nature and Knowledge* e o pequeno e acurado texto de R. Stallman sobre biopirataria, "Biopiracy or bioprivateering".
12. Banco Mundial [World Bank], *World Bank Assistance to Agriculture in Sub Saharan Africa: An Independent Evaluation Group Review*.
13. L. Mehta, "The World Bank and its emerging knowledge empire".
14. H. Arendt, *The Origins of Totalitarism*, p.177 (*Ed. bras: Origens do totalitarismo*).
15. A respeito da vontade popular, ver o excelente ensaio de P. Hallward: "The will of the people: notes towards a dialectical voluntarism".

16. Embora atribuído a Forster, esse comentário parece ter sido entreouvido por ele. W.H. Auden, *The Dyer's Hand, and Other Essays*, p.22.
17. G. Jacobs, *Not a Minute More: Ending Violence Against Women*. Há evidências de que a recessão trouxe um aumento da ocorrência da violência doméstica.
18. Sobre esse tipo de "violência", ver S. Zizek, *Violence: Six Sideways Reflections, Big Ideas* e F. Fanon, *Os condenados da Terra*.
19. E. Schlosser, "A Side Order of Human Rights".
20. B. Maxwell, "Eating that Tomato Can Put You in Moral Peril".
21. J. Black, "A Squeeze for Tomato Growers; Boycott vs. Higher Wages".
22. K. vanden Heuvel, "In the Trenches and Fighting Slavery".

8. Democracia na cidade (p.135-59)

1. Para saber mais sobre motins por comida, ver E. Holt-Giménez e R. Patel. *Food Rebellions! Crisis and the Hunger for Justice*.
2. Com base no "Tratado para Cidades, Vilarejos e Aldeias Democráticas, Igualitárias e Sustentáveis" ("Treaty for Democratic, Equitable and Sustainable Cities, Towns and Villages"), aprovado na Conferência sobre Meio Ambiente em 1992, no Rio de Janeiro, e no reconhecimento formal do direito à cidade previsto no Estatuto da Cidade de 2001, no Brasil, diversas ONGs e movimentos sociais urbanos, especialmente no Brasil e em outros países latino-americanos, começaram a elaborar um texto chamado "Carta Mundial sobre Direitos Humanos à Cidade". O esboço foi ampliado (e a palavra Humanos foi retirada) após as discussões realizadas no Fórum Social das Américas, em Quito, em julho de 2004, e no Fórum Urbano Mundial, em Barcelona, em setembro de 2004. Para saber mais sobre o contexto brasileiro, ver E. Fernandes, "Constructing the 'Right to the City' in Brazil". A Unesco tem uma cópia do documento disponível em: http://portal.unesco.org/shs/en/ev.php-URL_ID=8218&URL_DO=DO_TOPIC&URL_SECTION=201.html.
3. D. Tutu, "The second Nelson Mandela Annual Foundation lecture".
4. Amplamente divulgado — eu administro o site para a organização.
5. M. Davis. "Planet of slums: urban involution and the informal proletariat".
6. R. Di Tella et al. "The formation of beliefs: evidence from the allocation of land titles to squatters".
7. R.B. Broegaard, "Land access and titling in Nicaragua"; C. Woodruff, "Review of De Soto's 'The mystery of capital'"; e T. Mitchell, "The properties of markets", na apreciável coleção *Do Economists Make Markets? On the Performativity of Economics*, de Donald Mackenzie, Fabian Muniesa e Lucia Siu (org.).
8. Para observar um pouco desse pensamento, ver o filme *Dear Mandela*, dirigido por Dara Kell e Christopher Nizza, produzido por Sleeping Giant Films e a ser lançado em breve.

9. Para saber mais sobre o lugar onde essa fotografia foi tirada e a política do encontro, ver R. Patel, "A short course in politics at the University of Abahlali BaseMjondolo", p.95-112.
10. Sou grato a Richard Pithouse pela permissão para citar sua entrevista com os representantes da Abahlali.
11. K. Chance, "'Broke-on-Broke violence': what the U.S. Press got wrong about South Africa's xenophobic riots"; e, mais recentemente, ver R. Pithouse, "Burning message to the State in the Fire of Poor's rebellion".
12. Rousseau teria ficado satisfeito. Ver também o trabalho de Alain Badiou e Jacques Rancière: A. Badiou, *Ética: um ensaio sobre a consciência do mal*; Jacques Rancière, *On the Shores of Politics*; J. Rancière e S. Corcoran, *Hatred of Democracy*.
13. Sim, este é o grupo que devolveu o direito de voto a milhares de eleitores na eleição passada e que, apesar de ser conduzido por indivíduos inescrupulosos em algumas localidades, tem feito um trabalho vital no apoio às famílias pobres dos Estados Unidos.
14. Entre os universitários que tiveram aulas de economia, somente 7% acertaram. P.J. Ferraro e L.O. Taylor, "Do economists recognize an opportunity cost when they see one? a dismal performance from the dismal science".
15. *Economist*, "Let them eat pollution".
16. N. Abdullahi, "'Toxic waste' behind Somali piracy".
17. J. Rochido, "Brazilian cities pioneer democratic budgeting".
18. I. Bruce, *The Porto Alegre Alternative: Direct Democracy in Action*, p.6; ver também a introdução a B.S. Santos, *Democratizing Democracy: Beyond the Liberal Democratic Canon*.
19. I. Bruce, op.cit., p.45.
20. C. Bergstrom, B. Kerr e M. Lachmann, "Building trust by wasting time".
21. I. Bruce, op.cit., p.10.
22. Para saber mais sobre orçamento participativo, ver G. Baiochhi, *Radicals in Power: The Worker's Party (PT) and Experiments in Urban Democracy in Brazil*. R. Abers, "Learning democratic practice: distributing government resources through popular participation in Porto Alegre, Brazil"; P. Heller, "Moving the State: the politics of democratic decentralization in Kerala, South Africa, and Porto Alegre"; A. Fung e E.O. Wright, "Deepening democracy: innovations in empowered participatory governance".
23. S.K. Hom e S. Mosher, *Challenging China: Struggle and Hope in an Era of Change*. Ver também http://chinaworker.info/en/content/news/722/.
24. H. Dongfang, "Chinese labour struggles".
25. China Labour Bulletin, "The case of China: the challenge of labour unrest in a communist-run capitalist economy" (artigo apresentado no Seminário Internacional sobre Negócios e Direitos Humanos).
26. Mais informação sobre o trabalho do Centro Yirenping (Yirenping Center) disponível em: www.yirenping.org/english/eng.htm, inclusive com documentação

de seus arquivos legais (ver o Relatório Anual de 2007, para mais detalhes); *China Pharmaceuticals & Health Technologies Weekly*, "About 80 pct of multinationals discriminate against chinese Hep B" informa das amplas tendências de discriminação contra a hepatite B.

27. Essa ideia é explorada com maiores detalhes no trabalho de Jacques Rancière, por exemplo em *O desentendimento: política e filosofia*.
28. Aqui, em vez de propriedade privada temos uma ideia mais flexível e plástica de quem possui o conhecimento com responsabilidade — é isso que faz uma comunidade.

9. De volta à soberania alimentar (p.159-74)

1. L. Lohmann, *Financialization, Quantism and Carbon Markets: Variations on Polanyian Themes*, p.19.
2. M. Taibbi, "The great American bubble machine".
3. G. Prins e S. Rayner, "Time to ditch Kyoto".
4. O relatório conduzido por Robert Watson, "Avaliação Internacional de Conhecimento Agrícola em Ciência e Tecnologia para o Desenvolvimento" (International Assessment of Agricultural Knowledge Science and Technology for Development — IAASTD), está publicado como uma série de documentos pela Island Press, e o relatório original está disponível em: http://agassessment.org. Para saber mais sobre o potencial da agricultura orgânica para capturar carbono, ver T.J. LaSalle e P. Hepperly, *Regenerative Organic Farming: A Solution to Global Warming*.
5. D. Maxwell et al., "Does urban agriculture help prevent malnutrition? Evidence from Kampala".
6. R. Hopkins, *The Transition Handbook: From Oil Dependency to Local Resilience* é a bíblia do movimento pela transição da cidade. Ver também TRAPESE Collective, "The rocky road to a real transition: the transition towns movement and what it means for social change".
7. J. Forero, "In Ecuador, high stakes in case against Chevron". B. Casselman, "Chevron expects to fight ecuador lawsuit in U.S.".
8. J. Kaplan, "Consent of the governed: the reign of corporations and the fight for democracy".
9. B.R. Ambedkar, um dos heróis da luta pela independência da Índia mais amplamente ignorado (que foi para a constituição indiana o que Jefferson foi para a norte-americana), foi um líder *dalit* que promoveu um renascimento budista.
10. Sou grato ao trabalho de P.V. Satheesh, Gayatri Menon, Bina Agarwal e Katharine Ainger, que me ajudou a compreender melhor a Sociedade de Desenvolvimento de Deccan.
11. Os números acerca da participação das mulheres sempre foram subestimados, porém, de acordo com os dados da FAO, enquanto em 1961 a taxa de mulheres

economicamente ativas na agricultura era de 66% em relação aos homens, hoje deve estar próxima de 80%.

12. G.A. Menon, "Re-negotiating gender: enabling women to claim their right to land resources" (artigo apresentado no Painel sobre as Melhores Práticas de Gênero e Direitos de Propriedade sobre a Terra).
13. Em outros trabalhos escrevi sobre como as tecnologias da revolução verde eram formas de permitir aos proprietários que ficassem com suas terras e ainda aumentassem sua produtividade, em vez de engajar o governo na reforma agrária — uma das mais robustas tecnologias para aumentar a produtividade da agricultura. R. Patel, *Stuffed and Starved.*
14. Dado que esses tipos de sistema agrícola se desenvolvem na agricultura intensiva de pequena escala, a batalha contra a mudança climática também envolve a reforma agrária, de modo a redistribuir grandes quantidades de terras para pequenos agricultores. Para saber mais, ver o trabalho vindouro de Annie Shattuck, analista política do Instituto de Políticas de Alimentação e Desenvolvimento (Institute for Food and Development Policy).
15. E, é claro, o que necessita de administração também necessita de consultores em administração.

10. A cegueira de Anton (p.175-96)

1. Fórum Humanitário Global [Global Humanitarian Forum], *Anatomy of a Silent Crisis.*
2. Para saber mais, ver P. (Prayut) Thepwethi et al., *Buddhist Economics: A Middle Way for the Market Place.*
3. Neste caso, tenho plena consciência de estar contrariando algumas tradições budistas — alguns textos prescrevem que a comida deve se destinar apenas à nutrição, e não à satisfação de um desejo. No entanto, se isso fosse verdade, a comida budista na China, no Japão e na Tailândia não seria tão gostosa assim. Não vejo nada de errado no prazer de comer, desde que não se viva para isso.
4. W.B. Irvine, *A Guide to the Good Life: The Ancient Art of Stoic Joy* traz mais informações.
5. S.M. Darlington, "The ordination of a tree: the buddhist ecology moviment in Thailand".
6. Isso não é uma reivindicação de sangue, território ou nacionalismo — é uma conclusão acerca do relacionamento entre nossa espécie e todas as outras.
7. Express News Service, "'I am a marxist monk', says Dalai Lama".
8. E, para aqueles que não estão preparados para o engajamento na ação direta, os artistas/ativistas do grupo The Yes Men desenvolveram um sistema esplêndido de "Compensação de Ações", no qual você pode apoiar o trabalho de pessoas que são mais capazes de se colocar em situação perigosa. Consultar o site www.beyondtalk.net.
9. A questão da escravidão sempre atrapalha qualquer discussão sensata sobre a democracia baseada no modelo ateniense. Todavia, como argumentou Ellen Meiksins

Wood (E.M. Wood, "Demos versus 'We the People': freedom and democracy ancient and modern"; *Peasant-Citizen and Slave: The Foundations of Athenian Democracy*), foi por causa do engajamento democrático dos camponeses atenienses que a escravidão não foi ainda *mais* difundida. As lições que a democracia ateniense tem para ensinar não necessitam de uma subclasse para funcionar, e funcionam bem.

10. C.L.R. James, "Every cook can govern: a study of democracy in Ancient Greece: its meaning for today". Ver também J. Ober e C.W. Hedrick (org.), op.cit., especialmente os ensaios de S.S. Wolin, "Transgression, equality and voice", e Wood, "Demos versus 'We the People': freedom and democracy ancient and modern".
11. R.M. Everton, "'This is what democracy looks like!' Democracy in action: communicative action".
12. Tucídides e H. Dale, *The History of the Peloponnesian Wars*, apud James, "Every cook can govern".
13. Com agradecimentos a Mindy Peden, por me orientar na direção desses exemplos.
14. Tom Philpott em *Grist* é uma exceção notável.
15. A.T. Morales, "En Veracruz, oponerse a operación de Granjas Carroll se castiga con Cárcel".
16. Os porcos representam apenas uma parte dos lucros da usina — a unidade operacional também tem licença para negociar créditos de carbono, pelo metano que poderia estar produzindo, mas não está.
17. D. Cevallos, "New influenza strain has led to the closure of schools".
18. D.G. McNeil Jr., "In new theory, swine flu started in Asia, not Mexico".
19. O número de mortos já passou de cem. Mesmo assim, ainda há dinheiro a ganhar. A agência Reuters noticiou que uma empresa de capital de risco se deu bem desde o início do surto, e que as "ações das duas companhias do portfólio de oito empresas de Pandemias e Biodefesas — a BioCryst Pharmaceuticals (BCRX.O) e a Novavax (NVAX.O) — subiram na sexta-feira, depois que as notícias anunciaram as mortes de sessenta pessoas no México em decorrência da gripe suína, e a contaminação de outros cidadãos nos Estados Unidos". A morte também é negócio e, com esse vírus, o negócio vai bem. A. Haislip, "Venture capital firm set to reap rewards on swine flu".
20. T. Hayden (org.), *The Zapatist Reader*, p.218.
21. K. Bricker, "In defense of land and territory: zapatistas take on paramilitaries".
22. C. Bergstrom et al., "Building trust by wasting time".
23. Para saber mais, ver a excelente tese de doutorado de Mariana Mora, "Decolonizing politics: zapatista indigenous autonomy in an era of neoliberal governance an low intensity warfare".
24. Embora ninguém seja remunerado na Junta, existem despesas de alimentação, passagens de ônibus e acomodações, sendo que essas acomodações e a comida são propositalmente muito modestas, a fim de evitar que a Junta se transforme numa espécie de sinecura. Invariavelmente, os membros se alimentam melhor quando estão em casa do que quando estão de serviço.

25. D. Goldstein, "The selling of school reform".
26. Ver, por exemplo, Ivan Illich, *Deschooling Society*.
27. Churchill disse isso de modo mais sucinto — a democracia é a pior forma de governo, com exceção de todas as outras —, mas sua experiência de democracia era muito diferente dessa, na qual os cidadãos se tornam capazes de controlar o governo.
28. D. Elson, "Socializing markets, not market socialism".
29. Um resumo dos estudos está disponível no site do Centro Nacional para a Propriedade dos Empregados (National Center for Employee Ownership) — www.nceo.org/library/corpperf.html.
30. D.D. Correll, "Fine, they'll just publish the newspaper themselves".
31. Ver, por exemplo, o excelente artigo de G. Caffentzis, "Medical metaphors and monetary strategies in the political economy of Locke and Berkeley".
32. C.G. Caffentzis, *Clipped Coins, Abused Words, and Civil Government: John Locke's Philosophy of Money*, p.28.
33. J.M. Keynes, *Essays in Persuasion*, p.373.
34. Em várias conversas sigilosas, pessoas bem-informadas do setor financeiro disseram que estavam impressionadas com o fato de que o governo ainda não tinha nacionalizado os bancos, visto que essa era a atitude óbvia a ser tomada na esfera governamental. Numa declaração recente e forte sobre assistência médica, Paul Krugman deixou bem claro o caso da nacionalização do sistema de saúde: P. Krugman, "Health care realities".
35. O.E. Butler, "Positive obsession", p.134-5.

Bibliografia

Abdullahi, Najad. "'Toxic waste' behind Somali piracy", *Al Jazeera in English*, 11 de outubro de 2008.

Abers, Rebecca. "Learning democratic practice: distributing government resources through popular participation in Porto Alegre, Brazil", in Maria Emilia Freire e Richard Stren (orgs.). *The Challenge of Urban Government: Policies and Practices*. Washington, D.C., World Bank, 2001, p.129-44.

Agamben, Giorgio. *The Open: Man and Animal*. Stanford, CA, Stanford University Press, 2004.

Albert, Michael. *Moving Forward: Programme for a Participatory Economy*. Edimburgo, AK, 2000.

Alinsky, Saul David. *Rules for Radicals: A Practical Primer for Realistic Radicals*. Nova York, Random House, 1971.

Allain, Annelies e Yeong Joo Kean. "The youngest market: baby food peddlers undermine breastfeeding", *Multinational Monitor* 30, n.1, 2008.

Arendt, Hannah. *The Origins of Totalitarianism*. Londres, Allen & Unwin, 3ª ed, 1967. [Ed.bras.: *Origens do totalitarismo*. São Paulo, Companhia das Letras, 1989.]

Ariely, Dan. *Predictably Irrational: The Hidden Forces That Shape Our Decisions*. Nova York, HarperCollins, 2008. [Ed.bras.: *Previsivelmente irracional*. Rio de Janeiro, Campus, 2008.]

Arrighi, Giovanni. *The Long Twentieth Century: Money, Power and the Origins of Our Times*. Londres, Verso, 1994. [Ed.bras.: *O longo século XX: dinheiro, poder e as origens do nosso tempo*. Rio de Janeiro, Contraponto, 2006.]

Auden, W.H. *The Dyer's Hand, and Other Essays*. Nova York, Random House, 1962.

Badiou, Alain. *Ethics: An Essay on the Understanding of Evil*. Tradução e introdução de Peter Hallward. Londres, Verso, 2001. [Ed.bras.: *Ética: um ensaio sobre a consciência do mal*. Rio de Janeiro, Relume Dumará, 1995.]

______. *Metapolitics*. Tradução de Jason Barker. Londres, Verso, 2005.

Baiocchi, Gianpaolo. *Radicals in Power: The Workers' Party (PT) and Experiments in Urban Democracy in Brazil*. Londres, Zed Books, 2003.

Bakan, Joel. *The Corporation: The Pathological Pursuit of Profit and Power*. Nova York, The New Press, 2004. [Ed.bras.: *A corporação: a busca patológica por lucro*. São Paulo, Novo Conceito, 2008.]

Balakrishnan, Radhika, Diane Elson e Raj Patel. *Rethinking Macro Economic Strategies from a Human Rights Perspective (Why MES with Human Rights II)*. Atlanta, US Human Rights Network, 2009.

Barnard, D., A. Nicholson e J.L. Howard. "The medical costs attributable to meat consumption", *Preventive Medicine* 24, n.6, 1995, p.646-55.

Becker, Gary S. "Competition and democracy", *Journal of Law and Economics* 1, 1958, p.105-9.

______. "A theory of marriage: part I", *Journal of Political Economy* 81, 1973, p.813-46.

______. *The Economic Approach to Human Behavior.* Chicago, University of Chicago Press, 1976.

______. *A Treatise on the Family.* Edição ampliada. Cambridge, Harvard University Press, 1991.

Bekoff, M. "Wild justice and fair play: cooperation, forgiveness and morality in animals", *Biology and Philosophy* 19, n.4, 2004, p.489-520.

Bergmann, Barbara R. "Becker's theory of the family: preposterous conclusions", *Feminist Economics* 1, n.1, 1995, p.141-50.

Bergstrom, Carl, Ben Kerr e Michael Lachmann. "Building trust by wasting time", in Paul Zak (org.). *Moral Markets: The Critical Role of Values in the Economy.* Princeton, NJ, Princeton University Press, 2008, p.142-56.

Black, Jane. "A squeeze for tomato growers; boycott vs. higher wages", *The Washington Post*, 29 de abril de 2009.

Bowles, Samuel. "Policies designed for self-interested citizens may undermine 'the moral sentiments': evidence from economic experiments", *Science* 320, n.5.883, 2008, p.1.605-9.

Braudel, Fernand. *The Wheels of Commerce.* Londres, Collins, 1982.

Bricker, Kristen. "In defense of land and territory: zapatistas take on paramilitaries", *Left Turn*, 1º de junho de 2008.

Briggs, Robin. *Witches and Neighbours: The Social and Cultural Context of Europe and Witchcraft.* Oxford, Blackwell Publishers, 2ª ed, 2002.

Broegaard, Rikke B. "Land access and titling in Nicaragua", *Development and Change* 40, n.1, 2009, p.149-69.

Brokenleg, Martin. "Native American perspectives on generosity", *Reclaiming Children and Youth* 8, n.2, 1999, p.66-8.

Brosnan, Sarah F. "Fairness and other-regarding preferences in nonhuman primates", in Paul Zak (org.). *Moral Markets: The Critical Role of Values in the Economy.* Princeton, NJ, Princeton University Press, 2008, p.77-104.

Bruce, Iain. *The Porto Alegre Alternative: Direct Democracy in Action*, IIRE Notebook for Study and Research, n.35-36. Londres, Pluto Press em parceria com o International Institute for Research and Education (IIRE), 2004.

Bureau of Labor Statistics [Conselho de Estatísticas do Trabalho]. "Combined food preparation and serving workers, including fast food", *occupational Employment and Wages*, maio de 2007. www.bls.gov/oes/2007/may/oes353021.htm (acesso em 14 de março de 2009).

Butler, Octavia E. "Positive obsession", in *Bloodchild and Other Stories.* Nova York, Seven Stories Press, 1996.

Caffentzis, Constantine George. *Clipped Coins, Abused Words, and Civil Government: John Locke's Philosophy of Money*. Brooklyn, NY, Autonomedia, 1989.

Caffentzis, George. "Medical metaphors and monetary strategies in the political economy of Locke and Berkeley", *History of Political Economy* 5, n.2, 2003, p.204-33.

______. "A tale of two conferences: globalization, the crisis of neoliberalism and question of the Commons". Conferência Alternativas à Globalização, organizada pelo Centro de Justiça Global em 2004. www.globaljusticecenter.org/papers/caffentzis.htm (acesso em 1º de agosto de 2009).

Carolan, Michael S. "Disciplining nature: the homogenising and constraining forces of anti-markets on the food system", *Environmental Values* 14, 2005, p.363-87.

Casselman, Ben. "Chevron expects to fight ecuador lawsuit in U.S.", *The Wall Street Journal*, 20 de julho de 2009.

Cevallos, Diego. "New Influenza strain has led to the closure of schools", *IPS (Latin America)*, 28 de abril de 2009.

Chance, Kerry. "'Broke-on-Broke violence': what the U.S. press got wrong about South Africa's xenophobic riots", *Slate.com*, 20 de junho de 2008. www.slate.com/id/2193949/ (acesso em 1º de janeiro de 2009).

Chen, Weiqi, Luoping Zhang e Xiaofeng Hou. "Estimation of environmental cost incurred by pesticide application in coastal agricultural region and management measures", *Environmental Informatics Archives* 4, 2006, p.490-501.

China Labour Bulletin [Boletim do Trabalho da China]. "The case of China: the challenge of labour unrest in a communist-run capitalist economy". Trabalho apresentado no Seminário Internacional sobre Negócios e Direitos Humanos. Paris, 4 de dezembro de 2008.

China Pharmaceuticals & Health Technologies Weekly. "About 80 pct of multinationals discriminate against Chinese Hep B", 4 de julho de 2007.

Chou, Shin-Yi, Inas Rashad e Michael Grossman. "Fast food restaurant advertising on television and its influence on childhood obesity", *The Journal of Law and Economics* 51, n.4, 2008, p.599-618.

Clark, Andrew. "Indiana tries to halt Chrysler deal", *The Guardian*, 6 de abril de 2009.

Cockburn, Andrew. "The Wall Street White House", *CounterPunch*, 2 de julho de 2009.

Cooper, Charlotte. "Online chat spotlights most-ailing millennium goal", *Women's eNews*, 29 de março de 2009.

Correll, Dee Dee. "Fine, they'll just publish the newspaper themselves", *Los Angeles Times*, 23 de março de 2009.

Daly, Herman E. "In defense of a steady-state economy", *American Journal of Agricultural Economics* 54, n.5, 1972, p.945-54.

Danby, Colin. "Political economy and the closet: heteronormativity in feminist economics", *Feminist Economics* 13, n.2, 2007, p.29-53.

Darlington, Susan M. "The ordination of a tree: the buddhist ecology movement in Thailand", *Ethnology* 37, n.1, 1998, p.1-15.

Dasgupta, Partha. 2006. "Comments on the Stern review's economics of climate change". Londres, seminário sobre o Relatório Stern sobre Mudança Climática, organizado pela Fundação de Ciência e Tecnologia da Royal Society, 8 de novembro de 2006. www.econ.cam.ac.uk/faculty/dasgupta/STERN.pdf (acesso em 20 de março de 2009).

Datamonitor. *Life Insurance: Global Industry Guide*. Londres, Datamonitor: An Informal Business, 2009.

Davies, R.W.D., S.J. Cripps, A. Nickson e G. Porter. "Defining and estimating global marine fisheries bycatch", *Marine Policy* 33, 2009, p.661-72.

Davis, Mike. "Planet of slums: urban involution and the informal proletariat", *The New Left Review* 26, 2004, p.5-34.

De Angelis, Massimo. *The Beginning of History: Value Struggles and Global Capital*. Londres, Pluto, 2007.

De Waal, Frans B. M. "How selfish an animal? the case of primate cooperation", in Paul Zak (org.). *Moral Markets: The Critical Role of Values in the Economy*. Princeton, NJ: Princeton University Press, 2008, p.63-76.

Department for International Development [Departamento de Desenvolvimento Internacional]. "Free education means a future for Rwanda's children." 15 de outubro de 2007. www.dfid.gov.uk/Media-Room/Case-Studies/2007/Free-education-means-a-future-for-Rwandas-children/ (acesso em 12 de julho de 2009).

Di Tella, Rafael, Sebastian Galiani e Ernesto Schargrodsky. "The formation of beliefs: evidence from the allocation of land titles to squatters", *Quarterly Journal of Economics* 122, n.1, 2007, p.209-41.

Dunne, Nancy. "Why a hamburger should cost 200 dollars the call for prices to reflect ecological factors", *The Financial Times*, 12 de janeiro de 1994.

Economist. "Let them eat pollution", 8 de fevereiro de 1992.

______. "A survey of China's quest for resources: negative externalities", *Economist Special Reports*, 13 de março de 2008.

Eliot, T.S. *The Complete Poems and Plays, 1909-1950*. Nova York, Harcourt, Brace & Co., 1960.

Elson, Diane. "Socializing markets, not market socialism", *Socialist Register*, 2000, p.67-86.

Englund, Harri. *Prisoners of Freedom: Human Rights and the African Poor. California Series in Public Anthropology 14*. Berkeley, University of California Press, 2006.

Environmental Rights Action [Ação pelos Direitos Ambientais]. "Field report #172: Michelin converts prime forest to plantation", Environmental Rights Action/ Friends of the Earth, Lagos, Nigeria, 2008.

Environmental Working Group [Grupo de Trabalho Ambiental]. "Corn subsidies in the United States." *Environmental Working Group's Farm Subsidies Database*. http://farm.ewg.org/farm/progdetail.php?fips=00000&progcode=corn (acesso em 4 de março de 2009).

Express News Service. "'I am a marxist monk,' says Dalai Lama", *Indian Express*, 19 de janeiro de 2008.

Everton, Robert Milton. "'This is what democracy looks like!' Democracy in action: communicative action." Tese de doutorado apresentada à Simon Fraser University, 2003.

Fanon, Frantz. *The Wretched of the Earth*. Tradução de Constance Farrington. Londres, Penguin, 1965. [Ed.bras.: *Os condenados da Terra*. Juiz de Fora, UFJF, 2006.]

Farrell, Greg e Sarah O'Connor. "Goldman Sachs staff set for record pay", *FT.Com*, 15 de julho de 2009.

Federici, Silvia. *Caliban and the Witch*. Nova York, Autonomedia, 2004.

Feeny, David, Susan Hanna e Arthur F. McEvoy. "Questioning the Assumptions of the 'Tragedy of the Commons' model of fisheries", *Land Economics* 72, n.2, 1996, p.187-205.

Fehr, Ernst e Bettina Rockenbach. "Detrimental effects of sanctions on human altruism", *Nature* 422, n.6928, 2003, p.137-40. Apud Samuel Bowles, "Policies designed for self-interested citizens may undermine 'the moral sentiments': evidence from economic experiments", *Science* 320, n.5883, 2008.

Fernandes, Edésio. "Constructing the 'Right to the City' in Brazil", *Social Legal Studies* 16, n.2, 2007, p.201-19.

Ferraro, Paul J. e Laura O. Taylor. "Do economists recognize an opportunity cost when they see one? A dismal performance from the dismal science", *Contributions to Economic Analysis & Policy* 4, n.1, 2005.

Food and Agriculture Organization of the United Nations [Organização das Nações Unidas para Agricultura e Alimentação — FAO]. "The Islamic Republic of Pakistan. Fishery and aquaculture country profile." Fisheries and Aquaculture Department, 2009. www.fao.org/fishery/countrysector/FI-CP_PK/en (acesso em 21 de abril de 2009).

Ford, Peter. "Drought threatens China's wheat crop", *The Christian Science Monitor*, 11 de fevereiro de 2009.

Forero, Juan. "In Ecuador, high stakes in case against Chevron", *The Washington Post*, terça-feira, 28 de abril de 2009.

Foucault, Michel e Michel Senellart. *The Birth of Biopolitics: Lectures at the Collège De France, 1978-79*. Basingstoke, Palgrave Macmillan, 2008. [Ed.bras.: *Nascimento da biopolítica*. São Paulo, Martins Fontes, 2008.]

Fox, Justin. *The Myth of the Rational Market: A History of Risk, Reward, and Delusion on Wall Street*. Nova York, HarperBusiness, 2009.

Frängsmyr, Tore (org.) *Les Prix Nobel. The Nobel Prizes 1992*. Estocolmo, Nobel Foundation, 1993.

Frank, Robert H. *Falling Behind: How Rising Inequality Harms the Middle Class*. The Aaron Wildavsky Forum for Public Policy 4. Berkeley, University of California Press, 2007.

Frank, Robert H., Thomas D. Gilovich e Dennis T. Regan. "Do economists make bad citizens?", *The Journal of Economic Perspectives (1986-1998)* 10, n.1, 1996, p.187-92.

Fung, Archon, and Erik Olin Wright. "Deepening democracy: innovations in empowered participatory governance", *Politics & Society* 29, n.1, 2001, p.5-41.

Gaia Foundation, BiofuelWatch, African Biodiversity Network, Salva La Selva, Watch Indonesia, and EcoNexus. *Agrofuels and the Myth of the Marginal Lands*. Londres, Gaia Foundation, 2008.

Gardiner, Jean. "Women's domestic labour", *New Left Review* I/89, 1975.

Global Humanitarian Forum [Fórum Humanitário Global]. *Anatomy of a Silent Crisis*. Genebra, Global Humanitarian Foundation, 2009.

GlobeScan for the BBC. "Economic system needs 'Major Changes': global poll." GlobeScan/BBC, 2009.

Goldstein, Dana. "The selling of school reform", *The Nation*, 27 de maio de 2009.

Greenspan, Alan. "Testimony of Dr. Alan Greenspan to the Committee of Government Oversight and Reform, October 23, 2008. [Depoimento do dr. Alan Greenspan ao Comitê Governamental de Supervisão e Reforma]" http://oversight.house.gov/images/stories/documents/20081023100438.pdf (acesso em 12 de fevereiro de 2009).

Grossman, Sanford J., e Joseph E. Stiglitz. "On the impossibility of informationally efficient markets", *The American Economic Review* 70, n.3, 1980, p.393-408.

Grunwald, Michael. "Monsanto hid decades of pollution; PCBs drenched ala. Town, but no one was ever told", *The Washington Post*, 1º de janeiro de 2002.

Habermann, Friederike. *Der Homo oeconomicus und das Andere. Hegemonie, Identität und Emanzipation*. Feminist and Critical Political Economy 1. Baden-Baden, Alemanha, Nomos, 2008.

Haislip, Alexander. "Venture capital firm set to reap rewards on swine flu", Reuters, 24 de abril de 2009.

Hallward, Peter. "The will of the people: notes towards a dialectical voluntarism", *Radical Philosophy* 155, maio-junho de 2009, p.17-29.

Hamilton, Alexander, John Jay e James Madison. *The Federal Convention*. Edited by Henry Cabot Lodge. Nova York, G.P. Putnam's Sons, The Knickerbocker Press, 1902.

Han, Dongfang. "Chinese labour struggles", *New Left Review* 34, 2005.

Hardin, Garrett. "The tragedy of the commons", *Science* 162, n.3859, 1968, p.1.243-8.

Harvey, David. *A Brief History of Neoliberalism*. Oxford, Oxford University Press, 2005.

Harvie, Alicia, e Timothy A. Wise. "Sweetening the pot: implicit subsidies to corn sweeteners and the U.S. obesity epidemic", in *Policy Brief 09-01*, Global Development and Environment Institute [Instituto Global de Desenvolvimento e Meio Ambiente], Tufts University, 2009.

Hayden, Tom (org.) *The Zapatista Reader*. Nova York, Nation Books, 2001.

Heller, Patrick. "Moving the State: The politics of democratic decentralization in Kerala, South Africa, and Porto Alegre", *Politics & Society* 29, n.1, 2001, p.131-63.

Henrich, Joseph, Robert Boyd, Samuel Bowles, Colin Camerer, Ernst Fehr, Herbert Gintis, Richard McElreath, Michael Alvard, Abigail Barr, Jean Ensminger, Natalie Smith Henrich, Kim Hill, Francisco Gil-White, Michael Gurven, Frank W. Marlowe, John Q. Patton e David Tracer. "'Economic Man' in cross-cultural perspective: behavioral experiments in 15 small-scale societies", *Behavioral and Brain Sciences* 28, n.6, 2005, p.795-815.

Hirschman, Albert O. *Exit, Voice, and Loyalty: Responses to Decline in Firms, Organizations, and States*. Cambridge, MA, Harvard University Press, 1970. [Ed.bras.: *Saída, voz e lealdade*. São Paulo, Perspectiva, 1973.]

Hobbes, Thomas e Richard Tuck. *Leviathan*, Edição revista. Cambridge, Cambridge University Press, 1996. [Ed.bras.: *Leviatã*. São Paulo, Martins, 2003.]

Holt-Giménez, Eric e Raj Patel. *Food Rebellions!: Crisis and the Hunger for Justice*. Oxford, Fahamu, 2009.

Hom, Sharon K. e Stacy Mosher. *Challenging China: Struggle and Hope in an Era of Change*. Nova York, New Press, 2007.

Hopkins, Rob. *The Transition Handbook: From Oil Dependency to Local Resilience*. Totnes, Green, 2008.

Horovitz, Bruce. "2 million enjoy free breakfast at Denny's", *USA Today*, 3 de fevereiro de 2009.

Horrigan, Leo, Robert S. Lawrence e Polly Walker. "How sustainable agriculture can address the environmental and human health harms of industrial agriculture", *Environmental Health Perspectives* 110, n.5, 2002, p.445-56.

Illich, Ivan. *Deschooling Society*. Harmondsworth, Reino Unido, Penguin Education, 1973.

International Labour Organization [Organização Internacional do Trabalho – OIT]. *Global Wage Report 2008/09: Minimum Wages and Collective Bargaining; Towards Policy Coherence*. Genebra, International Labour Office, 2008.

Irvine, William Braxton. *A Guide to the Good Life: The Ancient Art of Stoic Joy*. Oxford, Oxford University Press, 2009.

Jacobs, Gloria. *Not a Minute More: Ending Violence Against Women*. Nova York, Unifem, 2003.

James, C.L.R. "Every cook can govern: a study of democracy in Ancient Greece: its meaning for today", *Correspondence* 2, n.12, 1956.

Johnston, Basil H. *The Manitous: The Spiritual World of the Ojibway*. Nova York, HarperPerennial, 1996.

Kaplan, Jeffrey. "Consent of the governed: the reign of corporations and the fight for democracy", *Orion Magazine*, novembro-dezembro de 2003.

Kartsounis, Luke D., Merle James-Galton e Gordon T. Plant. "Anton Syndrome, with Vivid Visual Hallucinations, Associated with Radiation Induced Leucoencephalopathy", *Journal of Neurology, Neurosurgery, and Psychiatry*, 2009. http://jnnp.bmj.com/cgi/content/short/jnnp.2008.151118v1.

Kasun, Jacqueline Rorabeck. *The War Against Population: The Economics and Ideology of World Population Control*. São Francisco, Ignatius Press, 1988.

Kelley, Ann. "Net losses", *The Guardian*, 11 de abril de 2007.

Kent, George. "WIC's promotion of infant formula in the United States", *International Breastfeeding Journal* 1, n.8, 2006.

Keynes, John Maynard. *A General Theory of Employment, Interest and Money*. Nova York, Harcourt, Brace and World, 1936. [Ed.bras.: *Teoria geral do emprego, do juro e da moeda*. São Paulo, Atlas, 1982.]

______. *Essays in Persuasion*. Londres, Macmillan, 1931.

Kipling, Rudyard. *American Notes*. Boston, Brown and Company, 1899.

Kofman, Eleonore e Elizabeth Lebas. *Writings on Cities*. Oxford, Blackwell Publishers, 1996.

Konow, James e Joseph Earley. "The hedonistic paradox: is *Homo economicus* happier?", *Journal of Public Economics* 92, n.1-2, 2008, p.1-33.

Krugman, Paul. "Health care realities", *The New York Times*, 30 de julho de 2009.

Langley, William "Profile: the king of Bhutan", *Sunday Telegraph*, 2 de novembro de 2008.

LaSalle, Tim J., e Paul Hepperly. *Regenerative Organic Farming: A Solution to Global Warming*. Kutztown, PA, Rodale Institute, 2008.

Lefebvre, Henri. *O direito à cidade*. São Paulo, Centauro, 2008.

Levack, Brian P. *The Witch-Hunt in Early Modern Europe*. Harlow, Pearson Longman, 3ª ed, 2006. [Ed.bras.: *A caça às bruxas na Europa moderna*. Rio de Janeiro, Campus, 1988.]

Linebaugh, Peter. *The Magna Carta Manifesto: Liberties and Commons for All*. Berkeley, University of California Press, 2008.

Locke, John. *Two Treatises of Government*. Londres, Whitmore and Fenn, 1821. [Ed. bras.: *Dois tratados sobre o governo*. São Paulo, Martins, 2005.]

Lohmann, Larry. *Financialization, Quantism and Carbon Markets: Variations on Polanyian Themes*. Sturminster Newton, Dorset, The Corner House, 2009.

Loo, Tina. "Dan Cranmer's Potlach: law as coercion, symbol, and rhetoric in British Columbia, 1884-1951", *Canadian Historical Review* 73, n.2, 1992, p.125-65.

Lotshaw, Tom. "Working for welfare", *Marietta Register*, 6 de janeiro de 2009.

Luce, Edward e Chrystia Freeland. "Summers calls for boost to demand", *The Financial Times*, 9 de março de 2009.

MacKenzie, Donald A., Fabian Muniesa e Lucia Siu. *Do Economists Make Markets?: On the Performativity of Economics*. Princeton, NJ, Princeton University Press, 2007.

Makori, Henry. "Why belief in witchcraft remains strong among Africans", *Catholic Information Service for Africa*, 6 de abril de 2009.

Martinez-Alier, Juan. *The Environmentalism of the Poor: A Study of Ecological Conflicts and Valuation*. Cheltenham, Reino Unido, Edward Elgar, 2002.

Marwell, Gerald e Ruth E. Ames. "Economists free ride, does anyone else?: experiments on the provision of public goods, IV", *Journal of Public Economics* 15, n.3, 1981, p.295-310.

Marx, Karl. *Capital: A Critique of Political Economy*. Harmondsworth, Penguin; Londres, The New Left Review, 1978. [Ed.bras.: *O capital*. Rio de Janeiro, Civilização Brasileira, 2008.]

______ e Friedrich Engels. *The Communist Manifesto*. Editado por Gareth Stedman Jones. Londres, Penguin, 2002. [Ed.bras.: *O manifesto comunista*. Petrópolis, Vozes, 2008; São Paulo, Paz e Terra, 2007.]

Maxwell, Bill. "Eating that tomato can put you in moral peril", *St. Petersburg (FL) Times*, 13 de julho de 2008.

Maxwell, Daniel, Carol Levin e Joanne Csete. "Does urban agriculture help prevent malnutrition? Evidence from Kampala", *Food Policy* 23, n.5, 1998, p.411-24.

Mazower, Mark. "The strange triumph of Human Rights, 1933-1950", *The Historical Journal* 47, n.2, 2004, p.379-98.

McKenzie, Richard B. *Why Popcorn Costs So Much at the Movies: And Other Pricing Puzzles*. Nova York, Copernicus Books, 2008.

McNeil Jr., Donald G. "In new theory, swine flu started in Asia, not Mexico", *The New York Times*, 23 de junho de 2009.

Mehta, Lyla. "The World Bank and its emerging knowledge empire", *Human Organization* 60, n.2, 2001, p.189.

Menon, Gayatri A. "Re-negotiating gender: enabling women to claim their right to land resources." Istambul, Painel sobre Melhores Práticas de Gênero e Terra/ Direitos de Propriedade, ONG Fórum da Conferência das Nações Unidas sobre Assentamentos Humanos — Habitat II, junho de 1996.

Michaelson, Juliet, Saamah Abdallah, Nicola Steuer, Sam Thompson e Nic Marks. *National Accounts of Well-Being: Bringing Real Wealth onto the Balance Sheet*. Londres, New Economics Foundation, 2009.

Midnight Notes Collective and Friends. *Promissory Notes: From Crisis to Commons*. Nova York, Autonomedia, 2009.

Mill, John Stuart. *The Autobiography of John Stuart Mill*. Sioux Falls, SD, NuVision Publications, 1997. [Ed.bras.: *Autobiografia*. São Paulo, Iluminuras, 2007.]

______. *Essays on Some Unsettled Questions of Political Economy*. S.l., Longmans, Green, Reader, and Dyer, 2ª ed, 1874.

Millennium Ecosystem Assessment. *Ecosystems and Human Well-Being: Synthesis*. Washington, D.C., Island Press, 2005.

Mishel, Lawrence e Jared Bernstein. *Economy's Gains Fail to Reach Most Workers' Paychecks*. Washington, D.C., Economic Policy Institute, 2007.

Mitchell, Timothy. "The properties of markets", in Donald Mackenzie, Fabian Muniesa e Lucia Siu (org.). *Do Economists Make Markets? On the Performativity of Economics*. Princeton, NJ, Princeton University Press, 2007, p.244-75.

Moll, Jorge, Frank Krueger, Roland Zahn, Matteo Pardini, Ricardo de Oliveira-Souza e Jordan Grafman. "Human fronto-mesolimbic networks guide decisions about charitable donation", *Proceedings of the National Academy of Sciences* 103, 2006, p.15.623-28.

Monbiot, George. "If we behave as if it's too late, then our prophecy is bound to come true", *The Guardian*, 17 de março de 2009.

______. "These are not the mariners of old but pirates who make bureaucrats blanch", *The Guardian*, 1º de junho de 2009.

Mora, Mariana. "Decolonizing politics: zapatista indigenous autonomy in an era of neoliberal governance and low intensity warfare". Tese de doutorado apresentada à Universidade do Texas, em Austin, 2008.

Morales, Andrés Timoteo. "En Veracruz, oponerse a operación de Granjas Carroll se castiga con cárcel", *La Jornada*, 12 de abril de 2009.

Mostert, Mark P. "Useless eaters: disability as genocidal marker in nazi Germany", *The Journal of Special Education* 36, n.3, 2002, p.155-68.

Nabokov, Vladimir Vladimirovich e Fredson Bowers. *Vladimir Nabokov: Lectures on Literature*. Londres, Weidenfeld and Nicolson, 1980.

Neocosmos, Michael. "Development, social citizenship and Human Rights: re-thinking the political core of an emancipatory project in Africa", *Africa Development* 32, n.4, 2007, p.35-70.

Neuwirth, Robert. *Shadow Cities: A Billion Squatters, a New Urban World*. Nova York, Routledge, 2005.

Nickerson, Carol, Norbert Schwarz, Ed Diener e Daniel Kahneman. "Zeroing in on the dark side of the american dream: a closer look at the negative consequences of the goal for financial success", *Psychological Science* 14, n.6, 2003, p.531-6.

Ober, Josiah e Charles W. Hedrick. *Demokratia: A Conversation on Democracies, Ancient and Modern*. Princeton, NJ, Chichester, Princeton University Press, 1996.

Orensanz, J. M. Lobo, Ana M. Parma, Gabriel Jerez, Nancy Barahona, Mario Montecinos e Ines Elias. "What are the key elements for the sustainability of 'S-Fisheries'? Insights from South America", *Bulletin of Marine Science* 76, n.2, 2005, p.527-56.

Ostrom, Elinor. *Governing the Commons: The Evolution of Institutions for Collective Action*. Nova York, Cambridge University Press, 1990.

The Oxford English Dictionary, 2ª ed., 1992. Verbete "common". http://dictionary.oed.com/cgi/entry/50045107 (acesso em 1º de junho de 2009).

Pacific Institute [Instituto Pacífico]. "Reign of sand: inner Mongolia. A vast chinese grassland, a way of life turns to dust", *Circle of Blue*, 2008. www.circleofblue.org/reign/article_main_2.php (acesso em 15 de março de 2009).

Patel, Raj. "A short course in politics at the University of Abahlali baseMjondolo", *Journal of Asian and African Studies* 43, n.1, 2008, p.95-112.

______. *Stuffed and Starved: Markets, Power and the Hidden Battle for the World Food System*. Londres, Portobello Books, 2007.

People's Daily Online. "Desertification causes yearly loss of 54 billion yuan in China." 26 de novembro de 2008.

Perkins, John. *Confessions of an Economic Hit Man*. Londres, Ebury Press, 2005.

Peters, Pauline E. *Development Encounters: Sites of Participation and Knowledge*, Harvard Studies in International Development [Estudos de Harvard sobre Desenvolvimento Internacional]. Cambridge, MA, Harvard Institute for International Development, 2000. Distribuído por Harvard University Press.

Petratis, Richard. "The witch killers of Africa". [2003?] www.infidels.org/library/modern/richard_petraitis/witch_killers.shtml (acesso em 1º de março de 2009).

Pithouse, Richard. "Burning message to the state in the fire of poor's rebellion", *Business Day*, 23 de julho de 2009.

Pizzigati, Sam. *Greed and Good: Understanding and Overcoming the Inequality That Limits Our Lives*. Nova York, Apex Press, 2004.

Pogge, Thomas, and Sanjay G. Reddy. "How not to count the poor", Social Science Research Network, 29 de outubro de 2005. http://ssrn.com/abstract=893159 (acesso em 6 de dezembro de 2007).

Popkin, Barry M. "The nutrition transition and its health implications in lower-income countries", *Public Health Nutrition* 1, n.1, 1998, p.5-21.

Pretty, J.N., C. Brett, D. Gee, R.E. Hine, C.F. Mason, J.I.L. Morison, H. Raven, M.D. Rayment e G. van der Bij. "An assessment of the total external costs of UK agriculture", *Agricultural Systems* 65, n.2, 2000, p.113-36.

Pretty, Jules N., C.F. Mason, D.B. Nedwell e R.E. Hine. "A preliminary assessment of the environmental costs of the eutrophication of fresh waters in England and Wales". Centre for Environment and Society and Department of Biological Sciences [Centro de Meio Ambiente e Sociedade e Departamento de Ciências Biológicas], Universidade de Essex, Colchester, Reino Unido, 2002.

Prins, Gwyne Steve Rayner. "Time to ditch Kyoto", *Nature* 449, n.7165, 2007, p.973-5.

Ramachandran, V.S. e Diane Rogers-Ramachandran. "Denial of disabilities in anosognosia", *Nature* 382, 1996, p.501.

Rancière, Jacques. *Disagreement: Politics and Philosophy*. Minneapolis, University of Minnesota Press, 1998. [Ed.bras.: *O desentendimento: política e filosofia*. São Paulo, Editora 34, 1996.]

______. *On the Shores of Politics*. Radical Thinkers 21. Londres, Verso, 2007.

______ e Steve Corcoran. *Hatred of Democracy*. Londres, Verso, 2006.

Range, Friederike, Lisa Horn, Zsófi a Viranyi e Ludwig Huber. "The absence of reward induces inequity aversion in dogs", *Proceedings of the National Academy of Sciences* 106, n.1, 2009, p.340-5.

Rochido, Janaina. "Brazilian cities pioneer democratic budgeting", *City Mayors*, 18 de novembro de 2006.

Rosenberg, Alexander. "Review symposium: can economic theory explain everything?", *Philosophy of the Social Sciences* 9, n.4, 1979, p.509-29.

Samuelson, Paul Anthony. *Economics: An Introductory Analysis*. Nova York, McGraw-Hill, 1948.

Sandel, Michael. *Reith Lectures: A New Citizenship*. British Broadcasting Corporation, 2009. www.bbc.co.uk/programmes/b00kt7rg (acesso em 10 de agosto de 2009).

Sandhu, Harpinder S., Stephen D. Wratten, Ross Cullen e Brad Case. "The future of farming: the value of ecosystem services in conventional and organic arable land: an experimental approach", *Ecological Economics* 64, n.4, 2008, p.835-48.

Santos, Boaventura de Sousa. *Democratizing Democracy: Beyond the Liberal Democratic Canon*. Reinventing Social Emancipation, vol.1. Londres, Verso, 2005.

Scahill, Jeremy. *Blackwater: The Rise of the World's Most Powerful Mercenary Army*. Londres, Serpent's Tail, 2007.

Stallman, Richard. "Biopiracy or bioprivateering", 1997 [2001]. http://stallman.org/articles/biopiracy.html.

Schlosser, Eric. "A side order of Human Rights", *The New York Times*, 6 de abril de 2005.

SEI. "Price per ton of carbon offset: voluntary carbon offset information portal". Stockholm Environment Institute and the Tufts University Climate Initiative [Instituto Ambiental de Estocolmo e Iniciativa sobre o Clima da Universidade Tufts], 2009. www.tufts.edu/tie/carbonoffsets/price.htm (acesso em 5 de março de 2009).

SEIU. "SEIU beyond the bonuses: Tarp." 2009. www.seiu.org/a/change-that-works/bank-of-america/beyond-the-bonuses-tarp.php (acesso em 4 de março de 2009).

Sharp, Travis. *U.S. Defense Spending vs. Global Defense Spending*. Washington, D.C., Center for Arms Control and Non-Proliferation, 2009.

Sherman, Arloc e Aviva Aron-Dine. *New CBO Data Show Income Inequality Continues to Widen*. Washington, D.C., Center on Budget and Policy Priorities, 2007.

Shiva, Vandana. *Biopiracy: The Plunder of Nature and Knowledge*. Dartington, Green Books, em associação com The Gaia Foundation, 1998.

Smith, Adam. *Glasgow Edition of the Works and Correspondence Vol.5 Lectures on Jurisprudence*. 1762. Reimpressão: Indianapolis, Liberty Fund, 1982.

______. *An Inquiry into the Nature and Causes of the Wealth of Nations*. 5ª ed., 1776. Reimpressão: Londres, Methuen, 1904. [Ed.bras.: *A riqueza das nações*. São Paulo: Martins Fontes, 2010.]

______. *The Theory of Moral Sentiments*. 1759. Reimpressão: Oxford, Clarendon, 1976. [Ed.bras.: *Teoria dos sentimentos morais*. São Paulo: Martins Fontes, 1999.]

Soguel, Dominique. "Mining interests tied to rape impunity in Congo", *Women's eNews*, 3 de junho de 2009.

Srinivasan, U. Thara, Susan P. Carey, Eric Hallstein, Paul A.T. Higgins, Amber C. Kerr, Laura E. Koteen, Adam B. Smith, Reg Watson, John Harte e Richard B. Norgaard. "The debt of nations and the distribution of ecological impacts from human activities", *Proceedings of the National Academy of Sciences* 105, n.5 , 2008, p.1.768-73.

Srivastava, Abhishek, Edwin A. Locke e Kathryn M. Bartol. "Money and subjective well-being: it's not the money, It's the Motives", *Journal of Personality and Social Psychology* 80, n.6, 2001, p.959-71.

Stannard, David E. *American Holocaust: The Conquest of the New World*. Nova York, Oxford University Press, 1993.

Stecklow, Steve. "Microsoft battles low-cost rival for Africa", *The Wall Street Journal*, 28 de outubro de 2008.

Stein, Ben. "In class warfare, guess which class is winning", *The New York Times*, 26 de novembro de 2006.

Stiglitz, Joseph E. e Linda Bilmes. *The Three Trillion Dollar War: The True Cost of the Iraq Conflict*. Nova York, W.W. Norton, 2008.

Stockholm International Peace Research Institute [Instituto Internacional de Pesquisa da Paz de Estocolmo]. *SIPRI Yearbook 2009: Armaments, Disarmament and International Security*. Oxford, Oxford University Press, 2009.

Stout, Lynn A. "Taking conscience seriously", in Paul Zak (org.) *Moral Markets: The Critical Role of Values in the Economy*. Princeton, NJ, Princeton University Press, 2008, p.157-72.

Swinton, Scott M., G. Frank Lupi, Philip Robertson e Stephen K. Hamilton. "Ecosystem services and agriculture: cultivating agricultural ecosystems for diverse benefits", *Ecological Economics* 64, n.2, 2007, p.245-52.

Taibbi, Matt. "The great American bubble machine", *Rolling Stone*, julho de 2009, p.52-101.

Taleb, Nassim Nicholas. "Ten principles for a black swan-proof world", *The Financial Times*, 8 de abril de 2009.

Tegtmeier, Erin M. e Michael D. Duffy. "External costs of agricultural production in the United States", *International Journal of Agricultural Sustainability* 2, 2004, p.1-20.

Thepwethi, Phra (Prayut), Bruce Evans, Dhammavijaya, Jourdan Arenson e Munnithi Phutthatham. *Buddhist Economics: A Middle Way for the Market Place*. Bangcoc, Buddhadhamma Foundation, 1994.

Tucídides e Henry Dale. *The History of the Peloponnesian War*. Londres, H.G. Bohn, 1848.

Time magazine. "10 questions for Jim Cramer." 14 de maio de 2009.

Tomkins, Jenny. "Xe is the problem", *In These Times*, 20 de maio de 2009.

Torres, Bob. *Making a Killing: The Political Economy of Animal Rights*. Edimburgo, AK Press, 2007.

TRAC IRS. "IRS audit rate for millionaires plummets." Transactional Records Access Clearing House, 2009. http://trac.syr.edu/tracirs/latest/204/ (acesso em 20 de julho de 2009).

TRAPESE Collective. "The rocky road to a real transition: the transition towns movement and what it means for social change", *The Commoner* 13, 2009. www.commoner.org.uk/N13/11-Trapese.pdf (acesso em 17 de agosto de 2009).

Turse, Nick. *The Complex: How the Military Invades Our Everyday Lives*. Nova York, Metropolitan Books, 2008.

Tutu, Desmond, 2004. "The second Nelson Mandela Annual Foundation Lecture." Palestra dada em Joanesburgo, África do Sul, em 23 de novembro de 2004. www.nelsonmandela.org/index.php/news/article/look_to_the_rock_from_which_you_were_hewn/ (acesso em 20 de novembro de 2005).

United Nations Department of Economic and Social Affairs [Departamento de Assuntos Econômicos e Sociais das Nações Unidas]. *The Inequality Predicament: Report on the World Social Situation 2005* [a/60/117/Rev.1 St/Esa/299]. Nova York, Undesa, 2005.

United Nations Development Programme [Programa das Nações Unidas para o Desenvolvimento — Pnud]. *Human Development Report 1995: Gender and Human Development*. Nova York, Oxford University Press, 1995.

Vallance, Edward. *A Radical History of Britain: Visionaries, Rebels and Revolutionaries – the Men and Women Who Fought for Our Freedoms*. Londres, Little, Brown, 2009.

Vanden Heuvel, Katrina. "In the trenches and fighting slavery", *The Nation.com*, 28 de dezembro de 2008. www.thenation.com/blogs/edcut/391546/in_the_trenches_and_fighting_slavery (acesso em 14 de março de 2009).

Van Lier, Piet. *Public Benefits Subsidize Major Ohio Employers: A 2008 Update*. Cleveland, OH, Policy Matters Ohio, 2008.

Vul, Edward, Christine Harris, Piotr Winkielman e Harold Pashler. "Puzzlingly high correlations in fMRI studies of emotion, personality, and social cognition", *Perspectives on Psychological Science* (no prelo).

Washington, Jesse. "Some say Holocaust Memorial shooting signals a broader war", *The Philadelphia Inquirer*, 14 de junho de 2009.

Wijeratna, Alex. *Taking the Fish – Fishing Communities Lose Out to Big Trawlers in Pakistan*. Joanesburgo, ActionAid International, 2007.

Wired. "The future of food: how science will solve the next global crises", 20 de outubro de 2008.

Wolin, Sheldon S. "Transgression, Equality and Voice", in Josiah Ober e Charles W. Hedrick (org.). *Demokratia: A Conversation on Democracies, Ancient and Modern*. Princeton, NJ, Princeton University Press, 1996, p.63-90.

Wood, Ellen Meiksins. "Demos versus 'We the People': freedom and democracy ancient and modern", in Josiah Ober e Charles W. Hedrick (org.). *Demokratia: A Conversation on Democracies, Ancient and Modern*. Princeton, NJ, Princeton University Press, 1996, p.121-38.

______. *Peasant-Citizen and Slave: The Foundations of Athenian Democracy*. Londres, Verso, 1988.

Woodruff, Christopher. "Review of De Soto's 'The mystery of capital'", *Journal of Economic Literature* 39, n.4, 2001, p.1.215-23.

World Bank [Banco Mundial]. *World Bank Assistance to Agriculture in Sub Saharan Africa: An Independent Evaluation Group Review*. Washington, D.C., World Bank, 2007.

______. *World Development Indicators*. Washington, D.C., World Bank, 2007.

World Health Organization [Organização Mundial de Saúde]. "World Health Organization Statistical Information System. "WHO, 2009. www.who.int/whosis/" (acesso em 19 de julho de 2009).

WorldPublicOpinion.org. *World Public Opinion and the Universal Declaration of Human Rights*. Washington, D.C, WorldPublicOpinion.org, 2008.

______, Steven Kull, Clay Ramsay, Stephen Weber, Evan Lewis, Melinda Brouwer, Melanie Ciolek e Abe Medoff. *World Public Opinion on Governance and Democracy*. Washington, D.C., World-PublicOpinion.org, 2008.

World Rainforest Movement [Movimento pela Floresta Tropical]. *Women Raise Their Voices Against Tree Plantations: The Role of the European Union in Disempowering Women in the South*. Montevidéu, World Rainforest Movement, 2009.

Worm, Boris, Edward B. Barbier, Nicola Beaumont, J. Emmett Duffy, Carl Folke, Benjamin S. Halpern, Jeremy B.C. Jackson, Heike K. Lotze, Fiorenza Micheli,

Stephen R. Palumbi, Enric Sala, Kimberley A. Selkoe, John J. Stachowicz e Reg Watson. "Impacts of biodiversity loss on ocean ecosystem services", *Science* 314, n.5.800, 2006, p.787.

Zandi, Mark. "Testimony before the House Committee on Small Business Hearing on 'Economic Stimulus for Small Business: a look back and assessing need for additional relief'", 24 de julho de 2008. www.house.gov/smbiz/hearings/hearing-07-24-08-stimulus/Zandi.pdf (acesso em 18 de dezembro de 2008).

Zelizer, Viviana e A. Rotman. *Morals and Markets: The Development of Life Insurance in the United States*. New Brunswick, NJ, Transaction, 1983.

______. *Pricing the Priceless Child: The Changing Social Value of Children*. Nova York, Basic, 1985.

Zizek, Slavoj. *Violence: Six Sideways Reflections, Big Ideas*. Londres, Profile, 2008.

Agradecimentos

É muito conveniente a um trabalho que defende os méritos da avaliação coletiva que tantas comunidades universitárias tenham aberto suas portas para mim durante a concepção deste livro. Sou grato ao Centro de Teoria Social e História Comparativa da UCLA, ao Centro de Estudos Africanos de Berkeley, ao Departamento de Ciência Política da Universidade John Carroll, à Universidade de Saskatchewan, à Escola de Jornalismo e ao Instituto do Sul da Ásia da Universidade do Texas, em Austin, ao Instituto Polson para o Desenvolvimento Global, ao Departamento de Sociologia do Desenvolvimento da Universidade Cornell e à Universidade Norueguesa de Ciências da Vida, pelas conversas, refeições e oportunidades de compartilhar ideias.

A avaliação coletiva, no entanto, não é anônima, e eu não poderei saldar a dívida que tenho com minha equipe de pesquisa, meus amigos, camaradas, guias, simpatizantes e companheiros de viagem. Por toda inspiração, correção, sugestão, tradução, transpiração e enervação, sou grato a Abahlali baseMjondolo, Adam Shapiro, Alex Peake-Tomkinson, Alice Waters, Andrea Ismert, Anna Zalik, Annie Shattuck, Bob Jensen, Carol Park, Chad Futrell, Coalizão de Trabalhadores de Immokalee, Damara Luce, Dan Lowenstein, Dan Moshenberg, David Lindsay, Debby Krant, Diane Elson, Elisa Oceguera, Eric Holt-Gimenez, Eric Vanhaute, Gavin McCormick, Gayatri Menon, George Caffentzis, Gerardo Reyes, Greg Asbed, Hannah Wittman, Haroon Akram-Lodi, Hilary Klein, Iain Boal, inúmeros homens e mulheres mascarados em Chiapas, Jacques Depelchin, Jamie Johnston, Jamie McCallum, Jim Gifford, Jim Rigby, Joe Quirk, John Wildman, Jonathan Brumberg-Kraus, Josephine Crawley, Julia Flynn Syler, Jun Borras, Kamala Visverswaran, Kara Holmstrom, Karalei Nunn, Kemble Scott, Kerry Chance, Kevin Smith, Kolya Abramsky, Kris Dahl, Kristin Becker, Larry Lohmann, Laura Barber, Laura Neely, Lucas Benitez, Marcia Ishii-Eiteman, Marco Flavio Marinucci, Maria Elena Martinez, Mariana Mora, Mark Fowler, Martha Saavedra, Matt Birkinshaw, Medha Chandra, Michael Kamerick, Michael Lyon, Michael Pollan, Mike Linksvayer, Mindy Peden, Nely Rodriguez, Nigel Gibson, Pat Youngblood, Pauline Wynter, Peter Rosset, Philip Gwyn-Jones, Phil

McMichael, Radhika Balakrishnan, Riaz Ansary, Richard Bensel, Richard Pithouse, Rob Firing, Robin Chang, Ryan Hagen, Ryan Ismert, Sabina Alkire, Sally Smyth, Sam Grey, Sanjay Reddy, Sasha Abramsky, S'bu Zikode, Shae Davidson, Shalmali Guttal, Sharad Chari, Silvia Federici, Staughton Lynd, Summer Brenner, Sunita Narain, Susie Lyon, Tamim Ansary, Ted Vallance, Tim Lang, Vashna Jagarnath, Will Jones, Will Kopp e Yasser Toor.

Os membros de duas instituições de São Francisco ofereceram informações quase ilimitadas. Primeiro, os habitantes de Sanchez Grotto — Sean Beaudoin, Alison Bing, Michael Chorost, Joshua Citrak, Michelle Gagnon, Scott James, Ammi Keller, Jeff Kirschner, Paul Linde, Shana Mahaffey, Eric Tipler, Diane Weipert e Doug Wilkins. Segundo, os funcionários da Biblioteca Pública de São Francisco, em especial da seção de Mission Bay, que se tornou um segundo lar para mim. Ao mesmo tempo, do outro lado do continente, fui ajudado pela competente equipe de mágicos do Picador — Danielle Schlang, Darin Keesler, David Logsdon, Heather Kirkpatrick, James Meader, Kelsey Smith, Tanya Farrell e Sara Sarver.

Por fim, três pessoas se tornaram inestimáveis na escrita deste livro. Jamais poderia desejar uma parceira de redação mais incentivadora e inteligente que Chris Brook, nem uma mentora no mundo das publicações mais sábia que Karolina Sutton, nem uma editora capaz de transformar minha prosa bruta em seda pura com mais generosidade, paciência e beleza que Frances Coady.

Todavia, antes de me tornar escritor, precisei aprender a escrever e, por isso, agradeço à minha família, espalhada pelos continentes. Mais do que todos, sempre e por tudo, Mini Kahlon.

Índice remissivo

FSC
www.fsc.org
MISTO
Papel produzido a partir de fontes responsáveis
FSC® C019498

A marca FSC é a garantia de que a madeira utilizada na fabricação do papel deste livro provém de florestas de origem controlada e que foram gerenciadas de maneira ambientalmente correta, socialmente justa e economicamente viável.

Este livro foi composto por Letra e Imagem em Dante Pro 11,5/16 e impresso em papel pólen soft 80g/m² e cartão triplex 250g/m² por Geográfica Editora em janeiro de 2011.